31 40

E6o

D1670812

Murad Wilfried Hofmann

Der Islam

im

3. Jahrtausend

Eine Religion im Aufbruch

Diederichs

Hofmann, Murad Wilfried:
Der Islam im 3. Jahrtausend: eine Religion im Aufbruch/Murad
Wilfried Hofmann. – Kreuzlingen; München: Hugendubel, 2000
   (Diederichs)
   ISBN 3-7205-2124-9

Umschlaggestaltung: Ute Dissmann, München
Produktion: Maximiliane Seidl
Satz: EDV-Fotosatz Huber/Verlagsservice G. Pfeifer, Germering
Druck und Bindung: Huber, Dießen
Printed in Germany

ISBN 3-7205-2124-9

Inhalt

VORWORT

Das neue Millennium hat uns. Kaum war der Kater ausgeschlafen und das Konfetti weggekehrt, kam am 2. Januar 2000 der dröge Alltag wieder. War nichts geschehen?
War die Jahrtausendtauglichkeit unserer Computer unsere einzige Sorge? Stehen die lebenserhaltenden Systeme
unserer Gesellschaft nicht sämtlich vor dem Infarkt? Ist
die Zukunft denn noch, was sie einmal war?

Es fehlte zum Jahrtausendwechsel keineswegs an Krisensymptomen, die sich medienverstärkt zu einer Endzeithysterie, einer millennarischen Erwartungsangst hätten aufschaukeln lassen. Doch irgendwie hatte in den
westlichen Wegschaugesellschaften schon seit einigen
Jahren eine eher resignierte als optimistische Vergleichgültigung gegenüber angesagten Katastrophen eingesetzt. Apokalyptische, irrationale Endzeitangst, bis vor
kurzem ein Markenzeichen grüner Kultur, war einer
neuen Gelassenheit gewichen. Wer fürchtete sich an Silvester 1999 noch vor Notstandsgesetzen, Atomkrieg,
Kernkraft, Waldsterben, Ozonloch, Tschernobyl, Klimaerwärmung, dem gläsernen Menschen, AIDS, Rinderwahnsinn oder einem Kampfeinsatz der Bundeswehr?
Mit der Öko-Romantik (Enviromanticism) war auch die
Öko-Angst verblaßt und politischer Lethargie gewichen:
Der wirtschaftlich-sozial-moralische Notstand, wenn es
ihn denn gab, wurde – wie könnte es in Deutschland

anders sein – eine gemütliche Krise, die sich gut mit Sekt und Bier verträgt.

Kurzum: Das potentiell umsatzkräftige Produkt ›Weltuntergangsstimmung‹ wurde ausgemustert, bevor es auf dem Markt war.

Die Muslime dieser Welt reagierten auf den Jahrtausendwechsel zwar ohne Sekt und Bier, aber noch gelassener. Zum einen fand er mitten im Jahr 1420 ihrer islamischen Zeitrechnung statt.[1] Zum anderen sind nur wenige Muslime Zahlenmystiker im Sinne der jüdischen Kabbala. Ein neues Jahrtausend durfte Muslime im übrigen schon deshalb nicht beeindrucken, weil ein solches gar nicht ablaufen mag: Die (Letzte) Stunde kann aus ihrer – wie aus christlicher Sicht – bekanntlich jederzeit eintreffen, ohne Vorwarnung. Nur Gott weiß über sie Bescheid.[2]

Allerdings geht auch die islamische Geschichtsschreibung zumindest im Rückblick von einer gewissen Periodizität aus und bemüht sich, für jedes islamische Jahrhundert eine Persönlichkeit zu benennen, die sein Glaubens-»Erneuerer« (*al-mujaddid*) war.

Diesen Ehrentitel erkannte man beispielsweise für das 5. islamische Jahrhundert dem bedeutenden Philosophen Abu Hamid al-Ghazali (gestorben 505 Anno Hidschri/ A.H. nach der islamischen Zeitrechnung bzw. 1111 Anno Domini/A.D. nach der christlichen) zu, für das 8. Jahrhundert dem heute wieder so aktuellen Theologen Ibn Taymiyya (gest. 728 A.H./1328), für das 12. Jahrhundert gleichzeitig dem indischen Reformer Shah Wali Allah (gest. 1176 A.H./1763) und dem geistigen Urvater SaudiArabiens, Muhammad ibn ʿAbd al-Wahhab (gest. 1187 A.H./1787) sowie für das 14. Jahrhundert dem fundamentalen ägyptischen Erneuerer Scheich Muhammad ʿAbdu (gest. 1323 A.H./1905). Bereits zu Lebzeiten akzeptierte der (mystikkritische) indische Sufi Ahmad-i Sirhindi (gest. 1034 A.H./1624), Mitglied des Nakschibandi-Ordens, sogar den inoffiziellen Ehrentitel eines »Erneuerers des 2. islamischen Jahrtausends« (*mujaddid alf thani*).[3]

Aus der Figur des periodisch erscheinenden Erneuerers darf indessen nicht geschlossen werden, daß der Islam naiv (oder triumphalistisch) geschichtlichen ›Fortschritt‹ als lineare Entwicklung erwarte, auch wenn einzelne Muslime dies aufgrund selektiver Auslegung von Koran und Sunna tun mögen. Im Bewußtsein, daß nur Gott die Zukunft kennt, hatte sich Muhammad hierzu recht vorsichtig geäußert: »Ich hoffe [!], daß meine Anhänger am Tag der Auferstehung zahlreicher sein werden als die Anhänger anderer Propheten«; eine Gruppe von Muslimen werde allerdings zu jeder Zeit auf dem rechten Weg bleiben.[4] Muhammad warnte aber auch davor, daß jede folgende Generation von Muslimen weniger verläßlich als ihre Vorgängerin sein werde;[5] nach ihm werde »keine Zeit kommen, ohne daß die darauf folgende noch schlechter sein wird«[6]. Es sei für das Nahen der Endzeit typisch, daß sich religiöses Wissen vermindere, Alkoholkonsum verbreite und Sexualität zu einer öffentlichen Angelegenheit werde.[7] Auch die Muslime würden sich im Laufe der Zeit in noch mehr Sekten zersplittern als Juden und Christen, nämlich in 73 Gruppierungen.[8]

Nachweislich wurde der islamische Glaube seit seinen charismatischen Anfängen unter prophetischer Regie zu keinem weiteren Zeitpunkt mehr voll verwirklicht. Selbst die Goldene Periode der vier Rechtgeleiteten Kalifen (*al-khulafa ar-raschidun*) von 632 bis 661 nimmt bei näherer Prüfung Züge einer didaktischen Utopie an, was der ungeheuren Strahlkraft dieser Epoche keinen Abbruch tut. Jedenfalls wurde der Islam weder unter der umayadischen Dynastie in Damaskus (bis 750)[9], noch unter der kulturell so glorreichen abbasidischen in Baghdad (bis zum 13. Jahrhundert), noch während der Blüte der islamischen Zivilisation in Andalusien vor 1492 idealtypisch umgesetzt[10], obwohl die Spanier (ohne es zu ahnen) noch immer »Allah!« rufen, wenn sie »olé!« schreien.

Die Muslime gehen heute jedenfalls überwiegend von der Erkenntnis aus, daß alles Wissen nicht nur auf vorausgegangenem aufbaut, sondern kumuliert, so daß heutige Muslime zu Recht behaupten können, ihr islamisches

Erbe und selbst den Koran in manchem besser als ihre Vorfahren verstehen zu können.[11] Daher nehmen sie den Koran ungemein ernst, der ihnen als der »besten Gemeinschaft, die für die Menschen erstand«, aufträgt, »das Rechte zu gebieten und das Unrechte zu verbieten«[12], und der ihnen sagt, daß »Gott die Lage eines Volkes nicht ändert, solange sich die Menschen nicht innerlich selbst verändern«[13].

Aber auch nach dem routineverdächtigen Silvester 1999 darf man nicht blauäugig meinen, die Zukunftsängste beider Seiten seien völlig verflogen. Nach den jüngsten Kämpfen in Afghanistan, Rwanda-Burundi, im Kaukasus und auf dem Balkan kann offenbar keine Rede davon sein, daß – wie von Francis Fukuyama prophezeit – das »Ende der Geschichte« dämmert, indem die westliche Zivilisation in Form ihres liberal-demokratischen Regierungssystems und seiner Werte weltweit dominierend wird.[14]

Gewiß, die wirtschaftlich-technologische und kulturell-ideologische Globalisierung des ›Weltdorfes‹ und die Vernetzung des Menschen ist weit gediehen. Gleichwohl kommen im Okzident ernste Zweifel daran auf, ob der eigene Triumphalismus nach dem Zusammenbruch des Kommunismus berechtigt war. Hat das soeben erst entlassene 20. Jahrhundert mit seinen viehischen Weltkriegen, entfesselten Massenvernichtungswaffen, Vernichtungslagern und ›ethnischen Säuberungen‹ sich nicht als das blutigste der gesamten Menschheitsgeschichte erwiesen – und das ausgerechnet 250 Jahre nach Beginn der ›Aufklärung‹ und ihres ›Projekts der Moderne‹, ja vor allem auch noch im ›zivilisierten‹, auf seine Vernunft und Humanität so stolzen Europa?[15]

Ist die westliche Gesellschaft vielleicht krank und selbst in Gefahr, vom hohen moralischen Roß zu stürzen wie zuvor der Bolschewismus?

Es ist inzwischen erkannt worden, daß die Thesen Samuel Huntingtons von einem kaum vermeidlichen Zusammenprall der Zivilisationen – vor allem des Westens mit dem Islam und »seinen blutigen Grenzen« –

ob ihrer Warnfunktion hauptsächlich defensiv sind.[16] Mit unüberhörbarem Pessimismus wird seither die nahezu zeitlose Stabilität der Weltkulturen beschworen, die sich offenbar einem *social engineering* fast gänzlich entziehen.[17] Damit hat sich im Okzident das Gefühl einer neuen, *essentiellen*, also naturhaften Bipolarität der Welt eingestellt: hie Silicon Valley, hie Mekka[18] – so als hätte die Welt sich nicht weiterentwickelt, seitdem Ernest Renan am 23. Februar 1862 im Collège de France verkündet hatte, daß »der Islam die vollständigste Verneinung Europas« sei.

Kaum ein kulturpolitisch wacher Zeitgenosse wird leugnen, daß die weitere Entwicklung *seiner* Welt – wo immer sie geographisch liegen mag – im 21. Jahrhundert davon beeinflußt, wenn nicht bestimmt werden wird, was sich im Islam und durch ihn abspielt. Wird die islamische Welt sich modernisieren – oder gar den *american way of life* assimilieren –, oder wird sie jede weitergehende Integration verweigern? Wird der Islam sich weiterhin so rasch im Westen ausbreiten wie im letzten Drittel des vergangenen Jahrhunderts? Wird es dabei friedlich zugehen?

Was ist die Konsequenz für den Westen, wenn der islamischen Welt eine breite moralische und strukturelle Erneuerung mißlingt? Und was ist die Konsequenz, wenn sie *gelingt* und der Islam damit im Westen an Anziehungskraft noch hinzugewinnt? Könnte diese Religion, die konzeptionell schon immer Weltreligion war, dann erstmals auch de facto Weltreligion, ja sogar als solche dominant werden?

Könnte der Islam sich dann als diejenige Therapie erweisen, die den Westen vor sich selbst rettet? Und wäre der Westen dann fähig, den Islam als genau dasjenige Medikament zu erkennen, das ihm für sein Überleben als erfolgreiche Zivilisation im Krisenzustand bitter not tut?

Dies ist der Hintergrund, dies sind die Fragen, mit denen sich dieses Buch befaßt. Die Antworten werden kaum populär sein; denn – wie Sabine Audrerie einmal schrieb – »wenn man mit dem Finger die Wunden berührt, verdammt man sich zu einer unsympathischen Rolle«[19].

*

Dem Buch ist ein ungewöhnlich umfangreiches Literaturverzeichnis beigefügt, in dem die meisten Autoren zu finden sind, welche sich an der seit über drei Jahrzehnten pausenlos geführten, weltweiten Islam-Debatte maßgeblich beteiligen. Diese Bibliographie ist nicht via Internet erstellt, sondern wortwörtlich ausge*lesen* worden, wozu meine Tätigkeit als Buchkritiker der Vierteljahreszeitschrift »The Muslim World Book Review« (MWBR) erheblich beigetragen hat.

Besonders viel verdanke ich zwei Büchern: »The Cultural Contradictions of Capitalism«, mit dem Daniel Bell, ehemaliger Ordinarius für Soziologie an der Harvard Universität, 1976 die Malaise und die selbstzerstörerischen Mechanismen der westlichen Kultur blendend diagnostizierte, sowie William Ophuls' »Requiem for Modern Politics«, eine unübertroffen elegante, doch scharfgeschliffene Analyse der potentiell tödlichen Verwerfungen innerhalb der westlichen Gesellschaft, die sich aus ihrer Fortschrittsideologie heraus ergeben.

Gleichwohl stellen die Aussagen im vorliegenden Buch keine ›Lesefrüchte‹ im engeren Sinne dar. Sie beruhen mehr auf Erfahrung als auf Lektüre. Dazu hat wesentlich beigetragen, daß ich seit meinem Ausscheiden aus dem diplomatischen Dienst im Sommer 1994 ohne größere Pausen als Vortragsredner durch Okzident und Orient gezogen bin – von Helsinki bis Kuala Lumpur, von Riad bis Los Angeles und von Khartoum bis Leipzig –, um beiden Seiten die jeweils andere erklären zu helfen, Brücken des Verständnisses zu schlagen und aufgestaute Aggressionsgefühle abzubauen.[20]

Einige dieser Vorträge sind in den islamischen Fachzeitschriften »Al-Islam« (München), »Islamic Studies« (Islamabad), »The American Journal of Islamic Social Sciences« (Herndon, Virginia), »Horizons« (Indianapolis), »Iqra« (San José, Kalifornien) und »Encounters« (Markfield, Leicester) erschienen. Es wurde Material daraus benutzt, jedoch nicht in geschlossener Form.

Das Literaturverzeichnis ist nicht so umfangreich geraten und enthält nicht so viele fremdsprachige Titel, um damit Eindruck zu machen, sondern um Eindrücke zu vermitteln: 1. von der Intensität und Tabufreiheit der innerislamischen Diskussion über die großen Themen unserer Zeit wie Demokratie, Menschenrechte und die Rolle der Frau; 2. von der wachsenden Dominanz des Themas (Modethemas?) ›Islam‹ auch in den westlichen Sozialwissenschaften; und 3. von der neuen Rolle der englischen Sprache selbst im innerislamischen Diskurs. Der Islam hat neuerdings zwei Hauptsprachen; inzwischen wird auf Englisch schon mehr Islamisches veröffentlicht als auf Arabisch.

Um das Buch nicht zu ›verwissenschaftlichen‹ bzw. um es lesbar zu halten, verweise ich nur sparsam auf die Literatur im Anhang, und wenn doch, dann vor allem bei konkreten Zitaten und um auf Schüsselwerke aufmerksam zu machen.

Auch habe ich die Segensformel »Der Friede Gottes sei mit ihm«, die Muslime nach Erwähnen der Namen von Moses, Jesus und Muhammad sprechen, nicht wie in islamischen Büchern üblich als »(s.)« oder »pbuh« im Text vermerkt.[21]

Istanbul, 1. Januar 2000   Murad Wilfried Hofmann

1 Diese orientiert sich nach Weisung des 2. Kalifen 'Umar aus dem Jahre 639 an der erzwungenen Auswanderung des Propheten Muhammad von Mekka nach Medina (10.–22. September 622). Der Beginn des ersten Jahres islamischer Zeitrechnung – annus hijrae (AH) – wurde rückwirkend auf den Beginn des arabischen Mondjahres am 6. Juli 622 festgelegt; vgl. G.S.P. Freeman-Greenville, *The Islamic and Christian Calenders AD 622–2222 [AH 1–1650]*, Garnet: Reading (UK) 1995, S. 4.

2 Koran 33: 63; 42: 18; 79: 42 ff. Der Koran wird nach Sure (vor dem Doppelpunkt) und Vers (danach) zitiert. Wenn nicht anders bezeichnet, beziehen sich solche Zahlenangaben im folgenden auf den Koran.

3 Zu seiner vermittelnden Rolle zwischen Extremen der islamischen Mystik einerseits und ihrer Verwerfung durch den Islam hanbalitischer Prägung andererseits vgl. Abdul Haq, *Ansari, Shaykh Sirhindi's Doctrine of Wahdat al-Shuhud* [nicht ontologische Einheit, sondern Einheit in der Schau des Seins], *Islamic Studies*, Jg. 37, Nr. 3, Islamabad 1998.

4 al-Bukhari, Bd. 6, Nr. 504; Muslim, Nr. 4715–4722.

5 al-Bukhari, Bd. 8, Nr. 686; an-Nawawi, Nr. 409.

6 al-Bukhari, Bd. 9, Nr. 188; an-Nawawi, Nr. 92.

7 al-Bukhari, Bd. 1, Nr. 80, und Bd. 8, Nr. 800 A.

8 Abu Dawud, *Sunan*, Nr. 4579.

9 Moderne muslimische Historiker sind sich nicht darüber einig, ob die Umayaden-Dynastie so unislamisch regierte, wie ihr das üblicherweise vorgeworfen wird, oder ob dieses Urteil auf die besser erhaltene antiumayadische Propaganda der Abbasiden zurückgeht, die sich (aus durchsichtigen politischen Gründen) nur islamischer Themen bedienten.

10 Einen guten Einblick in die andalusische Kultur bietet Jayyusi.

11 Dies ist z.B. hinsichtlich Sure 96: 1 der Fall, in der nach heutiger Erkenntnis mit dem arabischen Begriff *al-'alaq* das Einnisten des männlichen Samens in einer Eizelle der Frau medizinisch korrekt als »sich einnisten« bzw. »sich anklammern« beschrieben wird. Früheren Generationen war dieser Begriff unverständlich geblieben.

12 3: 110.

13 13: 11.

14 Siehe Fukuyama (1990).

15 Im 20. Jahrhundert sind schätzungsweise 33 Millionen junger Männer als Soldaten gefallen.

16 Siehe Huntington (1993).

17 Eindrücklichstes Beispiel dafür ist die Türkei. Der weitgehend gewaltsame Versuch ihrer kemalistischen Führung, das Land zu europäisieren, scheitert beharrlich an seiner Verwurzelung in islamischer Geschichte und Kultur. Trotz aller Modernisie-

rung und Anhebung des allgemeinen Lebensstandards spielt der Islam dort heute eine größere Rolle als etwa in den dreißiger Jahren, zu Lebzeiten Mustafa Kemals.

18 Unter Kulturanthropologen, Religionssoziologen, Islamologen und Politologen trifft man noch immer die überholte (und von der Postmoderne tabuisierte) pessimistische Ansicht an, daß Kulturen sich voneinander »essentiell« unterscheiden. Daraus wird z.B. zu Unrecht geschlossen, daß muslimische Länder wesenhaft demokratieunfähig seien, daß sie keine Zivilgesellschaft entwickeln könnten und daß sie wegen der Struktur ihrer Kultur außerstande seien, die Menschenrechte zu schützen. Typisch für diese von Muslimen als beleidigend empfundene Ansicht ist Bassam Tibi (1994).

19 In: *Encore*, Nr. 5, Paris, April 1997.

20 Von 1994 bis 1999 hielt ich 139 Vorträge über islamische Themen in neun westlichen und neun muslimischen Ländern und besuchte 27 Tagungen und Kongresse, in denen der Islam im Mittelpunkt stand.

21 »s.« steht für »*sallalahu alaihi wa sallam*« und »pbuh« für »*peace be upon him*«.

15

AUFBRUCH IN DEN WESTEN

»Wo keine Götter sind, walten Gespenster.«

(Novalis)

»Der Glaube, daß nicht-westliche Völker westliche
Werte, Institutionen und Kultur übernehmen sollen,
ist in seinen Folgen unmoralisch.«

(Samuel Huntington, The West:
Unique, not Universal)

I.

Wenn man sich anschickt, über die zukünftige Entwicklung von Okzident und (islamischem) Orient Vorhersagen zu machen – oder doch wenigstens die Bedingungen für den erhofften Verlauf zu beschreiben –, tut man gut daran, leidenschaftslos – wenngleich nicht werte-agnostisch – mit einer Bestandsaufnahme der einschlägigen Faktoren zu beginnen: Was ist heute auf beiden Seiten los?

Besonders gut eignet sich dafür das Urteil kritikfähiger Menschen, die nur zeitweise auf die andere Seite gewechselt sind, ohne ihre heimatliche Verankerung von vornherein zu kappen. Ich denke dabei vor allem an Gaststudenten, die nach vollendetem Studium im Westen in ihre Länder zurückkehren (und sie nun mit ganz anderen Augen betrachten), und weniger an politische oder Wirtschaftsflüchtlinge, denn diese dürften ihren Aufnahmeländern in der Regel entweder mit zu großer Sympathie oder in zu großer Abhängigkeit gegenüberstehen und damit kritikunfähig geworden sein.

So will ich denn zunächst zwei fiktive, aber höchst typische muslimische Studenten im heutigen Westen über den Westen befragen, um ihn durch ihre Brille zu beschreiben. Im folgenden Kapitel befrage ich dann zwei fiktive europäische Studenten, die zum Islam übergetreten sind, über ihre Eindrücke von der muslimischen Welt: einen Studenten, für den die muslimische Welt Wahlheimat werden soll, und einen, für den es keinen Anlaß zur Auswanderung gibt.

Das Ergebnis ist verwirrend.

II.

Der erste Student, dem wir ›zuhören‹ – mehr ›Kultur-Muslim‹ als den Islam praktizierend –, hat schon lange, bevor er hierher kam, vom Westen geträumt. Dessen Fortschrittlichkeit war ihm seit der Kindheit in jeder Hinsicht Vorbild, selbst in ihrer marxistischen Deformierung. Kein Wunder, daß er die heißgeliebte westliche Zivilisation nun so gründlich aufzusaugen sucht, daß man ihn von seiner westlichen Umgebung kaum noch unterscheiden kann. Ich weiß, wovon ich spreche, kam ich doch 1950, mit 19 Jahren, aus dem damals noch hoffnungsschwachen, besetzten und geteilten Deutschland an das verführerisch intakte Union College in Schenectady, N.Y., also mitten in das ›boomende‹ amerikanische Nachkriegsparadies, in dem Coca Cola und Milkshakes flossen.

Amerika seit eh und je und heute der gesamte Westen können auf junge Immigranten wie eine Droge wirken, die ihnen ein gehobenes Lebens- und Aufbruchsgefühl vermittelt. Jedem scheint hier alles möglich zu sein, in einer Welt, in der für den Gesunden und Tüchtigen sogar die großen Chancen auf der Straße liegen.

Die Ursachen dieses Glücksempfindens liegen auf der Hand: Der Westen ist technisch hoch entwickelt. Nach Erfindung der Dampfmaschine und Bändigung der Elektrizität steht er mitten in seiner dritten industriellen Revolution, in der das Informationswesen mit täglich neuen Erfindungen umgestülpt wird. Seit Schaltung des Internet ist die Welt nicht mehr die gleiche.

Unser Kultur-Muslim würde seine Eindrücke des von ihm hochgeschätzten Westens etwa wie folgt schildern:

Alles, was mit Technik zu tun hat – einschließlich Medizin und Bürokratie –, funktioniert im Westen so reibungslos, daß der Mensch zum letzten Störfaktor geworden ist. Die Effizienz des technischen Bereichs herrscht auch in Wirtschaft, Verwaltung und Erziehung. Die meisten Bürger halten sich meistens an die Gesetze, und auch im Staat wird das geltende Recht routinemäßig angewandt: Der Rechtsstaat ist beruhigende Realität. Von Bestechlichkeit ist wenig die Rede. Die Streitkräfte gehorchen der gewählten Zivilregierung, und religiös Andersdenkende werden weder eingesperrt noch gefoltert. Der Staat tritt für seine Bürger ein, vom Brutkasten bis zum »terminalen« Pflegeversicherungsfall. Und er tut auch etwas für den Schutz der Umwelt. Die Straßen sind sauber und die Toiletten laufen nicht ständig. Überhaupt fallen Strom, Wasser und Heizung selten einmal aus.

(An dieser Stelle möchte man die Schilderung des Westens als ungeduldiger Bürger dieser Region unterbrechen, weil man sich von so vielen Banalitäten gelangweilt fühlt. Doch für jemand, der aus der Dritten Welt kommt, ist nichts davon Banalität, sondern beneidenswerte Errungenschaft, so auch das noch Folgende.)

In Staat, Gesellschaft und Wirtschaft – mit ihrem übersättigten Markt – steht das Individuum im Zentrum. Es genießt seitens Polizei und Gerichten denkbar höchsten Schutz vor Willkür. Die Bürger bestimmen ihre Regierungen, wenn nicht gar ihre Richter, an der Wahlurne, mit einer Wahlbeteiligung unterhalb 99,9 Prozent. Der Geldwert bleibt stabil. Die Markenartikel und Medikamente, die er damit kauft, sind nicht gefälscht. Qualität wird kontrolliert, nicht nur beim TÜV. Selbst Arbeitslose brauchen nicht zu betteln. Arbeitskämpfe werden nicht von der Bereitschaftspolizei beendet.

FREIHEIT ist die vorherrschende Idee: Freiheit von Unrecht, Zwang, Angst, Mangel, Zensur, Reglementierung, Scham. Redefreiheit, Versammlungsfreiheit, Religionsfreiheit, Freizügigkeit und Wehrdienst als Wahlfach. Die maßgeblichen internationalen Menschenrechtsinstrumente werden vorbehaltlos ratifiziert. Medien und Forschung leiden allenfalls unter selbstauferlegter Beschränkung. Wie man im Arbeitsprozeß und auch an der Freizügigkeit der Kleidung ablesen kann, steht der Selbstverwirklichung der Frau kaum etwas im Wege. Die sexuelle Befreiung ist Wirklichkeit geworden. Die Frau hat sich weitgehend emanzipiert. Zwischen den Geschlechtern gilt der Grundsatz, daß erlaubt ist, was gefällt. Das schließt die Anerkennung der Homoerotik als gleichberechtigte Lebensform ein. Schwule und Lesben brauchen sich nicht mehr zu verstecken, sondern können sich organisieren.

Kurzum: Aus Sicht unseres integrationsfreudigen muslimischen Studenten ist der Westen das höchste je erreichte Stadium menschlicher Zivilisation, zu Recht dazu bestimmt, sich als Weltzivilisation zu globalisieren.

III.

Unter den Gaststudenten im Westen finden sich allerdings auch praktizierende (und dementsprechend kulturkritischer eingestellte) Muslime, welche den soeben skizzierten Westen trotz seiner Vorzüge in Bausch und Bogen ablehnen, ja so bedingungslos verdammen, daß man sich fragt, warum sie nicht auf der Stelle in ihre Heimatländer zurückkehren und den von ihnen so gehaßten Großen Satan sich selbst überlassen.[1]

Als muslimischen Studenten dieser Denkart wähle ich einen fiktiven Doktoranden, der sich eingehend mit der europäischen Geistesgeschichte der Neuzeit vertraut gemacht hat, und zitiere im folgenden ausführlich aus seiner (fiktiven) Dissertation; er hat offenbar für sein negativ ausfallendes Urteil ähnlich gut belegte Gründe.

Doch seine Kritik setzt – bewußt oder unbewußt – mit der Infragestellung ausgerechnet jener westlichen Rationalität ein, die den ganzen Stolz des im 18. Jahrhundert lancierten, geistesgeschichtlich einzigartigen ›Projekts Moderne‹ ausmacht:

Die tatsächliche westliche Geschichte seit der Aufklärung war mitnichten die Verwirklichung der Vernunft, sondern eine Serie von Unmenschlichkeiten allergrößten Ausmaßes: Verproletarisierung ganzer Landstriche und Kinderarbeit; Sklavenhaltung und Apartheid; zwei mörderische Weltkriege; Einsatz chemischer und nuklearer Waffen; systematische, ja im Falle von Nazi-Deutschland *industrielle* Vernichtung von Kulaken, Juden, Roma und Sinti, Homosexuellen und Geistesschwachen; bolschewistischer Staatsterror; faschistischer Chauvinismus; »ethnische Säuberungen« in Mitteleuropa, Kroatien, Bosnien und Serbien.

Für dieses singuläre Scheitern einer großen Idee, der Herrschaft der Vernunft über autonome Individuen, waren die Väter der Aufklärung nicht unmittelbar verantwortlich, etwa David Hume (1711–1776), Immanuel Kant (1727–1804), François Marie Voltaire (1694–1778), Friedrich der Große (1712–1786), Gotthold Ephraim Lessing (1729–1781) oder Johann Wolfgang von Goethe (1749–1832). Erst recht ist den Hauptanregern der Aufklärung dieser Vorwurf zu ersparen, einem Michel Montaigne (1533–1592), René Descartes (1596–1650), John Locke (1632–1704) oder Gottfried Wilhelm Leibniz (1646–1716), denn sie alle waren keine die Existenz einer Gottheit leugnenden Atheisten, sondern Deisten, die an einen einzigen, weit abwesenden Gott (*deus absconditus*) glaubten, wenngleich nicht an das kirchlich vermittelte Christentum und sein trinitäres Gottesbild. Ihre eigene Gottesvorstellung beruhte nicht auf Offenbarung, sondern Naturbeobachtung und Nachdenken. Sie wollten nicht Religion als solche abschaffen, wohl aber den erstickenden Dogmatismus der Kirchen und den Obskurantismus des (aus ihrer Sicht) ungebildeten, unduldsamen, herrschsüchtigen und schmarotzenden Klerus.

In der Tat benutzten einzelne Aufklärer den Islam, um auf diesem Umweg die Befreiung von dem als unerträglich empfundenen kirchlichen Joch zu beflügeln. Lessing tat dies 1779 auf anständige (und daher für ihn riskante) Weise mit Hilfe der Vorbildlichkeit der Muslime in seinem Theaterstück »Nathan der Weise«.[2] Voltaire hingegen, dafür von Friedrich dem Großen durch die Blume gerügt, hatte dies zuvor mit seinem Drama von »Mahomet« (1742), dem »Lügenpropheten«, auf weniger anständige (und weniger riskante) Weise getan, wider besseres Wissen und zu Lasten des Islam. Er schlug den Sack (Islam) und meinte den Esel (die römische Kirche).[3]

Schließlich hatten sich auch Kants Kritiken zunächst nicht anti-religiös, sondern nur anti-kirchlich ausgewirkt. Mit seiner »Kritik der reinen Vernunft« (1781) hatte er nicht etwa die Nichtexistenz Gottes bewiesen (noch beweisen wollen), sondern nur die Unzuverlässigkeit jeder Metaphysik, die über Erkenntniskritik hinausgeht und damit notwendigerweise spekulativ oder – wie Ludwig Wittgenstein gesagt hätte – zum Sprachspiel wird. Ganz im Gegenteil: In seiner folgenden »Kritik der praktischen Vernunft« (1788) arbeitete Kant mit dem (für das Funktionieren der Gesellschaft notwendigen) Postulat Gottes, d.h. mit Gott als nützlicher Arbeitshypothese.

Dennoch führte die von der Aufklärung bewirkte Befreiung des Menschen von kirchlicher Bevormundung zur Marginalisierung der Religion. Das anstelle Gottes zum Maßstab aller Dinge aufsteigende und während der Französischen Revolution inthronisierte »autonome« (!) Individuum wurde in grandioser Selbstüberschätzung zum neuen Idol, da die Autonomie des Menschen als prinzipiell universell und grenzenlos gedacht war.

Es war den meisten Menschen eben nicht möglich gewesen, die von Kant verkörperte agnostische Position zwischen Wissen und Nichtwissen zu ertragen, sozusagen theologisch-philosophisch in der Schwebe zu bleiben: zu leben als ob Gott existierte, ohne wissenschaftlichen Beweis, daß es Ihn gibt. Da neigte der Durchschnittsbürger des 18. Jahrhunderts schon eher der Wette Pascals (1623–1662) zu, wonach man, falls man sich irrt, bei der Option für den Glauben das geringere Risiko eingeht: »Wenn Sie gewinnen, gewinnen Sie alles, wenn Sie verlieren, verlieren Sie nichts.« Dennoch war es nahezu zwangsläufig, daß das deistische 18. Jahrhundert in das atheistische 19. Jahrhundert umschlug – mit seinen Erzrepräsentanten Ludwig Feuerbach (1804–1872), Charles Darwin (1809–1882), Karl Marx (1818–1883) und Sigmund Freud (1856–1939).

Sobald Gott als bloße menschliche Wunschprojektion verstanden war, stand der praktischen Vergötterung des Menschen nichts mehr im Wege, sei es in Vergötterung des Kollektivs im Staat (Marxismus, Sozialismus, Faschismus), sei es in Vergötterung des Einzelwesens (Individualismus, Liberalismus, Kapitalismus, Psychologismus). So konnte Friedrich Nietzsche (1844–1900) nur 100 Jahre nach Kant in seiner »Fröhlichen Wissenschaft« (1882) den Tod Gottes (als Absterben des christlichen Gottesbilds) verkünden[4] und so das ideologiegeplagte 20. Jahrhundert einleiten. Er ahnte wohl aus eigener Erfahrung, was die Muslime längst wußten: daß die pietistische Privatisierung des Religiösen der erste Schritt zu seiner Abschaffung ist – zumal dann, wenn ein grober Rationalismus fast die gesamte Geistesgeschichte zu Symptomen von Aberglauben abstempelt. Als Fortschrittsideologie ließ die Moderne jede Art von Religion als etwas Absterbendes und zu Säkularisierendes erscheinen.

Was die Menschheit seither erlebt hat, ist weltgeschichtlich beispiellos: Der Okzident ist die bisher einzige Zivilisation, die ohne das Transzendente, das Heilige[5], Gott auszukommen glaubt, indem sie sich durchweg atheistisch verhält, auch wenn sie theoretisch nicht durchweg dem Atheismus huldigt.

Im sozialistischen Lager war Atheismus bekanntlich zu einer Pseudo-Religion geworden, vor allem in Albanien und dem maoistischen China. Noch zehn Jahre nach ihrem Verschwinden ergibt sich statistisch, daß die DDR bei ihrer Indoktrinierung nur auf dem Gebiet des Atheismus-Unterrichts durchschlagend erfolgreich gewesen ist. Die beharrliche Popularität der »Jugendweihe« bringt es ans Tageslicht: Wer in Ostdeutschland glaubt, gilt als Außenseiter.[6]

Inzwischen erklären sich schon 47 Prozent der Deutschen areligiös, neun Prozent nennen sich in den alten Bundesländern Atheisten, in den neuen 18 Prozent. Allerdings gehen nur 9 Prozent der Deutschen, die sich für religiös halten, regelmäßig zum Sonntagsgottesdienst. Das ist nicht verwunderlich, denn inzwischen glauben mehr Deutsche (32 Prozent) an eine vage »höhere Kraft« als an den von ihrer Kirche gepredigten persönlichen Gott des Christentums (31 Prozent). Sie lösen sich damit unbewußt vom personalen, transzendenten, geoffenbarten semitischen Gottesbild und huldigen, ebenfalls unbewußt, dem monistisch-pantheistischen philosophischen Gottesbild vorchristlicher griechischer Vordenker.

Der massenhafte Austritt aus den Kirchen – 1997 verlor die Katholische Kirche in Deutschland auf diese Weise 124 000 Mitglieder – liegt in der Logik dieser Entwicklung. Sie hat mehr mit dem zu tun, was in den Köpfen vor sich geht, als mit dem, was sich aufgrund der Kirchensteuer im Geldbeutel abspielt. Da 1996 nur noch 39 Prozent der Deutschen der Evangelischen und 33 Prozent der Katholischen Kirche angehörten, muß bereits ein Viertel der deutschen Bevölkerung als konfessionslos bezeichnet werden. Der SPIEGEL hatte schon am 15. Juni 1992 in seinem Artikel »Abschied von Gott« festgestellt, daß »die Bundesrepublik Deutschland zu einem heidnischen Land mit christlichen Restbeständen« geworden ist. Der Vorsitzende der katholischen Bischofskonferenz, Lehmann, soll dies einmal auf die drastische Formel gebracht haben, daß es seit Bonifatius nie weniger Christen in Deutschland gegeben habe als heute ...

Für viele ist dabei eine vulgäre Popularisierung wissenschaftlicher Theorien ausschlaggebend. Charles Darwin entnimmt man, daß alles das Resultat zufälliger Entwicklungsketten sei, die man durch *reverse engineering* zurückklettern könne. Von Albert Einstein her glaubt man zu wissen, daß – weil »relativ« – auf nichts mehr Verlaß ist. Stephen Hawking scheint mit dem *big bang* Gott für die Entstehung des Kosmos entbehrlich gemacht zu haben. Die Entschlüsselung der Rätsel von Leben und

Selbstbewußtsein ist für den Mann auf der Straße nur noch eine Frage der Zeit. Hier erwartet er einen »Quantensprung« (die wohl lustigste Vulgarisierung eines wissenschaftlichen Begriffs). Das eine wird die Biochemie richten, das andere die Computertheorie des Geistes – als könne die Hirnforschung beweisen, daß nicht nur die leeren neuronalen Netzwerke unseres Denkapparats biologischen Ursprungs sind, sondern auch der damit arbeitende Geist. Der moderne Mensch des 21. Jahrhunderts ist insofern nicht weniger wissenschaftsgläubig als sein szientistischer Ururgroßvater aus dem 19. Jahrhundert. Wie jener erwartet auch er, wenngleich mit modernerem Wissenschaftsjargon, daß sich das Bewußtsein eines Tages aus seinen materiellen Bedingungen erklären lasse und eine mikrophysikalische »Weltformel« gefunden werden wird, welche ohne jede philosophische Erklärungslücke (*explanatory gap*) alle Entitäten in der Welt aus dem gleichen Baustein erklärt. Eine Welt aus »Chips«.

Symptome dieses Befunds sind die weitgehende Eliminierung des Religiösen aus der Öffentlichkeit. Wenn ein deutscher Bundeskanzler nicht mehr bereit ist, seinen Amtseid auf Gott zu schwören, und wenn Gott bei offiziellen deutschen Weihnachtsansprachen nicht mehr erwähnt wird, sind dies bestürzende Beweise nicht nur des Ausmaßes an De-Christianisierung Westeuropas[7], sondern des Einsickerns eines krassen Materialismus in das Denken und Fühlen vieler Menschen im Westen.

Solch ein mechanistischer Reduktionismus, solch eine gelebte Leugnung Gottes – weniger ein Atheismus als ein Desinteresse an den Letzten Dingen – und eine solche gelebte Vergöttlichung des Menschen als Einzelwesen muß auf längere Sicht verheerende Konsequenzen haben, auch wenn diese sich mit erheblichem Zeitverzug einstellen mögen. Otto von Habsburg meint, »ein Europa ohne Christentum müßte wie ein Kartenhaus zusammenfallen«[8]. Schon vor ihm kam Gilbert K. Chesterton 1905 in seiner Schrift »Heretics« zu dem Urteil, daß die Moderne, zu Ende gedacht, in den Irrsinn führen müsse.

Doch so schnell geht es nicht. Zunächst profitiert die von Atheismus befallene Gesellschaft noch von tradierten Wertevorstellungen, eingeübten Verhaltensweisen und halb abergläubischen, halb Goetheschen »Ahndungen« des Übersinnlichen. Doch dieses Kapital zehrt sich auf. Die Menschen beginnen immer ungehemmter nach ihrem hedonistischen Credo zu leben, also in ihr begrenztes Leben möglichst viel an Lustgewinn hineinzupacken, mit stets abnehmender Rücksicht auf Gemeinwohl und Familie. Lernen kann man dies neuerdings sogar in Instituten für »Glücksforschung«, einer Erscheinung, die alles über den Zeitgeist sagt. Typisch für diese Überhöhung des Hedonismus zur inoffiziellen Staatsreligion ist ein auch in Deutschland aufgetauchtes T-Shirt mit der überzeugenden Aufschrift:

I want fun.
N O W!

An diesem Punkt angelangt – große Teile der westlichen Welt befinden sich schon dort – kommt es zum Zusammenbruch der Familie, des Grundbausteins der Gesellschaft. Die Symptome dessen sind erschreckend. In Estland wurden schon mehr Ehescheidungen als Eheschließungen gezählt. In den USA haben nur noch 15 Prozent der neugeschlossenen Ehen eine statistische Aussicht auf Bestand. In Teilen Skandinaviens werden bereits die Hälfte aller Kinder unehelich geboren. Millionen alleinerziehender Mütter in aller Welt, die inzwischen zu einer gesellschaftlichen Größe geworden sind, lassen demnächst eine Generation von Kindern auf die Gesellschaft los, von denen viele entwicklungsgestört sein mögen, weil sie – verschuldet oder unverschuldet – ohne das männliche Element in der Familie aufwachsen mußten. Und immer mehr Frauen – in Westdeutschland bereits 30 Prozent – bleiben absichtlich kinderlos.

Gegen die finanziellen Folgen einer unerwünschten Elternschaft kann man sich inzwischen versichern lassen. Nicht nur solche – zum Versicherungsfall gewordenen – Kinder leiden ganz besonders darunter, daß sie ihrer

Väter (so es sie gibt) allenfalls am Wochenende habhaft werden.[9] Beiderseits berufstätige Eltern beschwichtigen ihr schlechtes Gewissen, indem sie ihre Kinder mit immer neuen Spielsachen zu bestechen und ihre Liebe zu erkaufen suchen. Sie züchten damit kleine Erpresser und eine dem Konsum verfallene neue Generation heran. Deren prägende Sozialisierung überlassen sie der *peer group* ihrer *kids*, bei der die minderjährigen Wortführer mitunter schon Drogenhändler auf eigene Rechnung und überdies schwerbewaffnete Nachwuchskriminelle sind.

Amerikanische Eltern verbringen heute pro Woche etwa 12 Stunden weniger mit ihren Kindern als noch in den sechziger Jahren. Gleichzeitig sind amerikanische Großeltern noch distanzierter geworden. Im gleichen Zeitraum hat sich die Selbstmordrate von Teenagern verdoppelt und die Rate von Gewalttaten von Jugendlichen vervierfacht. Wenn es nämlich auch in der Schule und im potentiellen Freundeskreis zur Zurückweisung kommt, sind Gewaltorgien – wie an amerikanischen Schulen inzwischen üblich – die logische Konsequenz. Daß Fernsehen und Videospiele ebenfalls Gewalt als konfliktlösendes Allheilmittel suggerieren und Sex zur Ware machen, wäre weniger folgenreich, wenn die am Bildschirm klebenden Kinder mit ihren Eltern kritisches Fernsehen gelernt hätten. Doch diese sind ja abwesend. Und so überschreiten emotional ausgehungerte Kinder unversehens die kaum noch markierte Grenze von der virtuellen zur wirklichen Welt.

Viele Kinder werden zudem schon in zartem Alter als kompetent überschätzt. Als Folge ihrer Orientierungslosigkeit in der aufgelösten Familie und als Folge des Gefühls, ungeliebt und überflüssig zu sein, werden Kinder immer häufiger depressiv. 55,5 Prozent der amerikanischen Teenager rauchen, angeblich zur Streßbekämpfung, nach Vorbild der Großen. Von ihnen sterben ungefähr so viele im Auto (30 Prozent) wie durch Totschlag (18 Prozent) und Selbstmord (12 Prozent) zusammen. Bevor sie volljährig werden, haben sie im Schnitt bereits 15 000 Morde, Vergewaltigungen und schwere Schlägereien virtuell miterlebt. Das ist nicht verwunderlich, wenn man weiß, daß der moderne Teenager eher ein »Screenager« ist, der in extremen Fällen bis zu 30 Stunden wöchentlich mit Computerspielen vor dem Bildschirm (*screen*) verbringt. Gewalt, die Gewalt gebiert! An Gewaltorgien wie 1999 an einer High School in Denver verwundert nur, daß man sich darüber noch wundert.

Eine gewisse Rolle spielt dabei sicherlich der tief in der westlichen Kultur verankerte Alkoholismus. Als »Undergraduate« am Union College in Schenectady stellte ich schon 1950 fest, daß man nicht trank, um sich in netter Gesellschaft zu entspannen, sondern um sich zu betrinken. Dieser Hang zu exzessivem Trinken bei amerikanischen Studenten beginnt bereits im High-School-Alter.

Im vor-islamischen Arabien wurden neugeborene Mädchen manchmal aus wirtschaftlicher Not getötet – bevor der Koran es verbot.[10] Dieses Verbot hat inzwischen unvermutet Aktualität gewonnen; denn der barbarische Brauch von Beduinen im 7. Jahrhundert setzt sich neuerdings auf systematische Weise fort: Die Möglichkeit billiger pränataler Geschlechtsbestimmung mittels Ultraschall hat – vor allem in Indien – dazu geführt, daß ungeborene Mädchen ihres Geschlechts wegen millionenfach abgetrieben werden. Doch auch ohne solche Selektion sind die Geburtschancen von Kindern merklich gesunken, auch wenn es für Frau oder Kind dafür keine gewichtigen gesundheitlichen Gründe gibt. In Berlin wird nur noch jedes zweite Kind ausgetragen. Dabei spielt wirtschaftliche Not keine entscheidende Rolle. Über die Hälfte der Abtreibungen entfällt in Deutschland auf verheiratete Frauen. Und 37 Prozent der Abtreibenden sind sogar bisher kinderlos. Die Mehrzahl junger Frauen glaubt ja, über ihren ›Bauch‹ verfügen zu dürfen, auch wenn damit die Tötung eines Ungeborenen verbunden ist, das seinerseits ein wohl wichtigeres Recht besitzt: das auf Leben. Besonders alarmierend sind die zunehmenden Schwangerschaftsabbrüche aufgrund einer Pränataldiagnose, die auf schwere Behinderungen oder kurze Lebensfähigkeit des Ungeborenen hindeutet.

Lebensfähige Kinder werden dabei gemäß einer privaten Euthanasie-Entscheidung in einem späten Stadium zerstückelt. »Vernichtung lebensunwerten Lebens« sollte eigentlich nach wie vor als nazistische Entgleisung gelten.

Symptomatisch für den von der »sexuellen Revolution« ausgelösten Trend hin zur »sexuellen Verwilderung«[11] ist die Pornographisierung der Medien (zumindest der privaten), die Zelebrierung sexueller Abartigkeiten am Bildschirm, aber auch die Veränderung der öffentlichen Einstellung zur Homosexualität. In der Psychiatrie wurde sie noch weit nach dem Zweiten Weltkrieg als sexuelle Perversion betrachtet. Dann, im amerikanischen »Diagnostischen Handbuch zur Klassifizierung psychischer Krankheiten« von 1972, mutierte Homosexualität zu einer Erkrankung. Doch schon in der nächsten Auflage des gleichen Handbuchs figurierte Homosexualität nicht mehr unter den zu behandelnden psychischen Erkrankungen, sondern als Lebens-»Orientierung«, Ausübung einer Option, »Lebensstil«, d.h. als normales Phänomen, das nicht therapiert werden sollte.

Starke wissenschaftliche Hinweise darauf, daß der HIV-Virus unter den spezifischen, immuno-depressiven Bedingungen männlicher Homosexualität – verbunden mit anderen das Immunsystem schädigenden Faktoren wie Alkohol und harten Drogen – aufgetreten ist[12], konnten bei dieser Grundeinstellung unterdrückt werden. Nein, die Aids-Seuche durfte nicht im homosexuellen Milieu von San Francisco entstanden sein, sondern nur irgendwo im afrikanischen Busch, unter grünen Affen, wo sie sich dann wegen der für Afrika kennzeichnenden Promiskuität rasch auf heterosexuellem Wege ausbreitete.

Der an der amerikanischen Psychiatrie ablesbare Prozeß setzt sich inzwischen in einem solchen Ausmaß fort, daß die ohnedies unter ideologischem Beschuß stehende Institution der Ehe davon mitgefährdet wird. Sie wird nicht mehr als fundamentale reproduktive gesellschaftliche Basis begriffen, die eine erbrechtliche Privilegierung rechtfertigt. Daß dieser Nachteil für die Ehe damit kom-

pensiert wird, daß sie heute ausgerechnet von homosexuellen und lesbischen Paaren angestrebt wird, ist mehr als
fraglich.

Ungebremste Gier nach maximaler Luststeigerung
führt ebenso zu Pornographie wie zu Sado-Masochis-
mus, Partnertausch, Kindesmißbrauch, und in all diesen
Hinsichten feiert die Enthemmung im Westen ihre letzten
Triumphe. In der Tat ist die westliche Gesellschaft inzwischen strukturell süchtig geworden, sei es nach Alkohol
und Nikotin, sei es nach Marihuana, Kokain, Heroin und
Designer-Drogen, sei es nach ständiger Berieselung
durch das Fernsehen, nach Computerspielen oder Zeit-
vertreib im Internet – ein Zustand, den die Muslime als
Vielgötterei bezeichnen (*shirk*). In den Verkehrsmitteln
von New York, Washington oder San Francisco kann man
stets Mitpassagiere identifizieren, die unter Rauschmittel-
einfluß stehen.

Erstmals ist sogar eine Tanzmode entstanden – *raving*
zu Techno-Musik –, die ohne Aufputschmittel wie Crack
und Ecstacy physisch nicht durchzustehen ist. Wie im
Drogenbereich führt Gewöhnung auch im sexuellen
Bereich zu immer neuen Steigerungen. Immer neue
Intimbereiche werden enttabuisiert. Das »Outen« von
Abartigkeiten, von scheinheilig betroffenen Unterhal-
tungsstars im Fernsehen moderiert, wurde zum Volks-
sport und Quotenbringer. Kaum vorstellbar, wohin diese
Eskalation von Entschleierung und Enthemmung noch
führen soll. Daß dabei vor allem die Würde der Frau auf
der Strecke bleibt, ist nicht nur bei entlarvenden Schön-
heitswettbewerben offensichtlich.

Trotz aller Spitzentechnologie im Kommunikationswesen und der davon verursachten Überinformation (*information overload*) fühlt sich der westliche Mensch zunehmend einsam und leer. Amerika, seinen *beatniks* – den
»Geschlagenen« der »verlorenen [Nachkriegs-]Generati-
on« – und seinen beim Blumen- und Haschisch-Festival
von Tanglewood versammelten *flower children*, war 1970
mit Charles Reichs Bestseller »The Greening of America«
ein geistig-emotionales *Ergrünen* versprochen worden.[13]

Erfahren hat Amerika hingegen ein *Erkalten* der mitmenschlichen Beziehungen und eine zuvor kaum vorstellbare Brutalisierung.

Diese beunruhigende Vereinsamung – vor allem greiser, ins Heim abgeschobener Menschen – liegt nicht nur an der hohen Mobilität von »Yuppies«[14], die als Pyramidenkletterer[15] stets versucht sind, auf immer bessere Jobangebote einzugehen, und so von Crédit Suisse, First Boston zu Lehman Brothers und von dort zu Stanley Morgan wandern[16], wodurch die Familienbande gelockert werden, ohne daß neue Nachbarschaft Ersatz schafft. Der Vereinsamungsprozeß geht auch nicht nur auf das Schrumpfen des Prototyps der modernen Familie auf einen Mini-Verband von maximal drei Personen zurück, sondern auch auf die ebenfalls strukturell werdende Große Leere des okzidentalen Menschen. Er ist Mitglied einer »einsamen Masse«[17]; er findet sich im Verkehrsstau, einsam am Steuer, ebenso isoliert vor wie am Computer-Bildschirm, mit sich allein im gigantischen Cyberspace.

Die Kirchen aber machen in diesem moralischen Chaos fast wie gehabt weiter. Die Gläubigen laufen ihnen in Scharen davon, je mehr sie sich zu »modernisieren« scheinen.[18] Denn sie verlieren in dem Maße an Relevanz für die Bewältigung menschlicher Grenzsituationen – vor allem von Unglück und Tod –, indem sie sich zu einer mit anderen sozialen Einrichtungen konkurrierenden säkularen Institution mausern. Wenn – wie in Oberbayern geschehen – eine Pfarrerin von der Kanzel bekennt, nicht an ein Leben nach dem Tod zu glauben, und wenn Theologieprofessoren Jesus zum Sozialarbeiter degradieren, verlassen selbst geduldige und leidgewohnte Christen ihre Kirchen: Doch sie wenden sich nicht einer anderen, besseren Religion zu, sondern vergrößern nur das unübersehbare Heer an enttäuschten Skeptikern.

So ist die Grunderfahrung der Moderne das Scheitern. Das »Projekt Moderne« mußte scheitern, weil es auf einem Konstruktionsfehler beruhte: dem liberalen Individuum als rational kalkulierendem Bedürfnissubjekt und als ein

Vernunftsubjekt, das ausschließlich a priori gewonnenen Regeln folgt wie etwa dem Kantschen kategorischen Imperativ, keinesfalls aber ›geoffenbarten‹ Normen.

Es fällt auf, daß der kritische Muslim sich neben seiner ausführlichen Kulturkritik zu Staat und Wirtschaft nicht geäußert hat. Wenn man ihn darauf anspricht, murmelt er etwas darüber, daß es – von der Nähe besehen – mit der Freiheit des Bürgers nicht so weit her sei. Gegenüber Muslimen sei der gelobte Rechtsstaat voreingenommen und schwerhörig. Die Presse unterliege zwar keiner staatlichen Kontrolle, funktioniere aber fast nur in Form von politischen Tabus (*political correctness*) und vorauseilendem Gehorsam einer wirksameren Selbstzensur.

IV.

Das sind die Beobachtungen, die den von uns zuletzt begleiteten überzeugten Muslim zu seinem vernichtenden Urteil und zu seinem Verwerfen des Westens gebracht haben. Weit davon entfernt, diese in eine Existenzkrise geratene Zivilisation nachzuahmen, will er seinem Heimatland eine parallele Entwicklung ersparen. Er sieht keinen Sinn darin, einem bereits gescheiterten Fortschrittsmodell nachzulaufen und eine Aufklärung nachzuvollziehen, die zur Irrationalität des Atheismus und seinen Begleitfolgen geführt hat.

Reibt man sich da nicht die Augen und fragt sich, ob die beiden Studenten – der Kultur-Muslim und der überzeugte Muslim – die gleiche Welt beobachtet und geschildert haben? Nun, sie haben dies nicht nur getan: Sie haben mit ihren kraß unterschiedlichen Urteilen *beide* recht, denn im Okzident unserer Tage gibt es tatsächlich vieles, was der Bewunderung würdig und was nachahmenswert ist, aber tatsächlich auch vieles, was so dekadent und der menschlichen Natur so entgegengesetzt ist, daß es zum Zusammenbruch eben dieser Zivilisation führen kann, wenn sie das Ruder nicht bald herumwirft.

Unsere beiden Kommilitonen aus dem Orient haben zwar in ihren sich widersprechenden Urteilen gleichermaßen recht, nicht aber in ihrer Reaktion darauf. Für sie – wie für alle Menschen im Westen – gilt es ja nicht, alle Modetrends und Verfallserscheinungen kritiklos mitzuvollziehen, sondern ihnen entgegenzusteuern: sich der echten Errungenschaften des Westens zu bedienen, seine Zivilisationskrankheiten aber zu bekämpfen. Selektiv vorgehen heißt die richtige Parole.

Das gleiche gilt auch, wenn wir – als fiktive Begleiter zweier fiktiver westlicher Muslime – im folgenden Kapitel eine Reise in den muslimischen Orient antreten; denn auch dort gibt es vieles, was der Bewunderung würdig und was nachahmenswert ist, so wie es auch vieles gibt, was abstößt und was harte Kritik herausfordert.

Anmerkungen

1 Typisch für diese Haltung sind Mitglieder der von Shaykh Taqi ad-Din al-Nabhani 1953 gegründeten islamischen Oppositionsbewegung Hizb at-Tahrir al-Islami, die in Jordanien und den Vereinigten Staaten stark vertreten ist und sich durch Gewaltlosigkeit auszeichnet. Sie erwartet die Lösung aller Weltprobleme durch die Wiederherstellung des 1994 von Mustafa Kemal beseitigten Kalifats und der Errichtung einer streng islamischen Ordnung (*Tanzim al-Islam*). Die Bewegung veröffentlicht in Großbritannien über Al-Khilafah Publications, P.O. Box 3669, London N8 OPW, und in den USA über TINA (Tanzim al-Islam North America) in 137-63 Kalmia Ave., Flushing, NY 11355.
2 Kuschel (1998).
3 Friedrich, der 1775 mit tausend »mohammedanischen Familien« verhandelte, um ihnen in Westpreußen »Heimstätten und Moscheen zu geben« (Brief an Voltaire vom 13. August), war sich darüber im klaren, daß sein Freund Voltaire von Muhammad letztlich so wenig wußte wie über den Kaiser von China (Brief vom 10.1.1776). Voltaire hatte schon in einem Brief vom Dezember 1740 Friedrich zugegeben, daß »Mohammed nicht genau die Art von Verrat begangen hat, welche Sujet dieser Tragödie [scil. Mahomet] ist«, entschuldigte aber seine Geschichtsklitterei zu Lasten des Islams mit folgendem haarsträubenden Argument: Jemand, der »Krieg in sein eigenes Land trägt und wagt, dies im Namen Gottes zu tun, ist der

nicht zu allem fähig?« (*Voltaire-Friedrich der Große-Briefwechsel*, Haffmans Verlag: Zürich 1992).

4 Nietzsche hatte schon im ersten Buch »Wir Furchtlosen« in »Die Fröhliche Wissenschaft« festgestellt, daß »das größte neuere Ereignis – daß ›Gott tot ist‹, daß der Glaube an den christlichen Gott [sic!] unglaubwürdig geworden ist – beginnt bereits seine ersten Schatten über Europa zu werfen«. Vgl. Nietzsche, Bd. 1, S. 489.

5 Was der Verlust des »Heiligen« bedeutet, hat niemand eindringlicher verständlich gemacht als Rudolf Otto.

6 Auf keinem anderen Gebiet fallen Befragungsergebnisse von West- und Ostdeutschen unterschiedlicher aus als in religiösen Fragen. Vgl. die *Frankfurter Allgemeine Zeitung* vom 22.4.1998 sowie vom 10. und 24.11.1998.

7 Vgl. Paul Schwarzenau, »Das nachchristliche Zeitalter, Elemente einer planetarischen Religion«, in: Kirste, S. 478 ff. Auch andere christliche Theologen wie John Hick und Hans Küng gehen davon aus, daß es eine christliche Welt nicht mehr gibt und nicht mehr geben wird.

8 Otto v. Habsburg, *Paneuropa*, Nr. 4, 1991, S. 6.

9 Die Franzosen nennen solche Väter prägnant »*pères démissionaires*« – »abgedankte Väter«.

10 6: 151; 16: 59; 17: 31.

11 Vance Packard, *Sexual Wilderness*.

12 Vgl. Malik Badri (1997) und Javed Jamil.

13 Reichs Buch war mehr als eine Analyse: ein Manifest, mit dem er den Nerv seiner Generation und ihr Lebensgefühl getroffen hatte.

14 Yuppies sind *young upward mobile professionals*, d.h. ehrgeizige junge Geschäftsleute auf der sozialen Aufstiegsleiter.

15 Auch den Begriff *Pyramid Climbers* hat Vance Packard mit seinem gleichnamigen Buch schon 1962 geprägt.

16 In keiner anderen Branche ist die Mobilität der Spitzenkräfte so ausgeprägt wie im Investment Banking.

17 Der Begriff wurde schon in den fünfziger Jahren von David Riesmann mit seinem Buch *The Lonely Crowd* geprägt.

18 Nach aktiver Kirchenzugehörigkeit und öffentlichem Bekenntnis zu Gott zu urteilen sind die Vereinigten Staaten von Nordamerika erstaunlicherweise weit weniger entchristlicht als Europa.
Diese Entwicklung hatte Asad (1934) vorhergesagt: Viele denkende Christen würden die Vergewaltigung ihrer Vernunft durch kirchliche Dogmen wie Erbsünde, Inkarnation, Erlösung am Kreuz und Dreifaltigkeit – heute könnte man die Himmelfahrt Mariens hinzufügen – nicht länger hinnehmen und nicht nur ihre Kirchen in Scharen verlassen, sondern auch Religion schlechthin hinter sich lassen (so sinngemäß S. 51 f.).

AUFBRUCH IN DEN OSTEN

> »Das muß das Zeitalter sein, in dem wir endlich über
> unser Bedürfnis nach Religion hinauswachsen.«
>
> *(Salman Rushdie am 6. März 1999 zum 3. Millennium)*

I.

Unter den westlichen Studenten, welche die Religion des Islam annehmen, gibt es einige, deren Bekehrungserlebnis ihr Wesen so sehr veränderte, daß sie – wie Abdul Hadi Christian Hoffmann – »zwischen allen Stühlen« zu sitzen kommen. Womöglich haben sie als Karl-May-Leser schon in frühen Jahren eine Leidenschaft für alles Arabische, Islamische und Orientalische bei sich entdeckt und, davon bestimmt, Islamologie studiert. Nun suchen sie den Islam in genauester Nachfolge des Propheten und seiner in allen Einzelheiten überlieferten Sunna[1] in sich zu verwirklichen – bis hin zur Hijra[2], der Auswanderung in die islamische Welt aus Glaubensgründen. Einige dieser Konvertiten arabisieren sich in Kleidung, Kosmetika, Nahrung, Gestus und Sprache so stark, daß ihnen von anderen Muslimen romantische Exotik, subkulturelles Verhalten und Verkennen der zeitlosen Universalität des Islam vorgeworfen wird. So verstärke man nur das Vorurteil, daß der Islam eine arabische Stammesreligion sei, obwohl es weniger arabischstämmige Muslime als muslimische Inder gibt – und das *nach* der Abspaltung Pakistans –, von den 150 Millionen indonesischen Muslimen ganz zu schweigen.

II.

Dennoch wollen wir zunächst einen solchen auswanderungswilligen fiktiven Muslim anhören, um seine persönlichen Gründe für die beabsichtigte Auswanderung in ein islamisches Land zu erfahren. Welches sind die kulturellen Faktoren, die seiner Meinung nach eine muslimische Gesellschaft besonders anziehend machen? Wie kommt ein Europäer darauf, zu glauben, nur dort seine geistig-moralische Batterie aufladen, nur dort den Islam voll leben zu können? Hören wir zu.

Die eng gestrickte Großfamilie – nicht die nur noch locker verknüpfte westliche Mini-Familie (mit durchschnittlich 1,8 Kindern) – ist in der muslimischen Welt glücklicherweise weiterhin der solide Baustein der Gesellschaft. Nach Michel Houellebecq ist sie überhaupt die einzige Gemeinschaft, die moderne Individuen vom Markt (und seinen Gesetzen) trennt. Dem tut kein Abbruch, daß das Phänomen der *extended family* weder ursprünglich muslimisch noch auf die islamische Welt beschränkt ist. Zwar gerät auch die muslimische Familie unter modernistischen Druck: durch Tourismus, durch freizügige westliche Filme (mit ihrer Verherrlichung von Ehebruch) und durch wachsenden Wohlstand, der Solidarität entbehrlicher und Frauen mobiler macht. Dennoch hält die Familie im islamischen Bereich in der Regel noch so eng zusammen, daß sich ihre Mitglieder emotional und physisch geborgen fühlen können und eher über Überbetreuung klagen.

Selbst in von Ölreichtum begünstigten muslimischen Ländern treffen sich die (männlichen) Familienmitglieder Woche für Woche zum sogenannten *majlis* (Versammlung) im Haus des Familienältesten. In Bahrain kann man bei solchen (nicht strikt auf die Familie begrenzten) Anlässen 80 und mehr Teilnehmer antreffen.

Solange auch nur einer Geld verdient, hungert keiner. Die Alten und Gebrechlichen sind bei allen Familienunternehmungen ebenso selbstverständlich dabei wie die vielen Kinder – zu jeder Tages- und Nachtzeit. Selbst in der Türkei gab es deshalb bis vor etwa zehn Jahren noch keine Altersheime (*huzur eviler*), und noch heute widersetzt sich der marokkanische König dem Bau eines Altenasyls, weil dies ein Symptom des Zusammenbruchs der sozialen Sicherung durch die Familie wäre.

In der Tat: In der muslimischen Welt – ob reich oder arm – ist die Familie noch das soziale Netz, das sie im Okzident einmal gewesen war, bevor der Staat sie dieser Funktion durch Kranken-, Arbeitslosen-, Unfall-, Renten- und Pflegeversicherung praktisch enthob. In der muslimischen Familie wird weiterhin gemeinsam gelebt, gegessen, gebetet, gefeiert, getrauert und gestorben – und das ohne kollektivistische Unterdrückung von Individualität. Bunte Vögel haben ihre Familiennische, und der muslimische Familienverband fördert gezielt individuelle Begabungen, zum Beispiel durch Finanzierung von Studien im Ausland.

Familie und Gastfreundschaft gehören zusammen, zumal das islamische Recht dazu verpflichtet, jeden Gast wenigstens drei Tage zu beherbergen und verköstigen. Daraus hat sich eine Gastkultur entwickelt, der unsentimentale, an Haushaltspläne gebundene Westler kaum entsprechen können. (Ich kann diese Beobachtung aus eigener Erfahrung bestätigen; als Botschafter in Algier und Marokko mußte ich offizielle deutsche Besucher davor warnen, in der Residenz ihrer Gastgeber schöne Gegenstände nach deutscher Höflichkeitsart zu bewundern – ein Buch, ein Bild, einen silbernen Dolch; wer diesen Rat mißachtete, fand den gelobten Gegenstand bei Abreise in seinem Gepäck vor, als Geschenk.)

Überdies wird ein geborener Muslim die ›Bestellung‹ eines Bekannten meist in ein ›Mitbringsel‹ umwandeln und immer mehr schenken, als er nach Wunschliste hätte besorgen sollen. Wenn man eine Musikschallplatte hätte kaufen sollen, schenkt man mindestens zwei davon. Wenn man einen Bekannten als Dolmetscher mit zum Schneider nimmt, um sich ein Hemd oder einen Kaftan anfertigen zu lassen, erhält man am folgenden Tag von beidem zwei Stück zugeschickt. Die Rechnung ist schon beglichen.

Familiensinn und Gastfreundschaft sind auch Hintergrund der besonderen Wärme und Hilfsbereitschaft, welche muslimische Gemeinschaften ausstrahlen: die sprichwörtliche Brüderlichkeit der Umma.[3] Die meisten Muslime haben nie etwas davon gehört, daß der Mensch seinen Nachbarn wie sich selbst lieben solle, aber sie haben im Koran gelesen, daß alle Muslime Brüder sind.[4] Die Liebenswürdigkeit und Nachsicht, mit der bewußt muslimisch lebende Menschen in islamischen Zentren miteinander umgehen, kann für Europäer zu einem beglückenden Erlebnis werden. Sie fühlen sich von mitfühlender Wärme und allseitiger Bejahung wohlig eingehüllt. Dies ist auch einer der Gründe dafür, weshalb so viele katholische Philippinos, die sich als Gastarbeiter am Arabischen Golf aufhalten, dort zum Islam konvertieren.[5]

Auch wenn sie sich vorher nicht kannten, umarmen und duzen sich Muslime, wie man das von einer esoterischen Sekte, nicht jedoch von einer Religionsgemeinschaft erwarten würde, die über eine Milliarde Menschen zählt. Es ist wahr, daß viele davon in ihrer nicht-muslimischen Umgebung so sehr verfolgt und unterdrückt werden, daß sie besonders aufeinander angewiesen sind.[6] Doch wenn Muslime einander um etwas bitten, dann in erster Linie nicht um praktischen Beistand, sondern um Einschluß in das Gebet des anderen.

Die Brüderlichkeit der Muslime schlägt sich in ihrer Spendenfreudigkeit nieder, die vor allem in den Vereinigten Staaten Rekorde schlägt. Almosen (*sadaqa*) zu geben – zum Teil als sozialgebundene Steuer auf das Vermögen (*zakat*) – ist für sie nicht irgendeine Pflicht, sondern als eine der fünf »Säulen (*arkam*) des Islam« Bestandteil des Glaubens.[7] Ein Muslim darf nicht einmal zur Pilgerfahrt nach Mekka aufbrechen, solange seine Nachbarn zuhause in Not sind, obwohl auch der *hadsch* eine solche Säule des Glaubens ist.

Kaum ein *fund raising dinner* unter amerikanischen Muslimen, an dem bei etwa 80 bis 120 Personen nicht mindestens 100 000 Dollar für die Sache des Islam gespendet werden, manchmal sogar 500 000 Dollar und mehr. In den USA gibt es muslimische Ärzte, die sich schon als Studenten verpflichteten, ihr Leben lang 10 Prozent ihres Einkommens dem Islam zukommen zu lassen.

Diese auf Opferbereitschaft beruhende Finanzkraft allein erklärt jedoch den überall in der islamischen Welt zu beobachtenden Moscheenbau noch nicht. Hier kommt eine besondere Überlieferung des Propheten hinzu, wonach Gott demjenigen ein Haus im Paradies baut, der Ihm auf Erden ein Haus gebaut hat.[8] So kommt es, daß im vergangenen Jahrzehnt in der Türkei alle sechs Stunden eine privatfinanzierte Moschee fertiggestellt wurde. Der saudische Monarch, König al-Fahd b. 'Abd al-Aziz, ermöglichte aus seiner Privatschatulle den Bau von bereits 60 Moscheen in der ganzen Welt – von Los Angeles bis Rom.

Dieses Zusammengehörigkeitsgefühl der weltweiten Umma, über alle rassischen Grenzen hinweg, ist eine politisch jederzeit aktivierbare Realität. Zwar würde kein ernstzunehmender Muslim behaupten, daß es dem Islam gelungen sei, ethnische Vorurteile islamweit auszumerzen, gibt es doch bittere Beweise des Gegenteils, nicht nur in Mauretanien, das immer wieder glaubt, eine de facto Versklavung bei sich dementieren zu müssen, und auf der Arabischen Halbinsel. Gleichwohl läßt sich behaupten, daß es keiner anderen Religion gelungen ist, Rassismus entschiedener zurückzudrängen als dem Islam. Dies ist doch für eine vom Chauvinismus gebeutelte Zeit wie der gegenwärtigen von unschätzbarer Bedeutung.

Insbesondere wirkt die jährliche große Pilgerfahrt, der Hadsch, als rassischer Schmelztiegel, ja als ein (haut)farbenblindes Festival. Kein Wunder, daß es nur eines einzigen Hadsch bedurfte, um den anti-semitischen und anti-weißen Malcolm X davon zu überzeugen, daß sich seine erzrassistische »Nation of Islam« auf dem Holzweg befand; erst dann wurde er als Al-Hadsch Malik al-Shabazz – wie Muhammad Ali, Rap Brown und Warith Muhammad – wirklicher, sunnitischer Muslim (und bezahlte dafür mit seinem Leben).[9] Seither werden auch in den USA bisher arabische, indo-pakistanische und »schwarze« Moscheen zunehmend integrativ.

Überhaupt ist dem Islam ein egalitärer Zug eigen; denn im Koran wird klargestellt, daß letztlich nur Frömmigkeit zählt – nicht Reichtum, Macht, Geburt, Schönheit oder Popularität.[10] In der Tat widersprach die Vorstellung von Nobilität bereits dem ausgeprägten Sinn für Gleichheit und Unabhängigkeit der vorislamischen arabischen Beduinen. In der Praxis bedeutet das beispielsweise, daß sich die Gläubigen bei Abwesenheit eines bestallten Vorbeters in der Moschee ad hoc auf denjenigen unter ihnen als Imam einigen, welcher der Würdigste oder Kenntnisreichste in Glaubensdingen ist. Alter, Rasse oder Nationalität spielen dabei keine Rolle.

Damit soll nicht gesagt sein, daß in der muslimischen Welt kein erbliches Adelswesen existiere, auch wenn dies nur schwach verankert ist: Scheichs, Emire, Könige und ihre sehr zahlreichen Prinzen. Doch ein an Byzanz erinnerndes Hofprotokoll hat sich nur im Maghreb halten können. In Arabien und am Golf küßt man keine Hände, sondern allenfalls die Schulter oder den Nasenansatz, und beim Händegeben beugt man sein Haupt nicht, sondern reckt es stolz nach oben. Es ist beeindruckend zu erleben, wie wetterzerschlissene saudische Beduinen in abgetragenen Sandalen ihrem Kronprinz Abdullah bei seinem wöchentlichen Tag der Offenen Tür (*majlis*) die Meinung sagen und ihm dabei den Zeigefinger heftig ins Gesicht schütteln.

Gleichwohl ist der beduinische Sinn für Egalität mit dem unter Muslimen stark ausgeprägten Respekt vereinbar – einer Einstellung, die im Westen inzwischen zu einer Un- oder Sekundärtugend geworden ist. Ein Muslim lernt schon als Kind Respekt vor Gott und Seinem Wort (im Koran), vor der moralischen Autorität des Propheten Muhammad, vor dem Rang von Vater und Mutter, vor seinen Lehrern und vor älteren Menschen. Selbst der große Bruder (türkisch *abi*, von *aga bey*) oder die große Schwester (türkisch *abla*) genießen bei jüngeren Geschwistern Ansehen. Daß ein Kind seine Eltern vor Gericht verklagt und – wie in den USA – gar beantragt, von ihnen rechtlich geschieden zu werden, ist in der isla-

39

mischen Welt unvorstellbar. Diese im Westen eher bekämpfte Einstellung mag im Einzelfall bewirken, daß Rang vor Verdienst kommt; schließlich wird Alter nicht notwendig von Weisheit begleitet, und es gibt auch törichte Lehrer. Dennoch verleiht die Respektbereitschaft der Muslime ihrer Gesellschaft eine humane Struktur. Wie vermißt man das doch in deutschen öffentlichen Verkehrsmitteln, wo selbst hochschwangere Frauen kaum noch zu erwarten wagen, daß ein mit offenem Mund seinen Gummi kauender Schüler für sie den Sitzplatz räumt.

Mit Respekt eng verwandt ist ein anderes, im muslimischen Orient verbreitetes, vorbildliches Verhalten: die Wahrung der Intimsphäre, die in engbebauten Städten wie Fes gut zu beobachten ist. Dort meint man zunächst, jeder könnte jeden von seiner Dachterrasse aus beäugen und jeder jedem von der Gasse aus ins Fenster gucken. Doch dann stellt man fest, daß sich jeder vor den Blicken der anderen abschirmt.[11] Hauseingänge werden ums Eck gebaut, so daß kein Blick ins Innere fallen kann. Die architektonischen Maßnahmen zum Schutz von Diskretion verleihen muslimischen Häusern den typischen Anschein, wie mancher Pelzmantel mit der guten Seite nach innen gekehrt zu sein. Selbst Männertoiletten bieten in der islamischen Welt mehr Persönlichkeitsschutz als ihr westliches Gegenstück. In Mekka wird man ein Pissoir vergeblich suchen: jedem seine Kabine, wie es im Westen nur für Frauen üblich ist.

Mit dem Gleichheitssinn eng verwandt ist ein Phänomen, das auf den ersten Blick nichts damit gemein zu haben scheint: die Rolle der Mündlichkeit in der islamischen Kultur, einer oralen Kultur par excellence.

Das erste Wort der Muhammad ab 610 zuteilgewordenen koranischen Offenbarung (96: 1–5) lautete »iqra!«. Dies bedeutet nicht nur »Lies!«, sondern auch »Trage vor!«. Seither ist aus dem Rezitieren des Korans eine hohe Kunst und aus seinem Auswendiglernen eine hochgeschätzte Fertigkeit geworden, die auch heute Hunderttausende beherrschen.[12] Trotzdem ist es irreführend, mit

40

Hans Küng in Gleichsetzung zur Fleischwerdung Gottes in Jesus zu meinen, im Koran sei das Wort Gottes Fleisch geworden – Inlibration statt Inkarnation.[13] Denn kein Muslim verehrt die physische Präsenz Gottes im geschriebenen Koran, wohl aber das Wort Gottes bei seiner Rezitation – ohne indessen zu behaupten, daß Gott Arabist sei. In dieser Kunstfertigkeit schwingt mit, daß der Vortrag arabischer Dichtung – von Ghaselen und (viel längeren) Kassiden – eigentlich die höchste Form arabischer *Musik* ist und deshalb auch während eines Essens vorgetragen wird, wie Hintergrundmusik einer Harfe, jedoch unmittelbar vor dem Ehrentisch.

Damit soll die Rolle des Schriftlichen in den islamischen Wissenschaften nicht minderbewertet werden. Wie könnte dies auch geschehen, wenn man berücksichtigt, wie monumental die schriftlichen Zeugnisse islamischer Gelehrsamkeit schon seit dem 2. islamischen Jahrhundert waren. Der Koran war schon zu Lebzeiten Muhammads als Loseblattsammlung schriftlich fixiert worden. Schon bald danach entstanden die großen Sammlungen des muhammadischen Überlieferungsguts (*hadith*)[14], vielbändige Koran-Kommentare (*tafsir*), eingehende, in die Vorgeschichte der Welt eingebettete Darstellungen des Lebens Muhammads (*sira*)[15], Aufzeichnungen der islamischen Frühgeschichte (*tarikh*) sowie gültiggebliebene Wörterbücher des Arabischen (*qamus*) und seiner Grammatik – großartiges Schriftgut, später ergänzt durch Meisterwerke der islamischen Jurisprudenz (*fiqh*)[16] und alles sonstigen, was die islamischen Geisteswissenschaften (*adab*) bis heute faszinierend macht.

Die geschilderten rhetorischen Künste, auch in Freitagspredigten gepflegt, stellten im Gegensatz zur westlichen Kirchenentwicklung sicher, daß jeder Muslim von Anfang an unmittelbaren Zugang zu seinen heiligen Texten hatte, ob er lesen konnte oder nicht. Die islamische Offenbarung war zu keiner Zeit Geheimwissen. Das macht letztlich das Wesen der Mündlichkeit und seiner Widerstandsfähigkeit aus. Den Sowjets konnte es in Zentralasien nie gelingen, den Islam auszurotten, weil ihm

41

dank seiner Kultur mündlicher Wissensvermittlung mit dem Einkerkern von Schriftgelehrten und dem Verbrennen von Bibliotheken nicht beizukommen war.

Unser orientverliebter Muslim führt noch einige andere, scheinbar marginale Faktoren auf, die er am Leben unter Muslimen besonders schätzt.

Dazu gehört die ausgeprägte Geduld der Muslime und ihre strukturelle Nüchternheit; sie stellt sich ein, weil Drogen einschließlich Alkohol – ob vorhanden oder nicht – keine bestimmende Rolle spielen. Wie sich der arabischen Presse entnehmen läßt, hat auch diese Gegend ihr Rauschgiftproblem. In Dubai, dem arabischen Hongkong, ist alles zu haben. Doch wer auch nur mit einer Flasche Whiskey angetroffen wird, muß mit Ausweisung rechnen.

In Städten, in denen der Islam praktiziert wird, braucht sich jedenfalls niemand vor betrunkenen Verkehrsteilnehmern und keine Frau vor betrunkenen Vergewaltigern in acht nehmen. Man hört kein Grölen Angetrunkener, weder auf nächtlicher Straße noch am Nebentisch im Restaurant. Auch tränen einem die Augen nicht vom Tabakrauch des Nachbarn, weil in der muslimischen Welt sehr viel weniger als im Westen – sogar noch weniger als derzeit in den USA – geraucht wird. Als kürzlich in Manama ein Freiluft-Kaffeehaus unter Palmen eröffnet wurde, in dem man Wasserpfeife rauchen kann, löste dies Empörung aus, die sich in Leserbriefen an Zeitungen niederschlug.

Die charakteristische Nüchternheit der Muslime schlägt sich auch in ihrer meist geringen Korpulenz nieder. Muslim sein heißt fast immer schlank sein; denn nach der Sunna soll man sich grundsätzlich nie ›pumperlsatt‹ essen. Hingegen fällt Fettleibigkeit vor allem in den USA sofort ins Auge, wo *obesity* ein nationales Problem zu werden droht. Schon am Flughafen trifft man auf übergewichtige Menschen jeden Alters.

Es wäre gewiß zu simpel, den beleibten westlichen Typus auf Freßgier zurückzuführen und den dünnen muslimischen Typus dem Fasten im Ramadan zuzuschreiben, zumal der Fastenmonat bei vielen Muslimen gar nicht zu Gewichtabnahme führt; dazu ist das Phänomen medizinisch zu komplex. Sicher scheint jedoch zu sein, daß – wie bei Freß- und Magersucht – nicht *junk food* und hormonbehandeltes Fleisch die entscheidende Rolle spielt, sondern die Psychologie des Patienten, weshalb man denn auch von Kummerspeck spricht. Womit wir wieder beim Glauben angelangt wären.

Neben dem ständigen Nüchternsein – was auch stets *bereit* sein bedeutet – trifft man in wahrhaft islamischer Umgebung auffällig viel Gelassenheit an. Man mag dies örtlich auf heißes Klima zurückführen, begegnet dem Phänomen aber auch in kühleren Gegenden. Auch mag man diese Gelassenheit mit der strukturellen Müdigkeit erklären, die sich bei Leuten einstellt, die regelmäßig um drei, vier oder fünf Uhr zum Morgengebet (*fadschr*) aufstehen.

Letztlich geht die festgestellte Gelassenheit aber auf eine Abwesenheit von normalem Streß zurück, die man nur aus einer religiösen Weltsicht erklären kann. Natürlich gibt es auch in der muslimischen Welt Psychiater und Menschen, die ihrer bedürfen.[17] Aber der feste Glaube an göttliche Führung und Fügung, ein gerechtes Letztes Gericht und ein Weiterleben nach dem Tode im Angesichte Gottes bewahrt doch die meisten Muslime vor dem postmodernen Gefühl existentieller kosmischer Verlorenheit und tragischer Entfremdung, aber auch vor Depressionen aus Angst vor dem Alter, die manchen Psychotherapeuten schon reich gemacht haben. Die Glaubensüberzeugung des Muslims in Verbindung mit einem ihr entsprechenden, nahezu ständigen Gottesbewußtsein (*taqwa*), bei Christen Gottesfurcht genannt, nimmt vielem, was von nichtgläubigen Menschen lebenswichtig genommen wird, einfach seine Bedeutung. Glaube relativiert radikal.

Um so wichtiger ist es, daß in der islamischen Welt im Verlauf von Tag und Nacht fünfmal lautsprecherverstärkt zum Gebet gerufen und damit auch amtlich an Gott als der entscheidenden Lebenstatsache erinnert wird. Der Gebetsruf sollte überall den Tag eines Muslims strukturieren, aber nur in der muslimischen Welt, wo zum Gebet sogar Läden geschlossen werden, ist dies wahrnehmbar der Fall.

Ebenso bequem, wie von Staats wegen zur richtigen Zeit zum Gebet gerufen zu werden, ist in der muslimischen Welt das Einkaufen von Fleisch und seinen Nebenprodukten. Während man in einem westlichen Supermarkt Zeit darauf verwenden muß, Kleinstgedrucktes zu lesen, um nicht aus Versehen Bestandteile vom Schwein zu kaufen, und man sich dort überhaupt anstrengen muß, um nach islamischen Vorschriften geschlachtetes Fleisch zu finden[18], kann man in muslimischen Läden blind einkaufen gehen.

Besonders gelassen zeigen sich orientalische Muslime gegenüber dem Ablauf von Zeit, so daß man glaubt, von einem anderen, orientalischen Zeitgefühl sprechen zu dürfen. Logischerweise hat man dort, wo Zeit gleich Geld ist – *time is money!* – keine Zeit. Im Gegenteil, die Welt scheint sich im Westen allgemein so zu beschleunigen wie die Umlaufgeschwindigkeit des Geldes. Das Internet trägt dazu bei, indem es Kommunikation in *real time* zuläßt, so daß sich alles zwar virtuell, aber doch *live* am Bildschirm abspielt.

Es erscheint logisch, daß man dort mehr Zeit hat, wo man sie weniger als Geldwert betrachtet.

Positive Folge eines distanzierten Verhältnisses zur Zeit ist es, daß man weniger unter der das westliche Gewissen belastenden Vorstellung leidet, zu spät zu kommen. Wenn man da ist, ist man halt da. Auch besteht dann eine bessere Chance, trotz verspäteten Eintreffens am Bahnhof oder Flughafen seinen Zug oder sein Flugzeug noch zu erwischen, weil ja auch sie ihre planmäßige Abfahrtszeit nicht so ernst nehmen. Statt die Uhr zum Tyrannen zu machen und hinter selbstgesetzten Terminen herzuhetzen, vereinbaren Muslime Zusammenkünfte gerne ungenauer – nicht für 16 Uhr 20, sondern für ›zwischen Nachmittags- und Abendgebet‹. Man weiß, daß das Gebet vor allem anderen Vorrang genießt und jede Verspätung entschuldigt.

Als ein westlicher Tourist in einer südalgerischen Sahara-Oase einen Mozabiten einmal nach der Uhrzeit fragte, soll dieser nicht geantwortet, sondern seinen neben ihm im Schatten sitzenden Freund in seinem Berberdialekt leise gefragt haben: »Ist er krank?«

Nüchternheit und Gelassenheit bringen Würde mit sich, die vom gemessenen Schreiten, das fußlange Gewänder wie Galabiyya bzw. Thaub[19] und Kaftan erzwingen, auch optisch vermittelt wird. Doch wenn von Würde die Rede ist, denkt unser potentieller Auswanderer in erster Linie an die muslimische Frau; denn diese hat es dank der Bekleidungsvorschriften in Koran[20] und Sunna vermieden, nach dem abschreckenden Vorbild ihrer westlichen Schwestern in einen Wettbewerb im Zeigen nackter Haut oder – auf geschlechtsspezifischen Gebieten wie *muscle building* – in unmittelbare Konkurrenz mit dem Mann einzutreten.

Dadurch ist es der Muslima in der islamischen Welt gelungen, sich der im Westen von Feministinnen zu Recht beklagten Ausbeutung der Frau als Sexobjekt in Reklame und auf Modeschauen zu entziehen. Sicher hatte auch die westliche Emanzipationsbewegung die Verteidigung der Frau zum Ziel; erfolgreicher waren darin jedoch die Musliminnen, weshalb denn auch in allen westlichen Ländern mehr Frauen als Männer zum Islam übertreten, trotz aller Gegenpropaganda.

Im Westen wird ohnedies übersehen, daß die Frau – vor allem als Mutter – im muslimischen Haus die entscheidende Rolle spielt und über ihre Söhne viel mehr Macht ausübt, als wahrgenommen wird.

Unser fiktiver westlicher Muslim schließt seine Aufzählung verlockender Eigenheiten der von ihm schon adoptierten islamischen Gesellschaft mit der Feststellung ab, daß er sich einfach nur in einer Umgebung wohlfühlt, in der Gott der Ihm zukommende Platz eingeräumt wird. Dies ist in der muslimischen Welt zweifellos mehr der Fall als im heutigen Westen. Wenn der Fahrer den Motor anläßt, spricht er »*bismillah!*« (»Im Namen Gottes!«). Gleiches tut jeder Vortragsredner, der Flugkapitän bei der

Begrüßung der Fluggäste und der Vater, bevor er am Tisch seinen Löffel anrührt. Kaum ein Vortrag, der nicht mit einem Lob Gottes, einem Segenswunsch für den Propheten und einem Friedensgruß für die Zuhörer beginnt.[21] Der ägyptische Staatspräsident gibt aus Anlaß des Geburtstags des Propheten einen Empfang. Der marokkanische König lädt aus gleichem Anlaß zu einer gesungenen religiösen Feier. Und der Ehrentitel des saudi-arabischen Königs lautet »Hüter der beiden heiligen Stätten« (in Mekka und Medina).

All dies mag formell oder formelhaft sein und zum Ritual erstarren. Es wirkt gleichwohl der Privatisierung des Glaubens entgegen, der im Westen bisweilen als eine Sache behandelt wird, für die man sich – zumal als Gebildeter oder gar Intellektueller – ein bißchen schämen muß.

Zuletzt weist unser auswanderungswilliger westlicher Muslim darauf hin, daß der Islam trotz aller Tendenzen hin zu einer monolithischen Einheit mindestens gleichstarke Tendenzen hin zum Pluralismus aufweist. Kein Kalif sah sich je als Papst. Niemand im Islam, Muhammad eingeschlossen, hat je Unfehlbarkeit beansprucht. Die islamischen Juristen tolerierten zeitweise bis zu sieben, nebeneinander existierende und miteinander sachlich konkurrierende Rechtsschulen (*madhahib*) mit beträchtlichen Abweichungen in wichtigen Details.[22] Ebenso bedeutend war stets die bereichernde Vielfalt in Theologie, Philosophie und Mystik, was sich in Philosophenschulen wie der Mu'tazila und der Ash'ariyya ebenso niederschlug wie in Sekten[23] und höchst unterschiedlichen Sufi-Orden.[24]

Schließlich steht jeder Muslim – ohne Notwendigkeit oder Möglichkeit der Intervention von Heiligen oder Sakramenten – Gott als der denkbar emanzipierteste aller möglichen Gläubigen gegenüber. Insofern sind Muslime eine Art Basisdemokraten, keinen Klerikern unterworfen und vom Koran dazu angehalten, alle Angelegenheiten der Gemeinschaft durch Beratung zwischen Regierung und Regierten demokratieähnlich zu regeln.[25]

Soweit das fiktive Plädoyer des Auswanderungswilligen.

III.

Wie im vorangegangenen Kapitel zum Westen befragen wir nun einen zweiten fiktiven westlichen Konvertiten zum Orient. Es handelt sich um einen, der – wie Muhammad Asad noch in seinem 85. Lebensjahr – Gott dankt, daß er Muslim wurde, *bevor* er die muslimische Welt kennenlernte.[26] Denn so wurde die islamische Theorie, auf die es letztlich ankommt, nicht von menschlichem Versagen in der Praxis verdunkelt. Dieser Muslim ist mit dem weltbekannten ägyptischen Scheich Muhammad al-Ghazali (gestorben 1996) sogar der Meinung, daß es im Westen zwar wenig Muslime, jedoch viel Islam gebe, und daß es sich in Teilen der muslimischen Welt umgekehrt verhalte. Unser Muslim läßt sich aber nicht zur ebenfalls gehörten Übertreibung hinreißen, zu behaupten, daß der Islam aus der ehemals islamischen Welt in den Westen ausgewandert sei.

Kurioserweise bewertet dieser zweite westliche Muslim fast alle Faktoren negativ, die sein Bruder zuvor überwiegend positiv bewertet hatte:

Die muslimische Welt gehört den sogenannten Entwicklungsländern an. In vielen von ihnen gibt es nur von vier Dingen genug: Sonne, Sand, Kinder und Zeit. Für diesen Zustand, der durch den Import von Technologie nur verschleiert wird, gibt es keine ausreichende klimatische oder geschichtliche Entschuldigung.

Der Familiensinn der Muslime ist höchst ambivalent. Man kann ihn auch als Wurzel der in der muslimischen Welt stark grassierenden Korruption bezeichnen; denn dort werden fast alle wichtigen Posten in Verwaltung, Wirtschaft und sogar Kultur – vor allem im Theater- und Literaturbetrieb – aufgrund verwandtschaftlicher Beziehungen vergeben. Damit werden entscheidende Funktionen in der muslimischen Welt häufig von nicht qualifizierten oder zweitbesten Kräften besetzt, wodurch den Entwicklungsmöglichkeiten solcher Staaten eine künstliche Obergrenze gesetzt wird. In der Tat sieht sich der durchschnittliche orientalische Muslim moralisch verpflichtet, seine Verwandtschaft zu protegieren, ohne das Gefühl zu haben, anderen damit Unrecht zu tun. Wer im Westen so handeln würde, stünde mit einem Bein schon im Gefängnis.

Die besondere Wärme zwischenmenschlicher Beziehungen innerhalb der Umma ist eine Realität, aber nicht die ganze Wahrheit. Man kann kaum behaupten, daß die Millionen von Gastarbeitern auf der arabischen Halbinsel – wenig liebevoll *expats* (für *expatriates*) genannt – wie ›Brüder im Islam‹ behandelt werden. Sonst müßte es für sie doch Familienzusammenführung, ständige Aufenthaltsgenehmigung und verläßliche Rentenversicherung geben. Darf man bitterarme, illegale Verdienstsuchende ohne richterliche Prüfung und unter wenig menschlichen Bedingungen einfach ausweisen, obwohl sie Muslime sind – aus Pakistan, Ägypten, Palästina oder Marokko?

Doch gerade in relativ armen Ländern findet sich viel exklusiver Luxus. In Rabat kann man bei Diners Damen des Landes antreffen, die zu grünen Gewändern Geschmeide aus Smaragden, zu roten solche aus Rubinen und zu weißen Kleidern schwarze Saphire tragen – Edelsteine von einer Größe, wie man sie andernorts in Museen zeigt. Vertreterinnen tausendmal reicherer westlicher Demokratien können da nicht mithalten; doch vielleicht sind ihre Länder gerade deshalb so reich.

Es mag zynisch klingen, doch unter reichen Ex-Beduinen kann man den Eindruck gewinnen, daß kein Mensch – auch keine Frau –, sondern edle Tiere an der Spitze der Wertschätzung stehen, nämlich sündhaft teure Jagdfalken und millionenwerte, schlanke, beigefarbene Rennkamele. Nicht nur westliche Muslime schütteln ihren Kopf über den Aufwand, den man um Falken treibt – einschließlich Psychologen für ihre sensible Psyche –, damit diese Prachtvögel im Wert von hunderttausend Dollar und mehr in der fernen algerischen Steinwüste einen schwerfälligen Vogel, ihre Lieblingsbeute, erjagen können.

Tatsächlich steht die gerühmte Brüderlichkeit und Solidarität der Umma auf dem Prüfstand, wenn es gilt, die enorme Kluft zwischen arm und reich in der muslimischen Welt zu schließen. Es ist nicht zu leugnen, daß ölreiche Herrscher und begüterte individuelle Muslime – oftmals (nach Empfehlung des Korans) anonym – viel Gutes tun, nicht nur durch den Bau von Moscheen und Zentren wie der König-Fahd-Akademie in Bonn. Auch ist einzuräumen, daß es alles andere als leicht ist, Geld sinnvoll und kontrolliert zu verschenken. Scheich Zayd von Abu Dhabi, Staatsoberhaupt der Vereinigten Arabischen Emirate, unterhält eine eigene Bürokratie zum Sichten von Hilfsgesuchen, Beurteilen von Machbarkeitsstudien, Vergleich von Angeboten und zur Bauüberwachung. In Rechnung ist auch zu stellen, daß Grundbedürfnisse wie Wasser und Elektrizität in manchen Ölstaaten gebührenfrei sind. Gleichwohl bricht – zumindest in der Petro-Welt – immer wieder ein Luxus durch, den westliche Muslime als maßlos empfinden. Mit Brüderlichkeit will das nicht recht zusammengehen, obwohl es stimmt, daß letztlich niemand davon profitieren würde, wenn Millionäre ihr Geld wie mit der Gießkanne verteilen würden.

Die Spendenfreudigkeit der Muslime in Ehren – doch würden manche ein besseres Werk tun, wenn sie in ihrem Streben nach sicherer Belohnung im Jenseits [27] nicht eine weitere, fixe Unterhaltungskosten verursachende Moschee, sondern einen Kindergarten oder eine muslimische Schule bauen oder Hilfsorganisationen wie Muslim Aid und Muslime Helfen e.V. besser bedenken würden.

Wenn von Geld die Rede ist, wäre es scheinheilig zu übergehen, daß muslimische Staaten ihr Kapital im Westen, und nicht nur dort, zinsbringend einsetzen, obwohl doch der Koran gerade dies unmißverständlich verboten hat – ohne salvatorische Klausel für Auslandsinvestitionen.[28] Die vom Islam zugelassene Art des gewinnbringenden Kapitaleinsatzes – Beteiligung an Gewinn und Verlust eines Unternehmens wie beispielsweise bei (nichtspekulativem) Aktienbesitz – ist nicht nur ethisch von Wert, sondern auch ökonomisch; denn sie fördert den Unternehmergeist des risikobereiten Entrepreneurs, auf dem das ganze kapitalistische Gebäude schließlich beruht. (Risiko allein legitimiert jedoch eine islamische Kapitalanlage nicht, weil sie keinen Spielcharakter haben darf, wie dies etwa beim Handel mit Derivaten der Fall ist.)

Es ist gewiß nicht einfach, in einer von *hedge funds* destabilisierbaren Welt isoliert eine islamische Wirtschaft praktizieren zu wollen, zumal Zins nicht nur eine Rendite abwirft, sondern noch andere wichtige Funktionen erfüllt, bei der Konjunkturpolitik ebenso wie bei der Ressourcen-Steuerung. Trotzdem ist es eine traurigstimmende Bilanz, daß es 1420 Mondjahre nach Begründung des ersten islamischen Staatswesens noch keine einzige muslimische Volkswirtschaft gibt – auch in Pakistan und Malaysia nicht –, in der das koranische Zinsverbot voll umgesetzt wäre.[29]

Der Zug zum Egalitären im Islam ist nicht zu leugnen und hat sich seit der islamischen Frühgeschichte immer wieder, auch sozialpolitisch, bemerkbar gemacht, so bei den sezessionistischen Kharidschiten im 7. und den egalitaristischen Qarmaten im 9. Jahrhundert.[30] Doch das verhinderte nicht, daß es heute allein auf der Arabischen Halbinsel Tausende von Prinzen gibt, von denen manche – wie auf einem Flug mit der Linie Saudia beobachtet – auch in der Öffentlichkeit Privilegien beanspruchen. So gibt es heute in der arabischen Welt sowohl Geld- wie Blutadel, und es ist immer gut zu wissen, über welche der Ehefrauen jemand mit wem verwandt ist.

Damit ist zugleich gesagt, daß es kein muslimisches Land gibt, von dem man behaupten könnte, daß unter maßgeblicher Beteiligung der breiten Bevölkerung regiert würde, auch wenn Wahlen abgehalten werden und (oft nur beratende) Repräsentativgremien bestehen. Im Gegenteil, in Diskussionen über Demokratie wird von orthodoxen Muslimen immer wieder behauptet, daß dieses Regierungssystem mit dem Islam nicht kompatibel sei.

Der als positiv beschriebene Respekt unter Muslimen ist unleugbar, hat aber auch nachteilige Begleiterscheinungen, weil er in kritiklose Autoritätsgläubigkeit umschlagen kann. Dadurch wird eine Gesellschaft nicht nur für politische Beteiligung unfähig, die auf (friedlichem) Wettstreit von Meinungen beruht, sondern auch strukturell unfähig, neue wissenschaftliche Leistungen zu erbringen. Denn Skepsis (als Arbeitshypothese) ist nun einmal die Mutter wissenschaftlichen Fortschritts.

Diesen Gefahren ist die islamische Zivilisation tatsächlich zu dem Zeitpunkt (im 14./15. Jahrhundert) unterlegen, zu dem der Respekt vor dem Wissen der Altvorderen in bloßes Nachahmen umschlug und daraus die Doktrin des »Schließens der Türe zur Neuauslegung« wurde (kurz *taqlid* genannt). Von da an bestand wissenschaftliche Leistung vor allem im Überglossieren existierender Glossen zu älteren Kommentaren, ganz nach Vorbild postjustinianischer Juristen im mittelalterlichen Pandektenrecht.

Dies war eine falsche Schlußfolgerung aus der richtigen Annahme, daß die islamische Theologie bereits alles aufbereitet habe, was für den Menschen als Erdenpilger auf seinem Weg zu Gott wissensnotwendig und wissenswert ist, und daß die den Quellen näheren früheren Muslime den Islam im Prinzip besser gekannt und verstanden haben mußten als spätere Generationen.

Diese Entwicklung – von keinerlei Konzil beschlossen oder Kalifen verkündet – setzte sich als geistiges Klima fast allgemein durch, näherte den Islam fatal dem Zustand der in Dogmen und Denkverboten erstarrten christlichen Kirchen an und führte über geistig-spirituelle Stagnation auch zum militärisch-technisch-wirtschaftlichen Verfall der islamischen Welt und zu ihrer Dekadenz vom 17. bis zum 19. Jahrhundert.

Die meisten Muslime glauben noch immer, ihre heutige materielle Unterentwicklung sei eine Folge der Kolonisierung im Zeitalter des westlichen Imperialismus. Es ist umgekehrt: Die islamische Welt wurde kolonisiert, weil sie wegen ihres Prinzips der blinden Nachfolge und Akzeptanz von Autorität (*taqlid*) schon zuvor dekadent geworden war.[31]

Es schont natürlich das Selbstbewußtsein, wenn man anderen und anderem eigenes Versagen anlasten kann.

Dies ist ein überall wirksamer psychologischer Entlastungsmechanismus, der mit der häßlichen Wirklichkeit versöhnen hilft. In der muslimischen Welt ist dieses eher harmlose Phänomen jedoch bei manchen in einen Verfolgungswahn mit Verschwörungsphantasien ausgeartet. Von der Kolonisierung angefangen über die heutige wirtschaftlich-soziale Malaise und die politische Lage in den muslimischen Ländern bis hin zur Technik-»Offensive« des westlichen »kulturellen Imperialismus« wird alles und jedes gerne auf westliche Verschwörungen gegen den Islam zurückgeführt.

Die CIA, der Mossad, zionistische Organisationen und Freimaurer und sogar die NATO spielen in der großen *conspiracy theory* von Muslimen eine erstaunliche Rolle. Man vermutet allen Ernstes, daß es irgendwo einen *master plan* für die Unterminierung und Zerstörung des Islam gebe, und ordnet alles dafür Dienliche in sein Weltbild ein. Das westliche Versagen während der ersten drei blutigen Jahre des Bosnien-Konflikts, die amerikanische Nibelungentreue gegenüber Israel und die Prominenz jüdischer Mitarbeiter in der Clinton-Administration haben dem Verschwörungsdenken neue Nahrung (und keine schlechten Argumente) gegeben.[32] Dabei wäre es doch viel einfacher zu verstehen, daß Staaten Interessenpolitik betreiben und daß Erfindungen wie die eines Bill Gates die Welt zwangsläufig überfluten: weil eben Spitzentechnologie wie Wasser von oben nach unten fließt.

Diese psychischen Verwerfungen sind im muslimischen Fall nicht harmlos, weil sie die Diagnose des Selbstversagens hemmen und Eigeninitiative lähmen, sich letztlich also fatalistisch auswirken.

Mit der Taqlid-Doktrin verwandt und ähnlich schädlich ist die muslimische Lehre von unzulässigen Neuerungen, an der vor allem das muslimische Erziehungswesen vielerorts laboriert. In den Grundschulen wird bis heute mehr nachgeplappert oder auswendig gelernt, als hinterfragt, so daß es eine Art Analphabetentum auch bei Menschen gibt, die lesen können. Noch immer neigen selbst muslimische Wissenschaftler dazu, weniger auf eigene Argumente als auf möglichst viel Autorität zu bauen, die – einer nach dem anderen – kumulativ statt selektiv zitiert werden: Professor X. sagte (*qala*): »...«. Professor Y. sagte (*qala*): »...«.[33]

Ausgelöst wurde dieser Trend durch die Einengung des an sich ambivalenten Begriffs der entweder guten oder schlechten »Neuerung« (*bida'*) auf die zweite Variante: Jede Neuerung auf dem Gebiet von Orthodoxie und Orthopraxie des islamischen Glaubens galt alsbald als unzulässig.[34] So entstand eine *bida'*-Phobie, die es ermöglichte, den Vorwurf der Neuerung wie eine Waffe gegen vermutete häretische Abweichler einzusetzen. Dieser Vorwurf konnte tödliche Konsequenzen haben, wie theologisch übertreibende, esoterisch-ekstatische Mystiker wie Hussain al-Mansur al-Halladsch und Shihab al-Din Yahya Suhrawardi al-Maqtul (der Getötete) erfahren mußten.[35]

Intellektuelle Stagnation, Flucht in verschleiernde Esoterik und Mystik sowie Abkoppelung von der westlichen technischen Entwicklung waren die Folge. So kam es, daß der Koran nicht etwa von Muslimen zum ersten Mal gedruckt wurde, sondern 1649 ausgerechnet in Hamburg.[36] Noch 1580 ließen die Schriftgelehrten in Istanbul das erst im Vorjahr erstellte Observatorium als »unzulässige Neuerung« zerstören. Die erste osmanische Druckerpresse wurde auf Druck dieser 'Ulema noch im Jahre 1745 stillgelegt.

Zensur ist denn auch in der zeitgenössischen muslimischen Welt allgegenwärtig. Dies läßt sich bis in die allgemein übliche Vorgabe von Predigttexten durch die staatlich gelenkten Religionsbehörden verfolgen. Manche Imame lesen ihre Predigt nur deshalb ab, um die Konformität des Gesagten gegenüber den Behörden besser beweisen zu können.

Die muslimische Welt laboriert auch noch an der überlieferten einseitigen Bevorzugung der Geisteswissenschaften (*adab*) vor den Naturwissenschaften, so als hätte Gott sich nicht auf zweifache Weise manifestiert: in Seinem Buch und in Seiner Natur. Mit Ausnahme des Arztes – der als *hakim* ein »Weiser« ist – genießen Absolventen der geisteswissenschaftlichen Fächer (wie arabische Literatur) in der islamischen Welt fast überall höheres Sozialprestige als ihre Kollegen von der Naturwissenschaft.

Wen wundert es unter diesen Umständen, daß die muslimische Welt zwar Nobelpreisträger für Literatur hervorbringt, aber bisher nur einen in den Naturwissenschaften, von den Wachstumswissenschaften an den Grenzen des Wissens wie Gehirnforschung, Gentechnologie, Kybernetik, Kältetechnik, Mikrophysik, Biochemie und Astronomie ganz abgesehen.

Dabei beweist der bemerkenswerte Erfolg der für den Islam engagierten Wissenschaftler in den Vereinigten Staaten – Ägypter, Inder, Pakistani, Palästinenser, Syrer – in Computertechnologie und Medizin, daß das geschilderte Defizit keine Frage der Begabung ist, sondern des wissenschaftlichen Nährbodens und der Freiheit von Forschung und Entwicklung. Silicon Valley in und um Santa Clara und Palo Alto ist inzwischen auch ein muslimisches Tal, mitten in Kalifornien.

Geduld ist fürwahr eine islamische Tugend – Gott ist mit den Geduld Übenden[37] –, doch dies rechtfertigt es nicht, wie in muslimischen Behörden und Verkehrsbetrieben üblich, Menschen über Gebühr (und ohne Entschuldigung) warten zu lassen, bis der Beamte seinen Tee getrunken und sich mit seiner Freundin am Telefon ausgeplaudert hat.

Auch Nüchternheit ist eine gute Sache, hat sich aber in der muslimischen Welt nicht ausreichend durchgesetzt. Obwohl es Muslimen verboten ist, Alkohol anzubieten, gibt es neben Saudia kaum eine muslimische Fluglinie, die das nicht tut. Kann man denn auch Alkohol und Drogen eliminieren, wenn man es wie in Dubai zuläßt, daß ein Teil des »Hauses des Islam« (*dar al-Islam*) – islamischer Boden im ursprünglichen Sinne – zu 92 Prozent von Nicht-Muslimen bewohnt wird, denen Alkohol nach islamischem Recht zusteht? Daß es dort bis vor kurzem noch von russischen Prostituierten nur so gewimmelt hat, überrascht unter solchen Bedingungen nicht. Von Bahrain will man wissen, daß Muslime aus Saudi-Arabien gerne über die Brücke von Dahran nach Manama kommen, um in dort geduldeten Edelbordellen dem Alkohol und der Fleischeslust zu frönen.

Auch daß es in der Türkei trotz ihrer fortwirkenden historischen Einbettung in den Islam prozentual und absolut mehr Alkoholiker als in Deutschland gibt, kann kaum aufhorchen lassen, wenn man weiß, daß es schon unter den osmanischen Sultanen Alkoholiker gegeben hatte. Die beschworene drogenheile islamische Welt existiert nicht.

Auch das islamische Zeitgefühl ist ambivalent. Es kann zur bloßen Entschuldigung für unislamische Unpünktlichkeit dienen, die Lieblosigkeit gegenüber anderen und zugleich Ressourcen-Verschwendung ist. In manchen Fällen sieht die islamische Gelassenheit gegenüber der Zeit südeuropäischem *dolce farniente* und *mañana*-Syndrom zum Verwechseln ähnlich.

Es trifft zu, daß islamische Kleidung ihren Trägerinnen eine Würde verleihen kann, wie man sie im Westen mit langem Abendkleid verbindet. Dies – und die starke Position der Muslima in der Familie – bedeutet jedoch noch nicht, daß die Frau in muslimischen Ländern die Rolle einnimmt, die Koran und Sunna für sie vorgesehen haben. Man müßte blind sein zu übersehen, daß viele Frauen in der muslimischen Welt ihre *islamische* Emanzipation noch vor sich haben. Diese Welt ist mehr als ihr guttut Männerwelt geblieben.

Die dem Islam auf allen Gebieten eigene Vielfalt ist ebenfalls ambivalent. Auf der einen Seite ist sie ein Reichtum. Auf der anderen Seite bedeutet zu viel Pluralismus Schwäche. Die muslimische Staatenwelt leidet notorisch unter Uneinigkeit, ob es sich um die 1945 gegründete Arabische Liga oder die 1969 gegründete Organisation der Islamischen Konferenz (O.I.C.) mit derzeit 56 Mitgliedsstaaten handelt. Uneinigkeit scheint ein Markenzeichen der Muslime auch in Europa und in den Vereinigten Staaten zu sein, so daß Islamgegner ein leichteres Spiel haben.

Beunruhigender ist jedoch, daß der den Islam in früheren Jahrhunderten kennzeichnende geistige Pluralismus – die Toleranz der Rechtsschulen untereinander und die frische Polemik zwischen muslimischen Philosophen[38] – sich seit dem letzten Jahrhundert erschreckend vermindert hat. Die heutige Szene wird von einer Minderheit politisierter islamischer Bewegungen geprägt, welche sich häufig unduldsam gegenüberstehen, weil eine jede glaubt, den richtigen Weg und die richtige Einsicht gepachtet zu haben.

Diese Blickverengung läßt sich zum einen damit erklären, daß die fraglichen Bewegungen oft in einer lebensgefährlichen Auseinandersetzung mit den ihren Status quo verteidigenden Regierungen stehen, die in einer weitergehenden Islamisierung eine Gefahr für den Machterhalt sehen. Wer sein Leben für den Islam einsetzt und dabei Folter und Tod riskiert, muß genau wissen, für welchen Islam er kämpft. Allerdings mußt man nicht Fundamentalist werden, wenn man zu den Fundamenten zurückkehren will.

Zum anderen erklärt sich die Verengung des Blickwinkels daraus, daß die meisten Führer der modernen islamischen Bewegungen zwar Akademiker, aber keine Theologen oder Philosophen, sondern mehrheitlich Naturwissenschaftler sind, worauf Gilles Kepel besonders aufmerksam gemacht hat.

Eng mit diesem Phänomen verwandt ist eine ebenso bedrückende Faszination gerade junger Muslime durch Marginalien ihrer Religion. Man soll es nicht für möglich halten, aber es beschäftigt junge Gemüter tatsächlich, ob die rituelle Waschung gültig ist, wenn die Fingernägel lackiert sind; ob eine Perücke als Bedeckung des Kopfhaars gilt; ob goldene Zähne islamisch zulässig sind; ob man Kosmetika verwenden darf, die Alkohol enthalten; ob man mit Messer und Gabel (statt mit der nackten rechten Hand) essen darf; ob aus Schweinsknochen gewonnene Gelatine (Gummibärchen!) verboten ist; ob es islamisch ist, Linkshänder zu sein; ob man einem Nicht-Muslim einen Koran schenken darf; ob man einer Person des anderen Geschlechts die Hand geben darf.

Dies sind alles tatsächlich von Lesern gestellte Fragen, die in der arabisch-islamischen Welt von Religionswissenschaftlern gewissenhaft beantwortet werden.[39] So sehr die Sorgfalt zu begrüßen ist, mit der sich solche Muslime des richtigen Verhaltens vergewissern wollen, ist doch nicht zu verkennen, daß damit zugleich die Gefahr einer Talmudisierung des Islam verbunden ist: einer Verrechtlichung der islamischen Religion nach Vorbild der jüdischen Orthodoxie. Denn der Islam will das Leben ja erleichtern und nicht erschweren bzw. verkomplizieren.[40] Deshalb rieten der Koran (5: 101) und Muhammad davon ab, nicht unbedingt notwendige Fragen zu stellen, könnte doch die Antwort »Ungemach bereiten« und die bisherige Handlungsfreiheit ohne Not einengen.[41]

Hinter der Gewissenhaftigkeit der zitierten Fragesteller verbirgt sich allerdings die Suche nach einem moralischen Korsett, und dies verrät Unsicherheit.

IV.

Nach Anhören der beiden westlichen Muslime über ihre Beobachtungen der muslimischen Welt sind wir so verwirrt wie nach Anhören der beiden orientalischen Muslime über ihre Einschätzung der westlichen Welt. Auch diesmal kann man weder dem einen noch dem anderen eine Verfälschung der Wirklichkeit anlasten. Beide haben objektiv gegebene, aber meist ambivalente Faktoren gesehen und von unterschiedlicher Seite aus bewertet. Auch die muslimische Welt hat eben ihre beiden Seiten.

Nach diesem fiktiven Austausch von Beobachtungen kann man nur davon abraten, die muslimische Welt kurzerhand zu verwerfen oder pauschal zu idealisieren; denn schließlich haben wir genug Faktoren isoliert, welche die uralte Einsicht bestätigen: *ex oriente lux* – das Licht kommt aus dem Orient. Das gleiche kommt zum Ausdruck, wenn man den Orient mit der Welt des Qualitativen gleichsetzt und den Okzident mit der Welt des Quantitativen. Ganz so glatt und grob liegen die Dinge natürlich nicht. Aber hinter diesem Pauschalurteil verbirgt sich doch viel Wahres.

Im Westen werden inzwischen fast alle menschlichen Beziehungen von den Gesetzen der Wirtschaft geprägt oder doch mitgeprägt – bis in Liebesbeziehungen hinein. Wir leben eben, wie Michel Houellebecq es formuliert, im Westen nicht nur in einer Marktwirtschaft, sondern in einer Markt*gesellschaft*. Es geht in Staat, Wirtschaft, Kultur, Sport, ja selbst in der Familie und in sexuellen Beziehungen um die Maximierung des Profits durch Optimierung der Produktion, und dies durch Vergrößerung der Effizienz. Was sich nicht quantifizieren bzw. digitalisieren, also letztlich auf 0 und 1 reduzieren läßt, hat im Westen keinen Marktwert und wird damit zum Obskuren, Sentimentalen, Irrationalen, bloß Mythischen. Zum Seelenluxus.

In diesem Sinne ist der Orient allgemein und die islamische Welt insbesondere tatsächlich ein Hort der Spiritualität geblieben, der gelebten Mystik, der Gotteserfahrung, des Umgangs mit dem Heiligen. Dies schlägt sich in der hohen Wertschätzung auch solcher Güter nieder, die keinen Marktwert haben: Zeit, Stille, Ruhe, in Betrachtung versinken, im Schatten sitzen, die Tasse Tee oder Kaffee zur rechten Stunde, das Gedicht, das Gespräch über Gott, das Gespräch mit Gott.

Wenn dies so ist, wie ich fest glaube, hat nicht nur der Westen dem Osten viel zu bieten, sondern auch der Osten dem Westen. Doch dem Zugreifen, dem Sich-Bedienen, steht auf beiden Seiten manches im Wege, wie das nächste Kapitel erweist.

Anmerkungen

1 Unter Sunna versteht man die nach dem Koran zweite Quelle des islamischen Glaubens: die Überlieferung dessen, was der Prophet Muhammad gesagt, getan oder geduldet hat. Auf theologischem, moralischem und juristischem Gebiet ist dies bindendes Vorbild für alle Muslime.

2 Hijra oder Hidschra bezeichnet die erzwungene Auswanderung des Propheten Muhammad und etwa 200 seiner Anhänger im Jahre 622 von Mekka in das rund 400 km entfernte
Medina, wo die Muslime erstmals ihren Glauben ungefährdet
in eigenem Staatswesen verwirklichen konnten. Auch heute
sind Muslime, denen das Leben nach ihren Glaubensregeln
staatlicherseits unmöglich gemacht wird, zur Hidschra aufgefordert.

3 Umma bezeichnet die Gesamtheit aller Gläubigen als einer islamischen Gemeinschaft von Geschwistern.

4 49: 10 sagt es lapidar: »Die Gläubigen sind Brüder.«

5 Dafür arbeiten Organisationen wie DISCOVER ISLAM und At-
Tabligh al-Islami in Qatar, Bahrain und Sharjah eng zusammen.

6 Weil von Menschenrechtsorganisationen davon so wenig Auf-
hebens gemacht wird, sei hier auf die immer prekärer werdende Lage der rund 80 Millionen Muslime in Indien aufmerksam
gemacht; vgl. Omar Khalidi, *Indian Muslims since Independence*,
Vikas Publishing, New Delhi 1996.

7 Als die fünf Säulen des Islam gelten das Glaubensbekenntnis,
das Gebet, das Fasten, die Pilgerfahrt und die Wohltätigkeit in
Form von *sadaqa* und *zakat*; zu letzterem vgl. 2: 177, 215, 219,
272.

8 Das besondere Verdienst des Moscheenbaus ergibt sich aus
folgenden authentischen Überlieferungen: Nach einem von
'A'isha überlieferten Hadith (Abu Dawud, *Sunan*, Nr. 455) gebot der Prophet, an den verschiedenen Wohnorten der Muslime
Moscheen zu bauen. Ihr Vater, Abu Bakr, der 1. Kalif, baute
noch vor der Hidschra die erste private Moschee in Mekka.
Uthman ibn Affan, der 3. Kalif, überlieferte folgenden
populären Ausspruch des Propheten: »Wer immer eine Moschee baut: Allah wird ihm einen ähnlichen Platz im Paradies
errichten« (Al-Bukhari, Nr. 1.441; Muslim Nr. 7109–7111).

9 Vgl. Barboza und Gardell. Warith Muhammad, Sohn des Grün-
ders der »Nation of Islam«, Elija Muhammad, wurde nach dem
Tod seines Vaters und Pilgerfahrt nach Mekka sunnitischer
Muslim und forderte seine Anhänger auf, sich mit weißen Muslimen zu vereinigen. Rap Brown hat seine kriminelle Karriere
weit hinter sich gelassen und arbeitet jetzt – des Arabischen
mächtig – als Imam.

10 In 49: 13 heißt es: »Der vor Allah am meisten Geehrte von euch
ist der Gottesfürchtigste von euch.« Auch für die Ehe soll der
Muslim gläubige Frauen schöneren, edleren und reicheren vor-
ziehen (An-Nawawi, Nr. 364).

11 Das Leben in einem Haus in Fes, das sein eigenes, abgeschlos-
senes Universum ist, hat Fatima Mernissi mit köstlicher Nostalgie beschrieben; vgl. Mernissi, *Dreams of Trespass, Tales of a
Harem Girlhood*, Addison-Wesley: Reading, MA, USA, 1994.

12 Kürzlich konnte ich mich in der in ganz Schwarzafrika
geschätzten Koranschule von Wad Madani (ca. 200 km südlich

von Khartoum, zwischen weißem und blauem Nil) davon überzeugen, daß hier noch genau so unterrichtet wird wie vor rund
400 Jahren. Wenn hingegen ein Christ das Neue Testament auswendig lernt, wie im Sommer 1998 der Engländer David
Bathurst, macht dies Schlagzeilen (vgl. die *Frankfurter Allgemeine Zeitung* vom 30.6.1998).

13 Hans Küng, »Der Islam lehrt uns das Ende der Trennung von
Religion und Politik«, in: *Die Welt*, Nr. 55, Berlin 6.3.1989, S. 13,
2. Spalte unten.

14 Für die maßgeblichsten Sammlungen vgl. al-Bukhari, Muslim
und Malik.

15 Sowohl als Koran-Kommentatoren wie Autoren einer umfangreichen islamischen Geschichte besonders berühmt sind at-
Tabari und Ibn Kathir (1996, 1998). Das vielbändige Geschichts-
werk at-Tabaris ist sowohl auf französisch (bei Sindbad in
Paris) wie auf englisch (State University of N.Y. in Albany)
erschienen; sein Koran-Kommentar erscheint seit 1989 bei
Oxford University Press. Einen Überblick über 13 Koran-Kommentatoren aus allen Epochen und Lagern bietet Mahmoud
Ayoub, *The Qur'an and Its Interpreters*, bisher 2 Bde., State University of N.Y. Press: Albany 1984 und 1992.

16 Von epochaler Bedeutung war Imam al-Shafi'is *Risala*, ein Werk,
das zu Recht als Grundlegung der islamischen Jurisprudenz
überhaupt bezeichnet wird; vgl. Khadduri. Wie bei Ibn Rushd,
dem lateinischen Averroës – Arzt, Philosoph und Starjurist –,
nicht anders zu erwarten, ist auch sein rechtsvergleichendes juri-
stisches Lehrbuch, *al-Bidayat al-Mujtahid*, bis heute vorbildlich.

17 Vgl. Badri (1979).

18 Fleisch (außer vom Schwein) ist für den Muslim *halal*, d.h.
erlaubt, wenn es – nach jüdischer Bezeichnung – »koscher« ist,
das Tier also nach einem Gebet und somit in Gottes Namen
geschlachtet worden und dann ausgeblutet ist.

19 Die ägyptische Galabiyya bzw. der arabische Thaub sind
fußlange, hochgeschlossene, langärmelige, von Männern getra-
gene Gewänder, für die im Sommer helle Farben – in Arabien
nur weiß, cremefarbig, hellgrün oder hell-lila – und im Winter
mit dichterem Gewebe dunklere Farben, meist grau, graublau,
braun, oder in Längsrichtung gestreifte Stoffe gewählt werden.

20 24: 31; 33: 53, 59.

21 Gewöhnlich leitet man einen Vortrag wie folgt ein: »Im Namen
Gottes, des Erbarmers, des Barmherzigen! Hochgelobt sei Gott,
der Herr des Universums. Die Gnade und der Segen Gottes sei
auf unserem Herrn Muhammad und seiner Familie und seinen
Gefährten. Friede sei mit euch und die Gnade Gottes und sein
Segen!«

22 Die noch existierenden vier sunnitischen Rechtsschulen der
Malikiten, Shafi'iten, Hanefiten und Hanbaliten haben sich so
weit angenähert, daß sie sich bei gutem Willen vereinen ließen.
Von den schiitischen Schulen steht ihnen die bemerkenswerte,

von Zayd ibn 'Ali gegründete zayiditische Madhab im Jemen am nächsten.

23 Als islamische Sekten zählen die sog. 7er Schia (Ismaeliten), 12er Schia (im Iran Staatsreligion), die 'Ibadiyya (vor allem im Oman und im südalgerischen M'Zab) und die Zayiditen im Jemen. Die pakistanische Ahmadiyya- bzw. Qadianiyya-Sekte steht ebenso wie die Gemeinschaft Baha'i außerhalb des Islam.

24 Annemarie Schimmel gibt über die verwirrende Vielfalt islamischer mystischer Orden, ihre unterschiedlichen Kontemplationsweisen und ihre Gnosis einen guten Überblick; vgl. auch Parrinder.

25 Bezug genommen wird hier auf das sog. *schura*-Prinzip (3: 159; 42: 38) als Grundlage für einen islamischen Parlamentarismus, den der Algeri-Parteiführer Scheich Mahfoudh Nahnah »*Shura-kratiyya*« nennt.

26 So der 85jährige Asad 1985 zu mir in Lissabon. Asad (1988) ging noch weiter, als er meinte, daß er nie Muslim geworden wäre, wenn seine Auffassungsfähigkeit nicht zuvor auf europäischen Schulen geprägt worden wäre.

27 Daß solche Belohnung für den Moscheenbau in Aussicht gestellt wurde – auch hier die richtige Motivation und ehrliche Finanzierung vorausgesetzt –, bedeutet keineswegs, daß andere Wohltätigkeit nicht mit ähnlicher Belohnung rechnen kann.

28 2: 275 ff.; 3: 130; 30: 39.

29 Vgl. Khurshid Ahmad (1994), der die Zinsproblematik in ganzer Breite erörtert.

30 Die Kharidschiten, denen 'Ali b. Abi Talib, der 4. Kalif, zum Opfer fiel, suchten den Grundsatz, daß nur der Frömmste an der Spitze stehen dürfe, radikal umzusetzen. Für sie war ein schwerer Sünder kein Muslim mehr und konnte daher kein Kalif bleiben.

Die (ismaelitischen) Qarmaten rebellierten gegen jede privilegierte Klasse. Bekannt wurden sie besonders durch die zeitweise Entführung des Schwarzen Steins (*al-hadschar al-aswad*) aus der Kaaba-Mauer.

Vgl. Hodgson, Bd. 1, S. 215 f. und 490–492.

31 So Asad (1988) pointiert.

32 Sogar daraus, daß Monika Lewinsky Jüdin ist, wurde eine zionistische Verschwörung gemacht.

33 Ich nenne dieses unwissenschaftliche Vorgehen ironisch das Qala-qala-qala-Syndrom.

34 Nach mehreren Hadith-Überlieferungen forderte der Prophet die Gläubigen dazu auf, hartnäckig an seiner Sunna festzuhalten. Schlimmste Praxis sei das Einführen neuer Elemente in den islamischen Glauben, jede solche Neuerung sei ein Irrtum. Vgl. An-Nawawi, Bd. 1, Hadith 170.

Für die Möglichkeit ›guter‹ Neuerungen vgl. Muslim, Nr. 6466.

61

35 Für Halladsch s. Hallaj, *Poèmes mystiques*, Sindbad: Paris 1985;
für die Lichtmystik Suhrawardis ist zu verweisen auf Mehdi
Amin Razavi, *Suhrawardi and the School of Illumination*, Curzon:
Richmond, Surrey (UK) 1997.

36 Vgl. Imam, S. 73. Nach ihm ist der Koran möglicherweise erstmals schon 1530 in Venedig gedruckt, aber auf Weisung der
Kurie vernichtet worden. Da kein Exemplar erhalten geblieben
ist, ist dies unbeweisbar. Ein guterhaltenes Exemplar der Ham-
burger Ausgabe sah ich im Bait al-Qur'an (Sammlung
Dr. Kanoo) in Manama (Bahrain).

37 2: 153; 3: 146, 186, 200; 8: 66; 11: 115.

38 Geistesgeschichtlich ein Gipfelpunkt der Auseinandersetzung
unter muslimischen Philosophen im 12. Jahrhundert war Abu
Hamid al-Ghazalis Schrift *Tahafut al-Falasifa* (Der Bankrott der
Philosophie) – eine frühe, fundamentale Erkenntniskritik –,
gefolgt von Ibn Rushds Gegenschrift *Tahafut al-Tahafut* (Der
Bankrott des Bankrotts).

39 Die Fragen sind dem *Rundbrief der Deutschen Muslim-Liga*
(Redakteur: Abdullah Borek) entnommen, der bereits im
10. Jahrgang erscheint. Die Sunna warnt eigens gegen Kleinka-
riertheit im Denken und zugleich vor der damit verbundenen
Gefahr der geistigen Unterdrückung: Muslim, Nr. 6248.

40 Gott belastet niemand über Vermögen (7: 42).

41 Im Koran heißt es in 5: 101: »Fragt nicht nach Dingen, die euch
beschwerlich wären, wenn sie offenbar würden.« Zur Sunna
vgl. Rassoul, Hadith Nr. 5.975 und 7.288; ferner al-Bukhari,
Bd. 9, Hadith Nr. 392; an-Nawawi, Hadith Nr. 9 und Nr. 30.
Danach ist es geradezu sündhaft, durch eine Frage ein Verbot
zu provozieren.

LANGE, BÖSE JAHRE

>»Imperialismus ist die notwendige, logische
Folge von Universalismus.«

(Samuel Huntington, The West:
Unique, not Universal)

>»Es gibt Anzeichen, daß sich der Islamismus im kommenden
Jahrhundert zur großen Gefahr entwickeln könnte.«

(Verfassungsschutzpräsident Peter Frisch in
Der SPIEGEL 36/1997, S. 58)

I.

Die Bestandsaufnahme ist gemacht. Wir haben im dialekti-
schen Verfahren ein bis zu Verwirrung differenziertes Bild
vom heutigen Okzident und Orient gewonnen. Nun – so
sollte man meinen – gilt es, nach vorne, in die Zukunft zu
schauen: Was muß sich auf der einen oder anderen Seite
ändern? Was können sie voneinander lernen?

Doch diesem Sprung nach vorne steht eine Vergangenheit im Wege, die auf beiden Seiten jeden Schritt hemmt.
Die Erinnerung – das kollektive Gedächtnis – beider Seiten an tausend allzuoft böse Jahre versperren den Weg in
die Zukunft so lange, bis diese Hypothek, der emotionale
Schutt von tausend Jahren, beseitigt ist: beseitigt durch
ein tabufreies Verarbeiten der Geschichte der Beziehungen zwischen dem Westen und dem Islam. Erst wenn
beide Seiten ihre eigenen Desinformationskampagnen,
Geschichtsklitterungen und psychologischen Abwehrme-
chanismen durchschauen, können sie füreinander geben-
de und nehmende Partner werden.

Dem dient der nun folgende Exkurs in eine leidvolle,
wenn nicht verhängnisvolle Geschichte, in der zum
Glück jede Konfrontation auch eine Berührung war.

II.

Es mag sein, daß Vielgötterei Frieden und Stabilität auf dieser Welt besser sichern helfen würde als Monotheismus; denn unter polytheistischen Verhältnissen kann jeder Stamm und jede Nation die eigenen Gottheiten haben und behalten, während der Eingottglaube definitionsgemäß universalistisch und daher von Natur aus expansiv, wenn nicht sogar aggressiv ist.

Das Christentum und der Islam, die das Mittelmeer umschließenden Weltreligionen, sind beide universalistisch und stellen daher füreinander eine Verdrängungsgefahr dar. Ché Guevara brachte das Problem für den ebenfalls universalistischen Kommunismus auf den Punkt: »Wir können nicht versprechen, unser Beispiel nicht zu exportieren, weil es ein moralisches ist; denn moralische Beispiele kennen keine Grenzen.«[1] Hassan al-Turabi meinte das gleiche für den Islam: »Wir sind in dem Sinne eine Bedrohung, daß sich unser Modell durch Ausstrahlung verbreitet.«[2]

Im Christentum kam dies schon seit dem Kirchenvater Cyprian in dem Diktum zum Ausdruck, daß es außerhalb der Kirche kein Heil gebe – *extra ecclesiam nulla salus* –, eine Lehre, die ungezählten Slaven, Indianern und auch Germanen das Leben gekostet und den katholischen Inquisitoren ein gutes Gewissen verschafft hat. Wenn »Heidenmission« – wie seitens der Weißen Väter und Weißen Schwestern unter den Muslimen Nordafrikas – für den Christen Pflicht und gute Tat zugleich war, wirkte ihre Tätigkeit auf die andere Seite aggressiv und arrogant. (Der hl. Franziskus war auf seinen Reisen in die islamische Welt sanfter – und klüger – gewesen.)

Doch auch der Islam kennt Organisationen für *da'wa*, das »Einladen« zum Kennenlernen des muslimischen Glaubens, und hält seine Botschaft für zeitlos und universell. Schließlich ist *Islam* die » friedenspendende Hingabe« (an Gott), also die der ganzen Menschheit gemäße ontologische Haltung. Muslim im ursprünglichen Wortsinn ist daher jeder, der sich dem Einen und Einzigen Gott unterwirft, ob er sich nun Jude, Christ oder Muslim nennt. Deshalb betrachtet der Koran bereits Abraham als einen Muslim im weitesten Sinne und den Islam nur geschichtlich als jüngste der Weltreligionen, konzeptionell aber als die älteste: »Abraham war weder Jude noch Christ; vielmehr war er rechtgläubig, ein Gottergebener [Muslim], und keiner derer, die [Gott] Gefährten geben« (3: 67; ähnlich 2: 140).

Wenn der Koran in manchen früh geoffenbarten Versen von »Islam« sprach, wurde dies – dem Wortsinn entsprechend – von den ersten Muslimen als »Hingabe an Allah« (und noch nicht als die sich in der Geschichte entfaltende Religion des Islam) verstanden. Wenn in diesen Fällen »Islam« unübersetzt stehenbleibt, dann projiziert man ein dem *extra ecclesiam nulla salus* entsprechendes Konzept in den Islam hinein – und schon ist die Bühne für eine sowohl theologische wie militärische Konfrontation aufgebaut.

Die Muslime begriffen ihre Mission von Anfang an als globalen Auftrag. Dies manifestierte sich bereits im Jahre 628, also schon vor der Einnahme von Mekka, in einer Briefkampagne Muhammads. Mit ihr lud er alle Potentaten ringsum zur Annahme des Islam ein, darunter den byzantinischen Kaiser Heraclios in Konstantinopel, den sassanidischen Schah von Persien, Chosroes in Ktesiphon, und den koptischen Erzbischof von Alexandrien, Maukakis. (Der auf Leder geschriebene Brief an ihn ist im Topkapı-Museum von Istanbul ausgestellt.)

Damals galt Muhammads Aufforderung, den Islam als Rechtsleitung zu akzeptieren, als unerhörte Provokation. (Daran hat sich seither wenig geändert, wie man aus der heutigen vehementen Reaktion auf die Absicht, in Deutschland von einem Minarett zum Gebet zu rufen, schließen kann.[3]) Mit dieser Briefaktion begann die Internationalisierung des Islam. Die Muslime teilten die Welt nicht in politische oder geographische Regionen auf, etwa eine östliche und eine westliche Welt, sondern nur in zwei Bereiche: das »Haus des Islam« und die restliche Welt, in der die islamische Ordnung *vorübergehend* noch nicht herrscht, sondern Unglaube.

Wie zuvor beim Christentum brachte die Ausdehnung des Islam in den Bereich anderer Kulturen – nach Nordafrika und Spanien, nach Persien, Anatolien und Indien – Probleme für seine Universalität mit sich. Auf der einen Seite bestand die Gefahr, daß der Islam nach jüdischem Vorbild zu einer Stammesreligion der Araber würde. Dazu trug bei, daß das Amt des Kalifen bis zum türkischen Sultan Selim I. im 16. Jahrhundert einem Araber aus dem Stamm der mekkanischen Quraisch vorbehalten blieb. Auch hatten die arabischen Eroberer vielen Neumuslimen im Nahen Osten schon bald das Gefühl vermittelt, als sogenannte *mawali* Muslime zweiter Klasse zu sein. Tatsächliche Diskriminierung, zum Beispiel hinsichtlich der Kriegerrenten, führte schon in der islamischen Frühzeit zur Herausbildung einer anti-arabischen Bewegungen auf völkischer Basis, der sogenannten *shu'ubiya* – bedenkliches Symptom für eine Weltreligion.

Auf der anderen Seite bestand die Gefahr, daß der Islam im Verlauf seiner weltweiten Expansion das christliche Schicksal erleiden würde, fremde Einflüsse aus Neoplatonismus, Manichäismus, Zoroastrismus, Gnostik und Mazdaismus zu absorbieren. Dann hätte auch der Islam für seine de facto Universalität den Preis des Eklektizismus gezahlt und wäre ebenfalls eine orientalische Mischreligion geworden.

Daß es trotz des Hellenisten al-Farabi (870–950) und des Monisten Ibn 'Arabi (1165–1240) im Islam schließlich doch kein muslimisches Äquivalent für Paulus, den Evangelisten Johannes, für Marcion, Augustinus oder Dionysios Areopagita gab, war dem Ausgang des islamischen Philosophenstreits im 9. und 10. Jahrhundert in Baghdad zu verdanken. Die spekulativen, griechisch beeinflußten Metaphysiker der Mu'tazila-Schule unterlagen damals, und zwar endgültig, der kompromißlosen Metaphysikkritik der Ash'ariya-Schule. Unterstützt vom populären Literalismus, Traditionalismus (*muhadithun*) und Volksislam (*ahl al-sunna*), siegte diejenige Linie, die heute als Orthodoxie im Islam auszumachen ist – ein eher rigoristischer, philosophie- und mystikfeindlicher

Islam. In Form der fundamentalistischen hanbalitischen Rechtsschule und der von ihr ausgehenden wahhabitischen Reformbewegung in Saudi-Arabien wirkt die frühmittelalterliche Verwerfung der hellenistischen Option – Rationalismus *und* Gnosis – bis in unsere Tage.

Ebenso wichtig für die Verteidigung der Universalität war das fundamentale Toleranzgebot des Koran – *la ikraha fi-d-din* (2: 256) –, wonach Zwang in religiösen Angelegenheiten untersagt ist, sowie der strukturelle religiöse Pluralismus des Islam, der in der 5. Sure (al-Ma'ida): 48 eindrucksvoll verankert ist: »Jedem von euch gaben Wir ein Gesetz und einen Weg. Wenn Gott gewollt hätte, hätte Er euch zu einer einzigen Gemeinde gemacht. Doch Er will euch in dem prüfen, was Er euch gegeben hat. Wetteifert darum im Guten. Zu Gott ist euere Heimkehr allzumal, und Er wird euch dann darüber aufklären, worüber ihr uneins seid.«

Dank dieses Manifests eines religiösen Pluralismus tolerierten die Muslime – und sie tun es bis heute – andere Religionsgemeinden in ihrer Mitte, statt sie nach christlichem Vorbild – man denke nur an Bonifatius in Germanien und die Reconquista in Andalusien – zwangszubekehren und dabei doch Gefahr zu laufen, schleichend unterwandert zu werden.

Daß Griechenland aus 500 Jahren osmanischer Herrschaft als ein griechisch-orthodoxes Land hervorging, daß man in Kairo auf dem Weg zum Flughafen mehr koptische Kirchen als Moscheen sieht, daß die Bibel in Marokko in den Schaufenstern der Buchläden liegt, daß in Damaskus die Kirchturmkreuze nachts neonbeleuchtet sind: all das ist nur eine – die humanitäre – Seite des koranischen Toleranzgebots. Die andere Seite ist die damit ermöglichte Reinhaltung der islamischen Lehre, selbst unter den Bedingungen des Universalismus.

Darauf ist wiederum zurückzuführen, daß der Islam trotz seiner internen Vielfalt und Spiritualität dem Westen seit der Spätantike als ein scheinbar monolithisches und rigides System erscheint, vor dem man sich nicht nur als ›christlicher Häresie‹ zu fürchten hat.

Furcht und Angst sind auch die richtigen Stichworte zur Schilderung des geschichtlichen Verhältnisses zwischen Islam und Okzident wie auch der heutigen Befindlichkeit. Es begann mit der bis heute kaum faßlichen schnellen Ausbreitung des Islam im 7./8. Jahrhundert. Diese wäre den wenigen zehntausend arabischen Kriegern trotz ihres religiösen Enthusiasmus und ihrer Todesverachtung gewiß nicht möglich gewesen, wenn die Bevölkerung auf der anderen, d.h. byzantinischen und persischen Seite nicht aus drei Gründen in Scharen zu den Muslimen über-gelaufen wäre: wegen ihrer religiösen Toleranz, wegen ihrer gerechteren, berechenbareren und weniger ausbeute-rischen Steuer- und Verwaltungspraxis und schließlich weil die islamische Gottesvorstellung, insbesondere die islamische Christologie, den Vorstellungen vieler hetero-doxer Christen – vor allem Arianern und Nestorianern – ohnedies besser entsprach als das damals immer noch umstrittene, die Wesengleichheit von Jesus mit Gott ver-kündende Glaubensbekenntnis von Nizäa (325).

Die christliche Welt in Rom und Konstantinopel konn-te sich diese Tatsachen nicht eingestehen. Sie konnten den Islam nicht als das verstehen, was er religionsge-schichtlich war: der erste Versuch einer Reformation des Christentums, der Versuch, es auf seine judenchristlichen Wurzeln zurückzuführen. Statt dessen verteidigte der Okzident sein vom Islam angeschlagenes Überlegenheits-gefühl durch Entwicklung der Legende, daß sich der Islam mittels »Feuer und Schwert« durchgesetzt habe. Diese Barbaren hätten ja sogar die berühmte Bibliothek von Alexandria verbrannt.[4]

Beide Vorwürfe verfälschten die Wirklichkeit, begrün-deten aber dauerhaft die Angst vor dem Islam und seine bis heute nachwirkende Assoziierung mit Gewalt – Vor-urteile, die noch heute eine Rolle spielen, wenn sich die Medien mit Algerien oder Ägypten befassen.

Die kulturelle und wissenschaftliche Hochblüte der islamischen Zivilisation, vor allem im abbasidischen Baghdad und umayadischen Cordoba, mag dank Andalusiern wie Ibn Ruschd alias Averroës, Ibn Hazm und Ibn 'Arabi ihre Auswirkungen auf die Scholastik, das Minnesängertum, die gotische Architektur, das westliche Gesundheitswesen, die Mathematik und christliche Mystik gehabt haben. Die Kreuzzüge hat diese Kultur gleichwohl nicht verhindert. Bis heute gilt es im Abendland nicht als Bildungsfehler, von dieser Hochblüte nichts zu wissen. Die kriegerischen Auseinandersetzungen wie die Kreuzzüge und die Türkenzüge bis Wien – nicht zivilisatorische Befruchtung – haben das beiderseitige kollektive Gedächtnis geprägt. Warum sonst wäre der Islam Max Weber als eine »Kriegsreligion« erschienen?[5]

Die Türken kamen nicht nur bis Wien. Ihre leichte Kavallerie (*akıncı*) verunsicherte sogar Niederbayern. Damals waren die Türken eine Gefahr für ganz Europa, und der Islam war ihre Religion. Es ist daher ebenso verständlich wie vielsagend, daß sich die älteste Koran-Übersetzung ins Deutsche, von Salomon Schweigger (1616), »Der Türcken Alcoran, Religion und Aberglaube« nannte.[6] Die zweitälteste Koranübersetzung ins Deutsche, von Johann Lange (1688), nannte sich »Vollständiges türkisches Gesetz-Buch oder … Mahomets Alkoran«. Und auch die von Goethe benutzte Koran-Übersetzung von David Friedrich Megerlin, »Die türkische Bibel« (1772), vermischte die Religion des Islam noch mit der osmanischen Gefahr.

In unserer Zeit kamen die Türken nicht nur bis Wien, sondern bis Kreuzberg in Berlin, nicht mit dem Krummschwert, sondern weitaus erfolgreicher mit einem zur Arbeitsaufnahme berechtigenden Sichtvermerk der Konsulate in Istanbul, Ankara und Izmir, so daß man ihnen als Menschen – Nachbar, Arbeitskollege oder Schulkamerad – begegnen kann. Doch die Türkenfurcht ist geblieben und veranlaßt die türkischen Mitbewohner ihrerseits zur Abkapselung. Wenn man daraufhin liest, die Integration der Türken sei gescheitert, oder wenn der Europäische Rat auf höchster Ebene die Türken aus Europa aussperrt, ist kollektives Gedächtnis mit am Werk: Sie sind gefährlich – und überdies Muslime.

Auch die aus den Kreuzzügen hervorgegangenen Mentalitäten bestimmen weiterhin das beiderseitige Verhältnis. Norman Daniel belegte in seinem deprimierenden Buch »Islam and the West – The Making of an Image« ebenso wie Claude Cahen mit seiner Kreuzzugsgeschichte, daß die Väter der Kreuzzugsidee den notwendigen Haß gegen alles Muslimische, insbesondere Muhammad, schon damals mit einer wahrhaft professionellen Desinformationskampagne schürten. Trotz der im wesentlichen korrekten ersten Koran-Übersetzung (ins Lateinische), die von Robertus Kettenensis und Hermannus Dalmata 1143 für den Abt von Cluny, Petrus Venerabilis (gestorben 1156), erstellt worden war, wurde Kreuzfahrern vorgemacht, das islamische Glaubensbekenntnis (»Es gibt keine Gottheit außer Allah«) laute: »Es gibt keinen Gott außer Muhammad« (wörtlich: *non est Deus nisi Machometus*). Muhammad wurde den Kreuzfahrern als ein Magier vorgestellt, als »Idol« (Person einer heidnischen Trinität), ja sogar als ein bei der Papstwahl enttäuschter Kardinal. Der Islam galt den Kreuzfahrern nicht als eine andere Religion, sondern als christliche Irrlehre, deren Bekämpfung – wie bei der Einnahme von Jerusalem (1099) und Damiette (1219) – jede Scheußlichkeit, jedes Blutbad, ja (nach westlichen Chroniken) sogar in einzelnen Fällen das Verspeisen von Menschenfleisch rechtfertigte. So wie sich die Judenverfolgung Nazi-Deutschlands gewiß für Jahrhunderte in die jüdische Erinnerung eingegraben hat, so die Greuel der Kreuzzüge in die muslimische.

Nach 200 Jahren hatte die christliche Welt die islamische weder besiegt noch verstanden – nicht einmal ansatzweise; Ausnahmen wie der hl. Franziskus und Kaiser Friedrich II., die beide von der Bildung, Frömmigkeit und Toleranz des gleichen Sultans von Jerusalem, al-Malik al-Kamil, beeindruckt wurden (1216 bzw. 1229), änderten daran sowenig wie später Leo Africanus alias al-Hasan ibn Muhammad al-Wassan (1490–1550), Wanderer zwischen zwei Welten und zwei Religionen.

Schon damals wurde der Prophet des Islam mit dem Vokabular belegt, das Salman Rushdie in seinen »Satanischen Versen« verwendet hat. Schon damals war Muhammad im westlichen Rechtsraum vogelfrei, der *out-law*, den man noch immer und überall im Westen ungestraft blasphemisch verunglimpfen darf. Noch für Martin Luther, der die erwähnte erste (lateinische) Koran-Übersetzung 400 Jahre später (in Basel) drucken ließ, war der Islam eine Strafe Gottes für die »papistische« Verderbnis in der Kirche. Die Beleidigung der Gefühle von 1,2 Milliarden Muslimen durch Diffamierung ihres Propheten gilt noch immer politisch nicht als unkorrekt.

Annemarie Schimmel stellte zu Recht fest: »Mehr als irgendeine historische Gestalt hat Muhammad in der christlichen Welt Furcht, Haß, ja Verachtung erregt, und wenn Dante ihn in seiner göttlichen Komödie in den tiefsten Höllenpfuhl verdammt, so drückt er damit nur das Gefühl ungezählter mittelalterlicher Christen aus ...«[7] Auch heute noch, eine gute Generation nach dem 2. Vatikanum, scheut sich die römisch-katholische Kirche, Muhammad als Führer auf dem von ihr bereits anerkannten islamischen Weg zum Heil ebenfalls anzuerkennen. Das ist schwer verständlich, wenn man bedenkt, daß Michael Hart in seiner bekannten Liste der 100 einflußreichsten Persönlichkeiten der Weltgeschichte Muhammad beharrlich an erster Stelle plaziert.

Für die Kreuzfahrer mag die Erfahrung ein Schock mit Spätfolgen gewesen sein. Sie begannen ihre entbehrungsreiche und gefährliche Fahrt zum Heiligen Land zunächst einmal (weniger gefährlich) mit Judenpogromen im Rheinland. Im Heiligen Land angekommen, richteten die Kreuzfahrer nach der Eroberung Jerusalems 1099 ein bis heute unvorstellbares Blutbad an. 1203/4 plünderten sie das christlich-orthodoxe Konstantinopel als »häretische« Stadt gründlich aus. (Nie zuvor oder danach hat Istanbul größeren Schaden als durch die Fränkischen Ritter erlitten.) Dennoch konnten sie kaum ganz übersehen, daß die »Barbaren«, die zu bekämpfen sie

gekommen waren, ihnen in vieler Hinsicht zivilisatorisch, oft auch moralisch, überlegen waren. Nur deshalb
ist die Erinnerung an »Saladin«, den kurdischen Helden
Salah ad-Din, im Westen als Legende erhalten geblieben.

Die Kreuzzüge mögen gleichwohl im Westen keine tiefen Narben hinterlassen haben. Pervertierte Erinnerungen daran spuken jedoch noch immer in den Köpfen. Ich
sehe jedenfalls einen Zusammenhang damit in dem selt-
sam lüsternen westlichen Orientbild, das sich mit ver-
stecktem Sexualneid noch immer in Hollywood-Filmen
findet, die im Nahen Osten spielen. Niemand kann jedenfalls bestreiten, daß Edward Saids Analyse zutrifft,
wonach das westliche Orientbild teilweise das Resultat
uneingestandener Wunschprojektionen ist.

Für das Gedächtnis der islamischen Seite waren die Folgen der Kreuzzüge insgesamt zunächst weniger offensichtlich als im Westen – hatte man doch letztlich gesiegt! –, bis
man sich nach dem Trauma der Kolonisierung darüber klar
wurde, daß die Kreuzzüge in säkularisierter Form bis
heute nicht aufgehört haben. Kaum waren die klassischen
Kreuzzüge vorbei, wurden Muslime und Juden durch eine
Politik der ethnischen Säuberung vom allerkatholischsten
Königspaar Ferdinand und Isabella aus Spanien vertrieben,
das 800 Jahre muslimisch gewesen war. Dann versuchte
der junge portugiesische König Sebastiãno Marokko zu
rechristianisieren, bevor er 1578 in der Dreikönigsschlacht
von Ksar el-Kebir bei Larache sein Leben (und in der Folge
sein Land an Spanien) verlor.

Später trieb die fixe Idee einer abendländisch-französi-
schen *mission civilisatrice* Napoleon 1798 nach Ägypten,
wo er sich anmaßte, als Schutzherr des Islam aufzutreten.
Bald danach setzten die Franzosen 1830 nach Algerien
über, wo noch heute protzige, *Nôtre Dame d'Afrique*
geweihte Kathedralen über und in jeder größeren Hafen-
stadt thronen: Tunis, 'Annaba, Algier, Oran, Rabat, Casablanca …

Gleichwohl verschlägt es einem noch immer den
Atem, wenn man liest, daß der griechische König bei seinem Versuch der Re-Christianisierung der Ägäis sich

1922 außerhalb des Hafens von Smyrna/Izmir ausgerechnet dort an Land setzen ließ, wo der englische König Richard I. (»Löwenherz«) als Ritter des 3. Kreuzzugs 1190 an Land gegangen war.

Auch der Bosnien-Krieg in der letzten Dekade und der jüngste Vertreibungskrieg gegen die muslimischen Kosovo-Albaner waren ja aus serbischer und griechischer Sicht Religionskriege: späte Kreuzzüge zur Beseitigung der letzten Inseln des Islam im Balkan. (In beiden Ländern ist es übrigens verboten, Moscheen zu errichten.)

In der Tat: Aus Sicht der muslimischen Welt haben die Kreuzzüge bis heute nicht aufgehört, auch wenn westliche Kreuzritter heute weder gepanzert noch mit dem Rosenkranz in der Hand, sondern eher im Business-Suit kommen. (Die islamische Welt leidet nicht alleine darunter: Kürzlich wurde bekannt, daß ein amerikanischer Botschafter seinen verblüfften japanischen Kollegen erklärt hatte, ihre schwere Sprache sei ein »nicht-tarifäres Handelshindernis«, also eigentlich nach den Kriterien der Welthandelsorganisation – WTO – abzuschaffen.[8])

Doch auch im nicht-religiösen Gewand ist die frühere Anmaßung geblieben: der islamischen Welt ungefragt entweder das Christentum oder den *american way of life* zu bringen, oder das eine als Beipack des anderen. Für diese Haltung war schon Karl May typisch gewesen, der über Kara Ben Nemsi die Vorstellungen der Deutschen vom Islam für Generationen geprägt hat. Der Ägypter Shaker El-Rifai, der in Bonn über das Islam-Bild Karl Mays promovierte, belegte dabei, daß der späte Radebeuler Autor im Auftrag der katholischen Kirche schrieb und gegen besseres Wissen Hadschi Halef Omar sagen ließ, daß für einen Muslim »ein Weib keine Seele hat«. El-Rifai stellt allgemein fest, daß – im Gegensatz zu seinen Indianer-Romanen – in den Orient-Bänden Karl Mays nur Christen durchwegs gute Menschen sind. »Und die wenigen guten Menschen unter den Muslimen werden meist am Ende Christen …«[9]

Wem die geschilderten Symptome nicht genügen, der versenke sich in die naiv-triumphalistische und deterministische Denkstruktur eines Francis Fukuyama oder die Ausgrenzungsstrategie eines Samuel Huntington in der jüngsten Gegenwart. Die Muslime empfinden solches Denken als kulturellen Imperialismus, weil es – wie schon bei den Kreuzfahrern – von zwei Grundthesen ausgeht: die Überlegenheit der zum obligatorischen Weltmodell avancierten westlichen Welt sowie ihr Recht, ja ihre Pflicht, die übrige Welt an ihrem Wesen genesen zu lassen. Als *the west – and the rest* kann man diese Polarisierung zynisch umschreiben. Solches Denken macht Muslimen Angst davor, marginalisiert oder gar weggglobalisiert zu werden.

Dabei ist es nicht neu, sondern spiegelt die Denkweise des Orientalismus im schlechten Sinne wider, wie er von zumeist britischen, französischen und niederländischen Orientalisten des 19. und frühen 20. Jahrhunderts betrieben wurde. Wie der notorische Lawrence »of Arabia«[10] dienten sie der jeweiligen Kolonialmacht und sprangen mit dem Islam dementsprechend um. Zweifellos verbesserten auch solche Zweckorientalisten die Kenntnisse über den Islam, erschwerten aber doch durch ihre Voreingenommenheit sein wirkliches Verständnis. Niemand war damals noch von der Weisheit *ex oriente lux* überzeugt. Man glaubte vielmehr, der letzten Lebensphase einer absterbenden Religion als Zeuge beizuwohnen. Als Max Henning seine Koran-Übersetzung ins Deutsche 1901 vorlegte, schrieb er im Vorwort, daß der Islam »anscheinend seine politische Rolle ausgespielt« habe. Niemand hätte ihm damals vernünftig widersprechen können.

Die Orientalisten, darunter auch eine Reihe von ›schwarzen Schafen‹ aus dem deutschen Kulturkreis wie Carl Becker und Gustave von Grunebaum, beschrieben den Islam vorwiegend unter dem Gesichtspunkt dessen, was ihm fehlt, um europäisch zu sein. Grunebaum, insofern typisch für seine Zunft, kam zu dem unglaublichen Ergebnis, daß die muslimische Zivilisation die hauptsächlichen Visionen der westlichen nicht teile, nicht an Selbstanalyse und noch weniger an einem Studium anderer Kulturen interessiert sei.[11]

Wie sehr historisch eingebettete Mißverständnisse fort-
wirken können, erwies sich erneut, als der Präsident der
Evangelischen Kirche in Hessen und Nassau, Prof. Peter
Steinacker, 1996 im deutschen Fernsehen behauptete, daß
der Gott der Muslime nicht der gleiche wie der Gott der
Christen sei. Man mache sich klar, was dies aus dem Mund
eines Nicht-Polytheisten bedeutet: Wenn es nur einen Gott
gibt und der nicht auch der Gott der Muslime ist, dann ist
deren Gott gar kein Gott, sondern ein Götze. Goethe, Lessing und Friedrich der Große hatten es besser gewußt.

Muß man sich da wundern, wenn ein Bunte-Essay
1998 die Leser rhetorisch fragte: »Ist die militante Auseinandersetzung so vieler Islamisten nur die aktuelle Fort-
setzung einer zeithistorischen [sic!] Feindseligkeit, die
das westliche Europa seit längerem auf sich gezogen hat
[sic!]? Nur daß sich die Bedrohung jetzt von Moskau
nach Mekka verschob?«

Gleichwohl schreibt die Geschichte der Beziehungen
zwischen dem Westen und dem Islam immer neue Kapitel. Der Islam mag in seiner Zielsetzung von Anfang an
universalistisch gewesen sein. Tatsächlich ist er es erst
heute – dank der technischen Revolutionen im Transport-
und Kommunikationswesen und der davon ausgelösten
wirtschaftlichen Globalisierung, die ja keine Einbahn-
straße ist. Dies hat nicht zuletzt dazu geführt, daß der
Islam im Internet groß präsent ist. Jeder kann heute mit
einem Doppelklick über die gesamte Sunna des Propheten verfügen und den Koran in jeder erdenklichen Sprache ausdrucken.

In Amerika und Westeuropa scheint sich der Islam in
der jüngeren Geschichte – etwa seit den frühen siebziger
Jahren des letzten Jahrhunderts – auf Dauer eingenistet
zu haben: ein qualitativer Sprung in den beiderseitigen
Beziehungen. Auch in Deutschland, ob Einwandererland
oder nicht, ob mit staatlicher Anerkennung oder nicht, ist
der Islam mit seinen 2578 vom SPIEGEL gezählten
Moscheen und Gebetsräumen ein wohl dauerhaftes Phänomen.[12] In Amerika wie in Europa, selbst in Schweden
und Finnland, ist der Islam die zweite und die einzig

wachsende Religion. Dort wie hier konvertieren besonders viele Frauen.

Inzwischen zeichnet es sich ab, daß die eingewanderten Muslime sich zwar integrieren, aber nicht assimilieren lassen und daß selbst die Integration problematischer als angenommen ist. Inzwischen hat sich jedenfalls ein Drei-Generationen-Profil herausgebildet, das in England, Frankreich und Deutschland identisch ist:

Die erste Generation ist bei Ankunft im Westen häufig weniger muslimisch als nach einiger Zeit. Sie greift dann auf ihren Glauben zurück, weil er ihnen in der Fremde ein Stück Heimat und sozialen Zusammenhalt bietet, vielleicht aber auch in Trotzreaktion auf die erfahrene Diskriminierung. Eine Rolle spielt auch, daß viele ausländische Muslime ihren Islam unter den rechtsstaatlichen Verhältnissen des Westens erstmals frei leben und erlernen können, ohne staatliche Zensur, Überwachung und Unterdrückung.

Die erste Generation kehrt *nicht* wie geplant in die Heimat zurück, weil die zweite Generation dies nicht möchte. Diese Generation sitzt zwischen zwei Stühlen und bezahlt die Zeche des Emigrationsexperiments; denn sie ist im Gastland so wenig anerkannt und chancenreich wie in der Heimat der Eltern, zumal sie beide Sprachen fehlerhaft spricht. Dies ist die gefährdete Generation, weil sie sich zum Teil krampfhaft um Akzeptanz bemüht und der Islam ihr dabei im Weg zu stehen scheint, vor allem im Verhältnis der Geschlechter zueinander.

Anders geht es erstaunlicherweise der für die Zukunft des Islam maßgeblichen dritten Generation. Sie ist im Westen zuhause, spricht beide Sprachen akzentfrei, sollte daher alle Integrationschancen haben, stellt aber fest, daß dem doch nicht so ist: Weil diese Menschen eben doch ›anders‹ sind, wegen der Farbe von Haut, Auge und Haar, wegen ihres Namens oder weil sie Muslime sind. In dieser Lage sagt die dritte Generation mit trotzigem Stolz: »Ihr meint, wir seien anders? O.k., wir *sind* anders!« Von da an pflegt sie ihr Anderssein, bildet Ban den und läßt sich die Butter von niemand mehr anpasserisch vom Brot nehmen. Unter diesen jungen Leuten finden sich mehr dynamische, opfer- und missionsbereite Muslime als unter den beiden vorausgegangenen Generationen. Sie übernehmen bereits, wie in Aachen, Verantwortung für islamische Zentren.

Eine bemerkenswerte Ausnahme gibt es unter sehr vielen Türken, bei denen auch die dritte Generation häufig auf die Türkei fixiert bleibt, so daß sie in Deutschland wie auf Inseln leben, nur innertürkische Mission betreiben und so wenig auf ihre Umwelt ausstrahlen. Bei arabischen Einwanderern findet sich dieses Verhalten nicht, zumal eine hohe Zahl von ihnen – jedenfalls in Deutschland – Akademiker sind.

Diese bevölkerungsmäßige Expansion des Islam hat im letzten Jahrhundert dazu geführt, daß es islamische Gemeinden jetzt auch in Korea, Japan, Bolivien, Argentinien, Brasilien, auf den Malediven, in Kroatien, Italien, Spanien, der Ukraine, Finnland, Thailand und Singapur gibt. Wer dies eindrucksvoll erleben will, sollte sich auf den alljährlichen internationalen Konferenzen des Hohen Islamrats von Ägypten in Kairo einfinden, wo jeweils über 80 Länder vertreten sind.

III.

Dies ist die 1400jährige Geschichte der westlich-islamischen Beziehungen, darunter lange, böse Jahre. Im Verlauf dieser Geschichte begann der Islam aus westlicher Sicht als eine Gefahr. Dann entschärfte er sich für 250 Jahre zu einem bloßen Problem. Seit Mitte des 20. Jahrhunderts avancierte er erneut zur Gefahr. Die dabei aufgewühlten Emotionen, das dabei erlittene Unrecht, die dabei verbreiteten Fehlinformationen sind noch wirksam. Sie sitzen knapp unter der Oberfläche. Das kollektive Gedächtnis ist eine politisch wirkmächtige Realität, wie fehlerhaft es auch sein mag. Wilfred Cantwell Smith beschrieb das Syndrom kürzlich wie folgt:

»Gegenüber dem Islam erbte der Westen aus 1000 vergangenen Jahren einen Antagonismus, dessen Dauerhaftigkeit und Tiefe nur wenige richtig einschätzen. Indien und China traten erst in das Bewußtsein des Westens, als er sich vor niemand mehr fürchten mußte; vom Islam hingegen war er jahrhundertelang bedroht worden. Im Vergleich zu den anti-islamischen Auffassungen und Emotionen des Westens waren Furcht und Bitterkeit seines Anti-Kommunismus relativ mild und erstaunlich kurzlebig.«[13]

Dieses Gedächtnis und Syndrom spielt auch mit, wenn Leute von der sogenannten Christlichen Mitte mit Flugblättern vor der Islamisierung Deutschlands warnen, wenn Brandsätze in islamische Zentren fliegen und wenn aktive deutsche Muslime anonyme Drohanrufe erhalten.

Das alles könnte als vorübergehende und auf lange Sicht chancenlose Borniertheit hingenommen werden, wenn nur die Medien die existierenden anti-islamischen Vorurteile nicht noch schüren würden. Das ist die traurige Geschichte des nächsten Kapitels.

ANMERKUNGEN

1 Das Zitat ist entnommen aus Richard Barnet, *Intervention & Revolution*, New York 1972, S. 6.
2 al-Turabi (1992), S. 72.
3 Vgl. *Frankfurter Rundschau* vom 24.2.1996 bezüglich der Reaktion der Dillenburger Bevölkerung auf den Wunsch der 2100 dort lebenden Muslime, vom Muezzin mit einer Lautsprecherstärke von 60 Dezibel zum Gebet gerufen zu werden. Klagen kamen nur von Bürgern, die den Ruf nie gehört hatten.
4 Zu dem wissenschaftlich längst widerlegten, aber zählebigen Vorwurf der Verbrennung der berühmten antiken Bibliothek von Alexandria auf Befehl des Kalifen 'Umar siehe Hunke (1991), S. 85 ff.
5 Zitiert aus Salvatore, S. 102.
6 Diese Übersetzung wurde auf Betreiben Martin Luthers mit Zusätzen und einem Vorwort Melanchthons 1543 in Basel gedruckt. Ein Exemplar davon befindet sich im Bait al-Qur'an in Manama (Bahrain).
7 Annemarie Schimmel, *Und Muhammad ist Sein Prophet*, Eugen Diederichs: München 1981, S. 7.

8 Vgl. *Frankfurter Allgemeine Zeitung* vom 21.11.1997 unter »Phan-tomschmerzen der Kunst – Kulturdialog im Zeitalter der Glo-balisierung«.

9 Zitiert aus NUR-Das Licht, Nr. 19–20, Köln, Juni 1979, S. 36.

10 T.E. Lawrence (1888–1935) begründete mit *The Seven Pillars of Wisdom – a triumph*, Doubleday: Garden City, N.Y. 1935, eine Legende von sich selbst. Als Arabist, Islamologe, Entdecker und politischer Berater war er weniger bedeutend als Harry St. John Philby (1885–1960) und Leopold Weiß alias Muham-mad Asad (1900–1992).

11 Zitiert nach Salvatore, S. 121.

12 *Der Spiegel special* 1/1998, S. 110.

13 Smith, zitiert nach Parvez Manzoor, *Muslim World Book Review*, Jg. 14, Nr. 4, 1994, S. 6.

MEDIEN IM VISIER

>»Wobei mir denn jene Gegner einfallen, die
irgend jemand, dem sie mißwollen, zuvörderst entstellen
und dann als ein Ungeheuer bekämpfen.«

(J.W. von Goethe, Dichtung und Wahrheit, Band 16, S. 1)

I.

Nicht nur das kollektive Gedächtnis der Menschen ist eine
Tatsache, sondern auch ihre glückliche Fähigkeit, unange-
nehme Erinnerungen zu vergessen oder wenigstens zu
verdrängen. Es wäre daher nicht unvernünftig, wenn die
Muslime auf diesen Mechanismus vertrauten, also darauf,
daß die Europäer den Islam eines Tages unbefangen
betrachten und ihm eine zweite Chance geben würden.

Auf den ersten Blick sieht es dank pluralistischer Ethik
und postmodernem Wohlwollen für ein Klein- und
Anderssein tatsächlich so aus, gibt es doch einen religiösen Supermarkt mit grenzenlos scheinender Toleranz.
Anthroposophen können trotz ihres Wiedergeburtsglau-
bens christlichen Zirkeln angehören. Drogenunterstützter
Schamanismus in Nachahmung nordamerikanischer
Dakotas oder mittelasiatischer Medizinmänner ist seit
Carlos Castaneda ›in‹. Hare-Krischna-Jünger und Anhänger der Baghwan-Bewegung erregen kein Aufsehen
mehr, so wenig wie die Bekehrung eines Filmstars wie
Richard Gere zum Buddhismus. Wenn deutsche Druiden
als keltische Priesterinnen nach Catal Höyük in Anatolien
reisen, um dort die Wurzeln einer matriarchalischen
Gesellschaft und ihre Göttinnen wiederzubeleben, ernten
sie schlimmstenfalls ein wohlwollendes Lächeln. Man
kann sich heutzutage als Neo-Thomist oder Neo-Marxist,
als religionsfreier Mystiker oder als Atheist zu erkennen
geben, ohne daß jemand daran Anstoß nimmt.

Besonderen Wohlwollens erfreuen sich jüdische Sitten und Gebräuche, selbst wenn sie muslimischen aufs Haar gleichen und bei Muslimen als obskurantistisch, mittelalterlich, ja grundgesetzwidrig verschrien werden. Zu denken ist an die orthodox-jüdische Bekleidung, Geschlechtertrennung, strikten Speisevorschriften, Schächten und die kompromißlose Observanz anderer göttlicher Gebote. So könnte man meinen, des Preußenkönigs Friedrichs II. Toleranzmaxime »Jeder soll nach seiner Façon selig werden!« sei im ganzen Westen endlich umgesetzt worden.

Das Bild ändert sich jedoch drastisch, sobald der Islam ins Spiel kommt. Dann sinkt die Toleranzschwelle im Nu. Ein Bart, der bei Ché Guevara als progressiv galt, gilt beim Muslim als regressiv. Ein Kopftuch, welches in Gemälden das Haupt Mariens ikonenhaft ziert, ist emotional positiv besetzt, aber negativ, wenn eine Muslima sich so bedeckt. Wenn Muslime schächten würden, gälte das als grausamer Verstoß gegen das Tierschutzgesetz; im jüdischen Fall beurteilt man es anders.

Der britische Runnymede Trust kam daher in seiner 1997 veröffentlichten Studie zu folgendem Ergebnis: »Islamophobie ist Furcht vor dem Islam oder Haß auf ihn. Sie hat jahrhundertelang in westlichen Ländern existiert, ist aber in den letzten zwanzig Jahren offenkundiger, extremer und gefährlicher geworden. Islamophobie ist Bestandteil aller Medienbereiche und herrscht in allen Teilen der Gesellschaft vor.«[1]

Die Medien tragen in der Tat ein großes Maß an Verantwortung dafür, daß der Islam nicht nur die meistverkannte Religion ist, sondern auch bleibt.

In der Tat ist kaum zu bezweifeln, daß die fortwährende Intoleranz gegen alles Islamische und damit das Wachhalten des anti-islamischen kollektiven Geschichtsbewußtseins vor allem ein Werk der Medien ist.[2] Akbar Ahmed sagt es ohne Umschweife: »Nichts in ihrer ganzen Geschichte hat die Muslime so sehr bedroht wie die westlichen Medien … In diesem Medienspiel können die Muslime nicht gewinnen.«[3]

II.

Gewiß, jedes Volk hat die Medien, die es verdient. Und schlechte Journalisten gibt es – neben vielen vorzüglichen – überall. Gleichwohl ist nicht zu leugnen, daß sich vor allem Vertreter einer nichtreligiösen Weltsicht zum Journalisten berufen fühlen und daß Medien auch im Bereich der Religion bewußt Politik betreiben. Peter Kreeft stellte für die USA ein statistisches Auseinanderklaffen der religiösen Überzeugungen von Bevölkerung und Medienvertretern fest, das in Europa dem Trend nach ähnlich sein dürfte. Danach halten 90 Prozent der Amerikaner eheliche Untreue für schlecht, doch nur 50 Prozent der Medienvertreter. Während ca. 50 Prozent der Amerikaner regelmäßig die Kirche besuchen, tun dies nur 9 Prozent der Journalisten. Etwa 72 Prozent der amerikanischen Bürger haben Vorbehalte gegen Abtreibung, doch nur 3 Prozent in den Medien.[4] Es ist ein Teufelskreis: Einerseits sind Medienvertreter wie alle Menschen im Okzident Opfer der überlieferten Verzerrung des Islambildes; andererseits üben sie es ein und verstärken es dabei noch.

Insgesamt hat man den Eindruck, daß die Medien den Islam im großen und ganzen weniger als Religion, denn als Ideologie darstellen. Typisch dafür war das Heft SPIEGEL special vom Januar 1998 über das »Rätsel Islam«, dessen Titelblatt eine muslimische Frau mit Augenbrauen in Form der Schwerter im Emblem der saudi-arabischen Nationalflagge zeigte. In der beigefügten Enzyklopädie »Islam von A–Z« kam unter »A« weder »Allah« vor noch »Muhammad« unter »M«. Mekka wurde von jemand geschildert, der offenbar noch nie dort gewesen ist. Warum auch, wenn es nicht um Religion geht, sondern um die Angst vor ihr?

Als zweiten Eindruck kann man den Medien häufig entnehmen, daß der Islam eine aggressiv-expansive »Kriegsreligion« (Max Weber) mit besonderem Hang zu Fanatismus, Gewalt und Terrorismus sei. Besonnene Gegenstimmen wie die von Wolfgang Günter Lerch

(»Islam und Terrorismus«)[5] sind selten. So war 1997 einem Spiegel-Interview mit Peter Frisch, Präsident des Bundesamts für Verfassungsschutz, unter dem Titel »Rechtfertigung zum Töten« zu entnehmen, »daß sich der Islamismus im kommenden Jahrhundert zur großen Gefahr entwickeln könnte«. Schließlich seien afghanische Freiwillige ja »zum Töten ausgebildet«. Frisch zeigte sich sogar ungehalten über die Forderung der Muslime in Hessen, »die Schulbücher von ›anti-islamischen Inhalten‹ zu befreien«; schließlich könne man aus Gründen der Toleranz nicht alles akzeptieren, was eine Minderheit will.[6] (Auch das Grundgesetz kann man wohl nicht immer mit sich herumtragen.)

In die gleiche Kerbe hieb der private Fernsehsender RTL am 18. September 1994 mit einem Programm, das mit »Terror im Namen Allahs« betitelt war und in dem vor einer fundamentalistischen islamischen Internationale gewarnt wurde. (So konnte die bisherige Furcht vor der real-existierenden roten Internationale flugs auf eine fiktive grüne umgelenkt werden.) Doch auch das öffentliche Fernsehen ist im Umgang mit dem Islam nicht zimperlich. Von ARD beispielsweise wurde am 15. September 1994 behauptet, daß Muslime im Süden des Sudan gegen christliche Separatisten einen »Heiligen Krieg im Namen Allahs« führten. Und der Bayerische Rundfunk schockierte seine Hörer im November 1997 mit der aus der Luft gegriffenen Behauptung, daß Waffentragen Teil der Identität eines Muslims sei …

Die Medien fördern ferner den Eindruck, daß der Islam eine hoffnungslos veraltete Religion sei, die ihre Reformation und Aufklärung verpaßt habe und so im tiefsten Mittelalter steckengeblieben sei.[7] Typisch dafür ist, daß man den Islam häufig nur anhand der Lücken beschreibt, die er angeblich gegenüber dem maßgeblichen westlichen Modell aufweist, vor allem hinsichtlich Subjektivität (individuellem Bewußtsein, Bürgersinn, Zivilgesellschaft und Rationalität).[8] Diese Geisteshaltung kam zum Ausdruck, als Bassam Tibi 1997 (ebenfalls im SPIEGEL) behauptete, daß sich der Islam und die Men-

schenrechte »wie Feuer und Wasser« zueinander verhielten. Im traditionellen Islam sei für individuelle Menschenrechte kein Platz; auch Meinungsfreiheit sei mit
dem Islam unvereinbar.[9]

Ist es unter solchen Umständen verwunderlich, daß
Die Zeit es sich am 26. Mai 1995 erlaubte, unter »Pooh's
Corner« eine nicht nur geschmacklose, sondern blasphemische Satire von Harry Rowohlt abzudrucken, in der
ein Witzbold den Islam ›definiert‹: »Mohammed hatte
keinen Kühlschrank, schiß vor weibern, und nach zwei
Bier war er besoffen. Da hast du den ganzen Islam.« Das
wäre zum Lachen, wenn es nicht zum Weinen wäre.

Alles gipfelt in der in den Medien immer wieder zu
findenden Behauptung, der Islam mit seinem »orientalischen Despotismus«, barbarischen Händeabhacken, menschenrechtswidrigen Vermummen von Frauen sowie seinem altmodischen Moralismus in Sachen vorehelicher
Sittlichkeit, ehelicher Treue, Abtreibung und Homosexualität sei dem Westen essentiell oder paradigmatisch
fremd: wesensfremd.

Dieser Grundstimmung konnte sich selbst eine vom
Deutschen Orient-Institut 1997 für das Bundesinnenministerium erstellte Studie über »Islamische Organisationen
in Deutschland« nicht ganz entziehen. Nach einer von
Irmgard Pinn vorgelegten Analyse hatte sich der Autor
der Studie, Nils Feindt-Riggers, den Muslimen in
Deutschland etwa so genähert wie Anthropologen des
19. Jahrhunderts seltsamen und nicht ganz ungefährlichen afrikanischen Ureinwohnern.[10] Daß es der Studie
unterlief, den saudi-arabischen Religionsminister mit
dem Leiter des saudi-arabischen Geheimdienstes zu verwechseln – beide führen »al-Turki« im Namen –, bliebe
Anekdote, wenn es für das Klima im Hintergrund der
Studie nicht typisch wäre.

Diese Sicht der Dinge kam am 28. Mai 1997 in einem
an die Frankfurter Allgemeine Zeitung gerichteten Leserbrief eines Dr. Paul Esser zum Ausdruck, der die Intoleranz von Islamisten, ihre »primitive Einstellung zu Kunst
und Wissenschaft« und ihre »autoritäre, paternalistische

und völlig undemokratische Gesellschaftsauffassung«
unmittelbar auf den Koran zurückführte. Dieser sei ein
für den Feudalismus typischer, eigentlich steinzeitlicher
Text mit »archaisch-infantilen« Interpretationen der Welt.
Kurzum, der Islam sei eine »Regression in den Barbaris-
mus«.

Der Beweise kein Ende.

III.

Es wäre schlimm genug, daß solche Hetze gegen alles
Islamische – kann man es anders nennen? – eine natürliche Regenerierung der Beziehungen zwischen Okzident
und Orient torpediert, zumal die oben referierten Ansichten auch in der muslimischen Welt gelesen werden, also
auch dort der notwendigen Vertrauensbildung entgegen-
wirken. Schlimmer noch ist der mögliche, wenngleich
unbeabsichtigte Schreibtischtätereffekt anti-islamischer
Medienpropaganda, zumal in einer Situation struktureller Arbeitslosigkeit in Teilen Westeuropas. Denn unter
solchen Bedingungen kann das mit Arbeitslosigkeit ver-
bundene soziale Unbehagen leicht in Aggression umschlagen, wenn die (anscheinend Arbeitsplätze wegneh-
menden) Gastarbeiter nicht nur Ausländer, sondern auch
noch Muslime sind, wie die Türken in Kreuzberg, die
Indo-Pakistaner in Bradford und Maghrebiner in den
Vorstädten rund um Paris.

Viele Muslime sind davon überzeugt, daß der Bosnien-
Konflikt anders verlaufen wäre, wenn maßgebliche westliche Kräfte weniger von der beschriebenen Islamophobie
beeinflußt gewesen wären. In einer von den bosnischen
Serben boykottierten Wahl hatten sich 99 Prozent der
Bosnier für ihre Unabhängigkeit von Restjugoslawien
ausgesprochen. Die Mitglieder der Europäischen Union
erkannten am 29. Februar 1992 Bosnien als unabhängigen
Staat an. Trotzdem intervenierten sie bis zum Beginn der
NATO-Luftangriffe am 30. August 1995 nicht entscheidend, um dem drei Jahre währenden serbischen Morden,

Vergewaltigen, Plündern und »ethnischen Säubern« dort ein Ende zu setzen.

Für dieses auch im Westen als Versagen erkannte Verhalten gab es viele ›normale‹ Gründe – darunter Staatsraison; mangelnde Bereitschaft, menschliche Opfer zu bringen; der Wunsch, Restjugoslawien zusammenzuhalten; Furcht vor dauerhafter Verstrickung in »balkanischen Wirren«. Das westliche Zivilisationsmodell soll zwar gemäß westlicher Menschenrechtsrhetorik universell respektiert werden, aber kosten darf dies allenfalls eine Stange Geld, nicht etwa »Blut, Schweiß und Tränen« im Sinne von Winston Churchills Widerstandsappell von 1940.[11]

Das westliche Versagen war aus muslimischer Sicht aber auch dadurch bedingt, daß es sich bei den Bosniern um Muslime handelte. Zumindest unbewußt spielte dies eine wichtige Rolle, obwohl die Natur des Konflikts als Religionskrieg im Westen meist geleugnet oder gerne übersehen wurde. (Was nicht sein darf, kann bekanntlich nicht sein.) Nur griechische und serbische Medien hatten das Massaker in Bosnien zu einem Kreuzzug gegen die letzte islamische Insel der »Türken« in Mitteleuropa hochstilisiert. Andererseits: Hatte wenigstens einer der Akteure auf beiden Seiten überhaupt das Buch »Islam between East and West« von Alija Izetbegovic gelesen, das ihn als einen der tolerantesten, aufgeschlossensten, originellsten und scharfsinnigsten Denker des zeitgenössischen Islam erweist?

Es geht hier nicht um harte Beweise, sondern die ehrliche Beantwortung folgender hypothetischen Frage: Ist es vorstellbar, daß der Westen nicht schon 1992 in Bosnien mit harter Faust eingegriffen hätte, wenn die Serben Muslime wären und katholischen Bosniern all das angetan hätten, was ihnen tatsächlich geschah? Hätte man dann die Massaker in Srebrenica und Zepa geschehen lassen? Hätte man in diesem Fall gewartet, bis 200 000 Bosnier getötet, drei Millionen vertrieben, Zehntausende vergewaltigt und einhunderttausend Gebäude zerstört waren, darunter fast das gesamte architektonisch-islamische Erbe des Landes?[12]

Das westliche Verhalten erinnerte jedenfalls gespen-
stisch an das Versagen von Venedig, von Frankreich und
dem Papst während der Belagerung Konstantinopels im
Jahre 1453 durch den osmanischen Sultan Mehmet II.
»Fatih«. Auch damals ließ man sich gegenüber den Hilfe-
rufen des byzantinischen Kaisers viel Zeit, setzte angeblich auf eine »politische Lösung«, tröstete sich, es werde
schon nicht so schlimm kommen, und mahnte vorab die
Zahlung alter Schulden an. Dann hielt man militärische
Maßnahmen plötzlich für »zu spät«. (Kommt einem das
nicht peinlich bekannt vor?) Im Hinterkopf der damaligen Westmächte spukte eben auch die Vorstellung, daß
es sich bei den Bittstellern um verdammte christliche
Häretiker handele.[13]

Heute wissen wir, daß es weitere ›Bosnien‹ geben
wird, so wie zwischenzeitlich in Tschetschenien[14] und im
Kosovo. Wie könnte es nach der von den Medien – und
nicht nur von ihnen – gepflegten Gemütslage gegenüber
dem Islam auch anders sein?

IV.

Unter den geschilderten Umständen fällt es schwer, auf
das Wunder einer Wende in der Medienbehandlung des
Islam zu hoffen. Glücklicherweise gibt es jedoch einen
Silberstreifen am Horizont, ausgelöst von einer wachsen-
den Reihe westlicher Islamologen mit vorbildlich vorur-
teilsfreier, objektiver Einstellung zum Islam und reichen
Kenntnissen über diese Religion. Dazu gehören neben
Annemarie Schimmel inzwischen zahlreiche jüngere
Kräfte: Professoren wie François Burgat und Bruno Etien-
ne (beide Aix-en-Provence), John Esposito (Washington),
Daniel Gimaret (Paris), Angelika Hartmann (Gießen),
Gudrun Krämer (Berlin), Jörg Nielsen (Birmingham),
Angelika Neuwirth (Beirut), Neil Robinson (Leeds), Rein-
hard Schulze (Bern), James Piscatori (Oxford Center for
Islamic Studies) und Armando Salvatore (Berlin). Kein
moderner Islamologe würde das Urteil des alten Gustav

von Grunebaum noch billigen, daß die muslimische Zivilisation die wichtigsten Zielvorstellungen (»Aspirationen«) der westlichen nicht teile.

Gegen den Strom schwamm auch Reinhard Hesse mit seinem Artikel in Die Woche vom 23. April 1997, der sich wie eine Zusammenfassung dieses Kapitels liest. Hesse stellte fest, daß das Image des Islam seit den Kreuzzügen nicht mehr so schlecht gewesen sei wie heute, obwohl die große Mehrheit der Muslime ihren Glauben als eine Religion des Friedens und der Toleranz praktizieren. Der Islam sei eher eine bekämpfte als eine kämpferische Kultur. Auch im Islam stünden die Menschenrechte nicht zur Disposition; diese Religion lasse Demokratie und Regierungen zu, die nicht aus Geistlichen bestehen. Sein Wort nicht nur in Gottes Ohr.

Die Muslime können auf eine durchgreifende Besserung des Islam-Bildes allerdings nur hoffen, wenn sie bereit sind, unverhohlen einzugestehen, daß die muslimische Welt – unislamisch wie sie nun einmal oftmals ist – selbst viel zu dem schlechten ›Image‹ ihrer Religion beigetragen hat. So übertrieben und schief es auch sein mag, Muhammad Asad sagte 1988 in seinem Interview in der Frankfurter Allgemeinen Zeitung viel Richtiges mit dem Satz: »Khomeini hat dem Islam angetan, was Hitler Deutschland angetan hat.« Außer dem ehemaligen, enigmatischen Ayatollah aus Ghom gibt es eine Anzahl anderer Persönlichkeiten in der muslimischen Welt, über die man im Westen so sehr den Kopf schüttelt, daß ihre Namen *household words*, Umgangsvokabular, geworden sind.

In dieser Situation stimme ich der wiederholt geäußerten Aufforderung des Doyens der deutschen Muslime, Muhammad Aman Hobohm, in Bonn zu, sich als Muslim nicht in Abwandlung des Grundsatzes *right or wrong, my country* vor zweifelhafte Brüder in aller Welt zu stellen; denn dies wäre falsch verstandene, blinde Loyalität. Wenn ein Dr. Mahathir Mohamad einem Dr. Anwar Ibrahim in Malaysia Unrecht tut, dann braucht ein Muhammad Aman in Deutschland dies weder zu rechtfertigen, noch zu beschönigen, noch zu leugnen.

Die Muslime dürfen ferner nicht däumchendrehend auf eine psychologische Gezeitenwende warten, sondern müssen das Ihre tun, sie herbeizuführen, unter anderem durch Stipendien für muslimische Studenten der Journalistik und Rechtswissenschaft, wie dies durch die amerikanische Organisation CAIR (Council on American-Islamic Relations) bereits geschieht. Die Medien folgen Gesetzen, die sich erlernen lassen, wenn es darum geht, akzeptable Leserbriefe zu schreiben, Aufkleber spritzig zu formulieren, im Internet viel besucht zu werden[15] oder sendefertige Radio- und Fernsehprogramme zu produzieren.

Zu den Mediengesetzen gehört allerdings auch, daß eine »gute Nachricht keine Nachricht« ist, daß also auch der Islam nur im Zusammenhang mit Sensationellem oder wenigstens Ungewöhnlichem seine Medienchance hat. Überdies gilt für das Fernsehen, daß schlechte Programme gute Programme verdrängen, so wie im Mittelalter schlechtes Münzgeld das gute verdrängte. Es ist daher sinnlos, im Westen einen muslimischen Fernsehsender für nichtmuslimisches Publikum betreiben zu wollen, mit viel Gebet, Worten zum Freitag und Berichten von der Pilgerfahrt. Ganz ohne Nacktheit, Gewalt und Sensation sind keine Quoten zu machen.

Vielversprechender ist der vom Zentralrat der Muslime in Deutschland koordinierte »Tag der Offenen Moschee«, jeweils am 3. Oktober eines Jahres. Er verspricht mehr Vorbehalte und Ängste abzubauen und Wissenslücken zu füllen als ein islamisches Fernsehen. Es gilt vorerst nicht *mit* Fernsehen, Radio und Tagespresse[16] vertreten zu sein, sondern *darin*. Dies setzt voraus, daß mehr Muslime als bisher lernen, wie man gut dokumentierte und gut geschriebene Artikel druckfertig in die Presse lanciert – unter Ausnutzung des Umstandes, daß auch Journalisten lieber weniger als mehr arbeiten.

1 Runnymede Trust, S. 2.
2 Als ehemaliger Informationsdirektor der NATO (1983–1987) glaube ich, einigen Einblick in die Möglichkeiten des Mediengewerbes zu haben.
3 Akbar Ahmed (1992), S. 223.
4 Kreeft, S. 62, 67.
5 *Frankfurter Allgemeine Zeitung* vom 19.11.1997.
6 Frisch, *Der Spiegel*, Nr. 36, September 1997, S. 58–60.
7 Salvatore, S. 73; Woods (mit 28 anti-islamischen Karikaturen aus amerikanischen Medien).
8 Kreeft, S. 67; Said (1978, 1981, 1993).
9 Tibi, *Der Spiegel*, Nr. 3, Januar 1994, S. 170–172.
10 Irmgard Pinn, »Islamische Organisationen in Deutschland« (Besprechung). In: *Newsletter*, Nr. 2, Gesellschaft der Muslimischen Sozial- und Geisteswissenschaftler: Köln 1997, S. 11 ff.
11 Darauf machte Prof. Dr. Klaus Hornung in einem Leserbrief an die *Frankfurter Allgemeine Zeitung* vom 24.4.1999 aufmerksam. Es ist eine offene Frage, ob die Luftwaffe im Kosovo-Krieg ihre Einsätze gegen Serbien hätte fortsetzen können, wenn auch nur ein deutscher Pilot gefallen wäre.
12 Amir Pasic, Inhaber des Agha-Khan-Preises für Architektur und Mitarbeiter am Istanbuler Forschungsinstitut für Islamische Kultur und Geschichte, hat in seinem reich illustrierten Buch *Islamic Architecture in Bosnia and Hercegovina* (IRCICA: Istanbul 1994) dokumentiert, daß Serben und Kroaten vereint während des Bosnienkriegs 349 von 591 islamischen Baudenkmälern aus den Jahren zwischen 1463 und 1878 in Bosnien-Herzegowina zerstört oder schwerstbeschädigt haben.
13 Vgl. Steven Runciman, *Die Eroberung von Konstantinopel 1453*, 4. Aufl. C.H. Beck: München 1990.
14 Vgl. Muhammad Iqbal Khan, *The Muslims of Chechnya*, The Islamic Foundation: Markfield, LE , 1995.
15 Zum Islam im Internet vgl. Blunt sowie Imran Ali Maskatiya, »The Internet«, in: *IQRA*, Jg. 17, Nr. 2, San José, März 1997, S. 32.
16 Das *Freitagsblatt* der Islamischen Religionsgemeinschaft Hessen e.V. (IRH), das seit 1998 in Frankfurt erscheint, kommt als Monatsblatt einer islamischen Tagespresse noch am nächsten.

Von blonden und anderen Rechten

»Warum sollten wir Menschenrechtserklärungen annehmen,
die von denjenigen Mächten formuliert sind,
die unsere Länder kolonisiert und ausgeplündert haben?«

(Shirin Sinnar)[1]

I.

Wo Rauch, da auch Feuer, sagt ein Sprichwort. Nach dieser Weisheit obliegt es den Muslimen zu beweisen, daß *nicht* stimmt, was man ihnen hinsichtlich der drei Hauptsorgen des Westens vorwirft: Der Islam halte sie davon ab, die *Menschenrechte* zu respektieren, insbesondere stehe es um den Grundrechtsschutz der *Frau* im Islam schlecht, und schließlich blieben die Muslime den Nachweis bisher schuldig, zur *Demokratie* fähig zu sein. Diese im Kern moralischen (nicht theologischen) Fragen rücken bei jedem islamisch-christlichen Dialog früher oder später in den Mittelpunkt.

Es ist offensichtlich, daß eine positive Auseinandersetzung mit den genannten drei Themen für den Westen *conditio sine qua non* der Normalisierung der Beziehungen zum Islam ist. Von den Entwicklungen in diesen drei Bereichen mag noch weit mehr abhängen, nämlich die weltweite Zukunft des Islam selbst. Es ist allerdings auch offensichtlich, daß manche Kräfte im Westen ein Interesse daran haben, das Märchen von der Nichtvereinbarkeit des Islam mit Menschenrechten und Demokratie zu verewigen, wie Neil Hicks es sieht.[2] Negativbeweise sind so eine Sache. Trotzdem ist dieses Kapitel dem Nachweis gewidmet, daß Muslime zum Menschenrechtsschutz *nicht un*fähig, daß Menschenrechte eine islamische Möglichkeit sind.

II.

Beim Menschenrechtsdialog machen Muslime eingangs oft die verblüffende Feststellung, daß ihre westlichen Partner nicht nur glauben, die Menschenrechte erfunden, sondern auch gepachtet zu haben. Im Okzident geht man tatsächlich davon aus, daß Menschenrechte generell nur im Westen *be*-achtet, in der muslimischen Welt aber grundsätzlich *miß*-achtet werden.

Die erste dieser Überzeugungen ist verständlich, da es tatsächlich nur im Okzident – vor allem in England – zur Herausbildung eines besonderen Menschenrechtskodex gekommen ist, der Bürger vor ihrem Staat schützen sollte: Freiheitsrechte als Abwehrrechte (*freedom from*). Damals dachte noch niemand an bürgerliche Anspruchsrechte gegenüber dem Staat (*freedom to*), die heute eine große Rolle spielen.

Wichtige Etappen dieser westlich dominierten Menschenrechtsgeschichte waren die britische Magna Charta libertatum (1215), die Habeas-Corpus-Akte (1679) und die Bill of Rights (1689), die amerikanische Unabhängigkeitserklärung von 1776 (die auf Gott Bezug nahm) und die französische Erklärung der Menschen- und Bürgerrechte von 1789 (die keinen Bezug auf Gott nahm). Auf diesen ausschließlich westlichen Grundlagen entwickelten sich letztlich die berühmte, wenngleich nicht bindende Menschenrechtserklärung der Vereinten Nationen (1948) sowie die beiden (bindenden) Internationalen Pakte über zivile, politische, soziale, wirtschaftliche und kulturelle Rechte vom 19. Dezember 1966 und auch die Menschenrechtsinstrumente des Europarats.[3]

Doch diese Entwicklung vollzog sich nicht etwa *dank*, sondern *trotz* des Christentums. Bis Papst Johannes XXIII. im vergangenen Jahrhundert verurteilte die Katholische Kirche das Menschenrechtskonzept als säkularistisch, laizistisch und naturalistisch. Erst mit seiner Enzyklika »Pacem in Terris« vom 11. April 1963 betraten die Menschenrechte schließlich vatikanischen Boden.

Diese Entwicklung besagt auch nicht, daß es im Islam zuvor keine den *Human Rights* entsprechenden Rechtspositionen gegeben hätte, zumal auf koranischer Grundlage. Schlimmer als der Urheberstolz ist die Unterstellung einer geschichtlich erwiesenen, essentiellen Unfähigkeit islamischer Länder zur Beachtung von Menschenrechten. Diese Behauptung vernachlässigt, daß Obrigkeiten im Verlauf der Weltgeschichte nahezu immer und überall die Rechte der einfachen Menschen mißachteten – auch im christlichen Okzident – und daß es auch heute weltweit um die Menschenrechte nicht gut steht, *auch* – aber *nicht nur* – in von Muslimen bewohnten Ländern. Amnesty International weiß darüber Bescheid.

Dabei ist es ein Gebot der Fairneß einzuräumen, daß die Verletzung von Menschenrechten in (dem Namen nach) islamischen Staaten – darunter Folter, Polizeibrutalität, Wahlfälschung, Zensur und Mißachtung der Religionsfreiheit – weder islamisch motiviert noch islamisch legitimiert ist. Daß vor allem bekennende, politisch aktive Muslime die Gefängnisse der muslimischen Region bevölkern, auch wenn sie stets friedfertig waren, beweist das Gegenteil.

Jedenfalls kann westlichen Dialogpartnern die in diesem Buch zum wiederholten Mal gestellte Frage nicht erspart werden: Hat es je quantitativ und qualitativ schlimmere Verletzungen der Menschenrechte gegeben als während der beiden Weltkriege – mit Einsatz chemischer und atomarer Waffen –, während des stalinistischen Terrors, im Holocaust, unter der Apartheid und bei ethnischen Säuberungen in Bosnien und im Kosovo? Keine dieser Scheußlichkeiten ereignete sich in islamisch geprägten Regionen. In den Worten von Ali Masrui, des kenianischen Sozialanthropologen der State University von New York in Binghampton: »Muslime werden oft dafür kritisiert, nicht das Beste zustande zu bringen; doch man gratuliert ihnen selten dafür, das Schlimmste abgewendet zu haben. Es gibt kein muslimisches Äquivalent zu nazistischen Vernichtungslagern, zum Völkermord im Ausmaß von Nord- und Südamerika sowie Australien, noch ein Gegenstück zu stalinistischem Terror, Pol Pots »Killing Fields« und der Entwurzelung von Dutzenden von Millionen im Namen von Fünf-Jahres-Plänen. Auch sind die Muslime nicht für Apartheid-Modelle verantwortlich, wie das von der südafrikanischen Reformierten Niederländischen Kirche gebilligte, noch für den wilden japanischen Rassismus vor 1945 oder die rassistische Kultur des alten amerikanischen Südens mit seinem Lynchen und Brutalisieren der Schwarzen.«[4]

Trotzdem setzen westliche Dialogpartner sich moralisch gerne aufs hohe Roß und fordern bei Strafe des Entzugs von Entwicklungshilfe die weltweite Umsetzung des euro-amerikanisch geprägten Systems individueller Menschenrechte ein. Bei Anlegung so unterschiedlicher Ansprüche an sich selbst und andere muß man sich nicht verwundern, wenn man junge Muslime bitter-zynisch feststellen hört, daß die Menschenrechte wohl »blond und blauäugig« seien.

Menschenrechte, ob blond und blauäugig oder nicht, können wie eine Keule geschwungen werden. Insofern hatte Parvez Manzoor Recht, als er 1994 formulierte: »*Human Rights talk is power talk*«, d.h. beim Menschenrechtsdiskurs geht es (auch) um Macht.[5] Deshalb findet man noch immer, allerdings schwächer werdend, Stimmen, welche von »Islam *oder* Menschenrechte« sprechen und letztere als eine »Heilige Kuh der Moderne« betrachten, »die nicht blind angebetet, sondern hinterfragt werden will«, zumal »die Scharia für alle Probleme des Menschen, unabhängig von Zeit und Ort, Lösungen beinhaltet«.[6]

Doch klagen hilft nichts. Es gilt, als Muslim Stellung zu beziehen. Die Länder der Dritten Welt, euphemistisch Entwicklungsländer genannt, zu denen die meisten muslimischen Staaten gehören, selbst wenn sie im Petrodollar-Regen stehen, bezogen eine vorgeschobene Verteidigungslinie, indem sie auf die wechselseitige Abhängigkeit (Interdependenz) der zivilen Menschenrechte einerseits und der sozialen bzw. wirtschaftlichen bzw. kulturellen Rechte andererseits verwiesen. Sie konnten glaubhaft machen, daß Wahlen lediglich Stammeshäuptlinge bestätigen, solange die Wähler Analphabeten sind. Auch wenn es Drittwelt-Ideologen nicht ins Konzept paßt, ist nach Panajotis Kondylis doch offensichtlich, daß Menschenrechte, »die allen Individuen gleiche Autonomie und Würde versprechen, nur in Gesellschaften gedeihen können, in denen eine hochdifferenzierte Arbeitsteilung das Kollektiv atomisiert und Massenproduktion und -konsum auf vollen Touren läuft«[7]. Es ist ferner unbestreitbar, daß Demokratie eine Zivilgesellschaft braucht, welche ihrerseits die Überwindung struktureller Armut voraussetzt.

Den Drittwelt-Staaten ist es mit dieser Argumentation gelungen, in die jüngeren Menschenrechtspakte der Vereinten Nationen einen Katalog ›ihrer‹ speziellen Menschenrechte aufnehmen zu lassen, darunter das Recht auf Erziehung, Arbeit und Lebensunterhalt.

Dieselben Ländern glaubten, den Menschenrechtsknüppel auch damit abwehren zu können, daß sie die Universalität der Menschenrechte in Frage stellten. Diese seien eurozentrisch und ethnozentrisch und daher anderen Kulturen, etwa in Asien und Schwarzafrika, wesensfremd. Auch verberge sich hinter der Theorie der Universalität die falsche Vorstellung von einer bereits nach westlichem Modell zu Ende gekommenen Geschichte.[8]

Diese Ansicht mag hinsichtlich inflationärer, modischer ›Menschenrechte‹ zutreffen, wie etwa eines ›Rechts auf Angst‹ (vor allem Nuklearen), eines ›Rechts auf Rausch‹ (mittels legalisierter Drogen) oder eines ›Rechts auf gleichgeschlechtliche Eheschließung‹. Sie trifft jedoch hinsichtlich des klassischen Kerns der Menschenrechte (*core rights*) nicht zu, wozu das Recht auf Leben, Freiheit von Folter, Meinungs- und Gewissensfreiheit, Religionsfreiheit und Freizügigkeit gehören. Muslime schaden sich selbst, wenn sie sich dazu hinreißen lassen, die Universalität eines Kernbestands an Rechten zu leugnen. (Samuel Huntington meint allerdings, daß es nur einen Punkt gebe, über den man sich weltweit wirklich einig sei: die unbedingte Verwerflichkeit von Folter.)[9]

Weitaus bessere Strategie ist es, sich im Rahmen der islamischen Jurisprudenz, also auf Grundlage von Koran und Sunna, mit dem Menschenrechtsphänomen zu befassen. Dabei mag man zunächst festhalten, daß sich der Begriff »Menschenrechte« weder im Judentum noch im Christentum oder im Islam entwickelt hat. Dies lag nicht nur daran, daß es gewiß Resultat anachronistischer Fälschung wäre, wenn man diesen Begriff in einer vormodernen Offenbarungsschrift anträfe. Das Fehlen des Begriffs lag auch daran, daß es gläubigen Menschen gegen den Strich geht, in einem geschaffenen Individuum den Inhaber von Rechten sehen zu sollen, weil Gott, der Schöpfer, aus ihrer Sicht der Urquell aller Rechte ist. Göttliche Rechte *für* Menschen: ja, Rechte *des* Menschen: nein. In der Tat ist das Menschenrechtskonzept unmittelbar mit der Vorstellung der Aufklärer des 18. Jahrhunderts verbunden, daß der Mensch autonomer Maßstab aller Dinge sei – eine für Menschen mit transzendenter Bindung geradezu blasphemische Fiktion.

Muslimischen Juristen mußte es des weiteren widerstreben, göttliche Normen nach menschlichem Gutdünken in eine hierarchische Ordnung höher- und niederrangiger Rechte zwängen zu wollen. Das deutsche Recht kennt eine solche normative Rangfolge von (a) Völkerrecht, (b) Grundgesetz, (c) Gesetzen, (d) Verordnungen, (e) Verwaltungsrichtlinien, (f) Verwaltungsakten. Im Gegensatz dazu bleiben muslimische Juristen wie seit jeher dabei, sämtliche Normen der Scharia als gleichrangig aufzufassen, von der Regelung der rituellen Reinigung bis zum Zinsverbot.

Beides – der mangelnde und (religiös) mangelhafte Begriff »Menschenrechte« sowie die Ablehnung einer Rechtshierarchie – hätte der Entwicklung einer islamischen Menschenrechtslehre indessen nicht absolut im Wege stehen müssen. Daß dies dennoch versäumt wurde, setzte den Islam dem schlimmen Verdacht aus, den Schutz des Individuums vor staatlicher Willkür nicht ernst genug zu nehmen, also menschenrechtsfeindlich zu sein. Dabei wäre es relativ einfach gewesen, mit etwas

Einfallsreichtum zu beweisen, daß der Islam alle klassischen Menschenrechte schon seit 1400 Jahren nicht nur kennt, sondern besser verankert hat als der Okzident mit all seinen Pakten.

Das Verfahren dazu ist einfach: Aus der Rechtstatsache, daß Gott in der 4. Sure (an-Nisa): 92 Mord verbietet und in der 5. Sure (al-Ma'ida): 32 den Mörder eines einzelnen mit jemand gleichsetzt, der die ganze Menschheit ermordet hat, kann man zwar nicht unmittelbar, aber mittelbar – nämlich als Rechtsreflex – ein allgemeines Recht auf Leben ableiten. Wenn Gott in der 42. Sure (asch-Schura): 38 den Muslimen aufträgt, ihre Angelegenheiten im Benehmen bzw. einvernehmlich miteinander zu regeln, dann kann man daraus zumindest mittelbar auf ein allgemeines Recht auf politische Beteiligung schließen. Da die ersten drei Kalifen durch Wahl ermittelt wurden, ohne mit Muhammad blutsverwandt zu sein, kann man als erwiesen erachten, daß ein islamischer Staat eine Republik sein kann, jedenfalls aber keine Monarchie sein muß. Die Muslime sollten beim Einschlagen dieses Verfahrens nicht länger über die anstößige Terminologie *Menschen*-Rechte stolpern, wenn in der Sache selbst ein islamischer Rechtsschutz für das Individuum nachweisbar ist.

Daß solche Rechte als von Gott gewährt und Ihm gegenüber zu beobachten im Prinzip wirksamer verankert sind als vertraglich vereinbarte (und somit vertraglich abänderbare) Rechte, versteht sich von selbst. Im Westen – sei es die verflossene UdSSR, seien es die USA – hat sich der Menschenrechtskatalog jedenfalls häufig nur als das Stück Papier erwiesen, auf dem er geschrieben und unterschrieben ist; man befrage nicht den Ku-Klux-Klan, sondern Afro-Amerikaner und nordamerikanische Indianer darüber.

Unbestritten ist jedenfalls, daß es der Menschheit nie gelungen ist, unter bloßem Einsatz ihrer Vernunft ein allgemein anerkanntes und als bindend empfundenes »Naturrechtssystem« zu erfassen.[10] Auch deshalb bemühen sich neuerdings Persönlichkeiten wie Altbundeskanzler Helmut Schmidt und der emeritierte Tübinger Theologe Hans

Küng um eine Erklärung der Vereinten Nationen über die Menschen*pflichten* – zur besseren Absicherung der offenbar zu schlecht gesicherten Menschen*rechte*. Papier über Papier! Auch hier geht es offensichtlich ohne die eindeutige und solide Grundlage von Offenbarung nicht.

Unter dem Eindruck der geschilderten, etwas selbstgerechten westlichen Menschenrechtsoffensive raffte sich die Organisation der Islamischen Konferenz (OIC) als wichtigstes muslimisches zwischenstaatliches Gremium am 5. August 1990 endlich zu der Kairoer Erklärung der Menschenrechte im Islam auf, einem allerdings nur politischen Dokument ohne Rechtsverbindlichkeit.[11] Rechtlich noch weniger verbindlich war die vorausgegangene Menschenrechtserklärung eines schlecht legitimierten und obskur gewordenen »Islamrats von Europa« vom 19. September 1981.

Doch auch einzelne islamische Persönlichkeiten schalteten sich inzwischen in die Menschenrechtsdiskussion ein, darunter so einflußreiche wie Muhammad Hamidullah, Abu 'Ala Mawdudi und Prinz Hassan von Jordanien. Während einer von ihm einberufenen *roundtable conference* in 'Amman vom 10. bis 13. Dezember 1994 zur »Förderung der Universalität der Menschenrechte« sagte Hassan: »Bezüglich der Menschenrechte brauchen wir unbedingt einen globalen Konsensus [...] Die universelle Erklärung der Menschenrechte umgrenzt den Minimumstandard menschlichen Lebens. Ich glaube, daß mein Glaube, der Islam, das gleiche Ziel anstrebt. Für jeden der 30 Artikel der Erklärung findet sich Entsprechendes in Koran, Hadith und Sunna des Propheten.« Die erste Schlußfolgerung der Konferenz lautete: »Alle Menschen sind Träger von Menschenrechten.«[12]

II.

Dank dieser Vorarbeit ist es einfach, diejenigen wenigen Unterschiede darzustellen, welche dem Anschein nach zwischen den westlichen und den islamischen Menschenrechtskatalogen bestehen. Es geht dabei um (a) Apostasie, (b) Sklaverei, (c) Statut der Schutzbefohlenen, (d) Rechte der Frau und (e) Körperstrafen. Wenn sich die von mir unterstützten Bemühungen um ein korrektes Verständnis der islamischen Quellen (*ijtihad*) durchsetzen, liegen die Positionen beider Seiten künftig noch weniger weit auseinander, als es heute den Anschein hat. Maßgeblich dafür ist die einschlägige zeitgenössische Auslegung der islamischen Quellen durch Gelehrte wie Muhammad Asad, Rashid al-Ghannouchi, Hassan und Maher Hathout, Alija Izetbegovic, Jeffrey Lang, Fathi Osman, Yusuf al-Qaradawi, Fazlur Rahman (1919–1988), Mohamed Talbi und Hasan al-Turabi.

Was *Apostasie* anbetrifft, verschwindet jeder Konflikt, wenn muslimischerseits erkannt wird, daß es für den bloßen Abfall vom Islam nach Koran und Sunna keinerlei *in dieser Welt* (*fi-d-dunya*) zu vollziehende Strafe gibt.[13] Im Koran werden 13 Fälle des Abfalls vom Glauben beschrieben; in all diesen Fällen wird nur auf die Folgen im Jenseits verwiesen. Die Maxime »kein Zwang im Glauben!« (*la ikraha fi-d-din*; 2: 256) sollte nach heutiger Ansicht nicht nur das Verhältnis zwischen Muslimen und Nicht-Muslimen beherrschen – so die alte Auffassung –, sondern erst recht dasjenige zwischen Muslimen. Wer dies leugnet – wie mancher muslimische Heißsporn –, verkennt, daß »kein Zwang im Glauben!« auch bedeutet, daß Zwang in Glaubensangelegenheiten ein von vornherein untauglicher Versuch ist. Mit Gewalt können Muslime auch in einem islamischen Staat zwar zur Einhaltung aller übrigen Gesetze angehalten werden, aber nicht zur Befolgung von Vorschriften, welche neben äußerem Vollzug eine richtige innere Einstellung (*niya*) voraussetzen. Gläubige zu Gebet und Fasten zu prügeln, sollte künftig ein Unding sein.

Ursprünglich wurden nur abtrünnige Ex-Muslime strafverfolgt, das aber zu Recht, wenn sie Hochverrat (*ar-ridda*) begangen hatten, also den Islam im Sinne der 5. Sure (al-Ma'ida): 33 aktiv bekämpften, ihm durch Verweigerung der geschuldeten Steuern schadeten oder auf Erden Unheil stifteten. Die Bestrafung von Hochverrat, vor allem im Krieg möglicherweise mit dem Tod, ist weltweit Praxis und verstößt nicht *eo ipso* gegen die Menschenrechte.

So bleibt in diesem Zusammenhang allenfalls der Vorwurf, daß ein Apostat erbrechtlich benachteiligt werden kann; denn nach der Sunna können Muslime und Nicht-Muslime sich nicht gegenseitig beerben.[14] Doch auch hier ist die Zugehörigkeit zum Islam wie eine Staatsangehörigkeit zu sehen. Daß Erbrecht an den Besitz einer Staatsangehörigkeit anknüpfen darf, ist im internationalen Privatrecht unumstritten.

Ähnlich steht es mit der *Sklaverei*. Die (ihrer Humanisierung dienenden) koranischen Vorschriften dürfen natürlich nicht aus dem Text des Korans entfernt werden, zumal sie weiterhin dem Schutz geknechteter, unfreier Menschen dienen, wo immer noch de facto Sklavenhaltung vorkommen mag – wie dies u.a. für Mauretanien und entlegene Gebiete Pakistans vermutet wird. Doch diese Vorschriften lassen sich dahin deuten, daß Gott Sklaverei über die koranische Offenbarung tendenziell, Schritt für Schritt, abschaffen wollte. Dafür spricht, daß jedem Sklaven der Freikauf ermöglicht werden mußte wie auch daß die Freigabe eines Sklaven als gute Tat bezeichnet und als Sühne für Vergehen vorgesehen wurde.[15] Daher kann ein muslimischer Staat heute einem völkerrechtlichen Sklavereiverbot vorbehaltlos zustimmen.

Der im Islam stark ausgeprägte Schutz *ethnischer* Gruppen und religiöser *Minderheiten* sowie die Rechte der *Frau* werden unten in den Kapiteln »Gleichberechtigt oder gleich?«, »Farbenblind« und »Was, wenn sie kommen?« eingehender dargestellt. Im jetzigen Zusammenhang ist jedoch relevant, daß religiöse Minderheiten in der muslimischen Welt sich heute für Bürger zweiter Klasse hielten, wenn sie keine volle Staatsbürgerschaft genössen, sondern – wie in der Vergangenheit – lediglich »Schutzbefohlene« (*dhimmi*) blieben.

100

Nach Ansicht von Fathi Osman und anderen gibt es kein rechtliches Hindernis, Nicht-Muslimen in einer ohnedies nicht religiös, sondern nationalstaatlich verfaßten muslimischen Gesellschaft die vollen Bürgerrechte zu verleihen, so sie es wünschen.[16] Maßgeblicher Gesichtspunkt ist, daß das Minderheitenstatut der Scharia nur den Mindeststandard an Schutz und Fürsorge festschreibt, nicht aber das Maximum der gewährbaren Rechte. Auch die ägyptischen Muslim-Brüder stellen daher das volle Bürgerrecht der Kopten nicht mehr in Frage.[17] Als Vollbürger sind Nicht-Muslime natürlich nicht mehr privilegiert, also wehrpflichtig und der allgemeinen Besteuerung unterworfen.

Logischerweise stellt sich mit ›Einbürgerung‹ der religiösen Minderheiten die Frage, ob es völkerrechtlich zulässig ist, das Amt des Staatsoberhauptes in einem muslimischen Staat einem Muslim vorzubehalten. Allerdings ist diese Frage – trotz ihrer Logik – ohne praktische Bedeutung: Es ist unwahrscheinlich, daß ein Nicht-Muslim in einem wirklich muslimischen Land zum Staatsoberhaupt gewählt würde. Geschähe dies aber: Könnte man dann noch von einem ›muslimischen Land‹ sprechen?

Die vom Strafrecht (*hudud*) der Schari'a vorgesehenen *Körperstrafen* sind nach westlichem Menschenrechtsverständnis grausam und entwürdigend, also völkerrechtswidrig. Auf dem Prüfstand stehen vor allem die Steinigung oder das Auspeitschen von Ehebrechern[18] und die Amputation von Gliedmaßen bei Dieben.[19]

Verwestlichte Muslime verfallen bei dieser Thematik leicht in apologetische Panik, statt sich klarzumachen, daß selbst die moralische Vormacht des Westens, die Vereinigten Staaten von Nordamerika, nicht nur an der Todesstrafe festhält, sondern sie jährlich hundertfach vollstreckt – durch Köpfen, Hängen, Giftspritzen oder elektrischen Stuhl. Dabei ist Hinrichtung wohl die grausamste aller möglichen Körperstrafen – und entwürdigend allzumal. Solange dies so bleibt, wirkt es scheinheilig, sich über den Islam zu beklagen, zumal die islami-

sche Praxis im Strafrechtsbereich sich von der Rechts-
theorie enorm unterscheidet. Nicht alles, was das islamische Strafrecht in der Theorie zuläßt, spielt in der Praxis
eine Rolle. Dies trifft auch auf die Todesstrafe zu, welche
nach koranischem Recht bei Mord, Raub und Hochverrat
als Höchststrafe verhängt werden *kann*, aber nicht notwendig verhängt werden muß.[20]

Im übrigen läßt sich darauf hinweisen, daß der (nicht
bei allen Tätertypen zu verwirklichende) Abschreckungs-
zweck des Strafrechts auch im Westen bejaht wird. Das
Strafrecht im Westen wird allerdings vielerorts kaum
noch in abschreckender Weise gehandhabt. Selbst für
Tötungsdelikte büßt man nur wenige Jahre, und dies in
Gefängnissen, welche Pensionen ähneln. Selbst als Top-
Spion kann man bei guter Führung mit »Freigang« rechnen. Vorzeitige Entlassung entwickelt sich vom Gnaden-
akt zum Rechtsanspruch. »Gewalt gegen Sachen« wird
verniedlicht. Im Gegensatz dazu zeigt sich das Funktionieren der Abschreckung des islamischen Strafrechts
wohltuend in Form hoher öffentlicher Sicherheit, vor
allem für Frauen, und in Form hohen Respekts für das
Eigentum. Dies wirkt auch dort nach, wo das koranische
Strafrecht schon seit längerer Zeit nicht mehr angewen-
det wird.

Ich stehe nicht allein mit der dezidierten Meinung, daß
es keine islamische Rechtfertigung für das *Steinigen* gibt.
Eine Vorschrift, verheiratete Ehebrecher zu steinigen, findet sich nicht im Koran, sondern nur in der Bibel, nämlich im 5. Buch Moses (Deuteronomium 22: 20–22). Diese
biblische Norm ist für Muslime nicht mehr maßgeblich,
da sie durch die 24. Sure (an-Nur): 2 – einer *lex posterior
generalis* – aufgehoben worden ist.

Auch war es hadith-wissenschaftlich fragwürdig, eine
so weitreichende Strafe im Widerspruch zur 24. Sure (an-
Nur): 2 zuzulassen; denn die Sunna kann – wie Taha Jabir
al-'Alwani überzeugend ausgeführt hat – den Koran
nicht abändern; ihre (vom Koran legitimierte) Funktion
ist es, ihn zu erläutern und zu ergänzen, nicht ihn aufzu-
heben (zu derogieren).[21]

Dies muß um so mehr gelten, da die Steinigung von Ehebrechern im Islam letztlich auf wenige Überlieferungen gestützt werden müßte[22], von denen nicht einmal bekannt ist, ob der geschilderte, vom Propheten geduldete Vorfall sich vor oder nach der Offenbarung des den Ehebruch betreffenden Koran-Verses zugetragen hatte.[23] Wenn der Vorfall sich vor der Offenbarung zugetragen hätte, wäre die darauf gründende Sunna selbstverständlich vom Koran derogiert worden.

Daß der Koran die Steinigung nicht vorsieht, obwohl der 2. Kalif 'Umar von einem angeblichen »Steinigungsvers« gesprochen hat, ergibt sich im übrigen auch daraus, daß der Koran für unfreie Ehebrecher die Hälfte der Strafe von freigeborenen Ehebrechern angeordnet hat (4: 25).[24] Was, bitte, ist eine halbe Todesstrafe?

Ohnedies ist das Beweisrecht im islamischen Strafverfahrensrecht derart anspruchsvoll, daß wegen Ehebruchs kaum jemand verurteilt werden kann, der dies nicht durch freiwilliges Bekenntnis provoziert. (Präsident Clinton wäre es nach den Regeln des speziellen islamischen Beweisrechts für Ehebruch[25] besser ergangen als nach den amerikanischen.)

Das Verständnis der ebenfalls der Abschreckung dienenden koranischen Strafandrohung für *Diebstahl* in der 5. Sure (al-Ma'ida): 38 setzt voraus, daß man ihre sozialpolitische Funktion überblickt. Dafür muß man wissen, wie stark die soziale Absicherung der Frau, vor allem im Alter, im islamischen Rechtsbereich praktisch darauf beruht, daß ihr die bei Eheschluß in Form von Edelmetall und Edelsteinen überreichte Brautgabe nicht entwendet wird. Außer in bargeldlosen Gesellschaften ist Diebstahl daher ein Anschlag auf das soziale Sicherungssystem der Gesellschaft.

Dennoch hat die islamische Jurisprudenz auch diesen Straftatbestand so entschärft, daß man sich Jahrzehnte in der muslimischen Welt aufhalten kann, ohne jemand zu begegnen, dem eine Hand fehlt. Dies liegt weniger am Mangel an Dieben als an der liberalen Diebstahlsdefinition der islamischen Jurisprudenz. Danach liegt Diebstahl nur bei Wegnahme größerer, gesicherter Wertgegenstände vor, die nicht in öffentlichem Eigentum stehen. In Notzeiten wurde die Verfolgung von Diebstahl schon seit dem 2. Kalifen 'Umar suspendiert. Doch selbst in normalen Zeiten läßt man dieses Delikt in nur wenigen Wochen ›verjähren‹, so daß es auch hierbei nur äußerst selten zu einer Verurteilung – und noch seltener zu einer Vollstreckung des Urteils – kommt.

Wenn Kritiker des Islam positive Vorschriften im Koran finden – etwa das Toleranzgebot in der 2. Sure (al-Baqara): 256 und der 5. Sure (al-Ma'ida): 48 –, wischen sie solche beeindruckenden Normen gerne mit der Begründung vom Tisch, daß die Wirklichkeit ganz anders aussähe. Finden sie jedoch im Koran eine Vorschrift, die ihnen zuwider ist – wie die Strafe für Diebstahl –, fixieren sie sich auf die Norm, ohne die Wirklichkeit zu berücksichtigen. Der islamischen Welt die normative Behandlung des Diebstahls im Koran ohne Berücksichtigung seiner humanen Praxis entgegenzuhalten verrät Doppelmoral.

Dieser Überblick (und erst recht die Darlegungen im Kapitel »Gleichberechtigt oder gleich?« zur Rolle der Frau) führen zu der Schlußfolgerung, daß die Menschenrechte im Islam nicht voll mit den Menschenrechtspakten der Vereinten Nationen übereinstimmen. Deshalb wurden sie denn auch von vielen muslimischen Ländern nur unter dem Vorbehalt ratifiziert, daß die Scharia davon unberührt bleibt. Wie wir gesehen haben, ist der Konfliktsbereich andererseits so klein, daß der Islam als ein komplementäres Menschenrechtssystem verstanden werden kann, wenn man nicht schlechten Willens ist.

Was den Konfliktbereich anbetrifft, habe ich gezeigt, wie er auf einzelnen Gebieten im Wege einer islamkonformen Neuinterpretation der Quellen (*ijtihad*) und der strikten Einhaltung des islamischen Strafverfahrensrechts wenn nicht bereinigt, so doch entschärft werden kann. Doch dieses Verfahren hat enge Grenzen, weil die Scharia als göttliches Recht letztlich nicht zur Disposition steht, auch dann nicht, wenn Änderungen scheinbar im öffentlichen Interesse (*maslaha*), nämlich der besseren Akzeptanz im Westen, stünden.

Was nützte der Islam dem Westen (und den Muslimen), wenn er sich nicht mehr von ihm unterschiede?

ANMERKUNGEN

1 Sinnar, »Reflections on the 50th Anniversary of the Universal Declaration of Human Rights«, in: *Commentary*, Nr. 19, Petaling Jaya, Selangor, Malaysia, Dezember 1998, S. 1–5.
2 Hicks, S. 1.
3 Der Internationale Pakt über bürgerliche und politische Rechte vom 19.12.1966 findet sich im Bundesgesetzblatt (BGBl.) 1973 II 1534, der Internationale Pakt über wirtschaftliche, soziale und kulturelle Rechte vom gleichen Tage in BGBl. 1973 II 1570. Fundstelle für die Europäische Menschenrechtskonvention ist BGBl. 1952 II 685.
4 Masrui, »Islam and the End of History«, in: *The American Journal of Islamic and Social Sciences*, Jg. 10, Nr. 4, Herndon, VA, 1993, S. 534; ders., »Islamic and Western Values«, in: *Iqra*, San José, CA, Januar 1998, S. 13–18.
5 Manzoor, *The Muslim World Book Review*, Jg. 15, Nr. 1, Markfield, LE (UK), 1994, S. 9.
6 »Islam oder Menschenrechte«, in: *Explizit*, Wien, Dezember 1998, S. 12–15.
7 *Frankfurter Allgemeine Zeitung* vom 28.12.1995.
8 Manzoor, S. 8 f.
9 *Berliner Zeitung*, Magazin, vom 28./29.6.1997.
10 Außer vielleicht dem Grundsatz der Vertragstreue, *pacta sunt servanda*; vgl. Friedrich Berber, *Lehrbuch des Völkerrechts*, Bd. 1, C.H. Beck: München 1960, S. 165.
11 Abgedruckt in der Zeitschrift der Weißen Väter, *CIBEDO*, Frankfurt 1991, S. 178 ff.
12 Vgl. Zeitschrift *Ma'ab*, Jg. 6, Nr. 18, 'Amman 1995, S. 6.
13 Osman (*The Children*, 1996), S. 30; Lang (1995), S. 195–199; al-Turabi (1992), S. 41.
14 al-Bukhari, Nr. 6764.
15 Siehe 2: 177; 4: 36; 5: 89; 9: 60; 58: 3.
16 So auch Osman (*The Children*, 1996), S. 20, 43; ders. (*Human Rights*, 1996), S. 19 ff.
17 Vgl. »Bürgerrechte auch für Kopten«, *Frankfurter Allgemeine Zeitung* vom 19.4.1997.
18 24: 2 sieht 100 Peitschenhiebe vor.
19 5: 38.
20 Sahrour, S. 7.

21 al-'Alwani, Vorwort zu Ahmad 'Ali al-Imam, *Variant Readings of the Qur'an*, S. XIV.
22 Abdu Dawud, *Sunan*, Hadith Nr. 4405; al-Bukhari, Nr. 8.805 und 8.810; Muslim Nr. 4191–4225; an-Nawawi, Nr. 220.
23 al-Bukhari, Bd. 8, Nr. 804 und 830, und Bd. 9, Nr. 281.
24 4: 25; Osman (1997), S. 914, lehnt die Steinigung für Ehebruch aus diesen und anderen Gründen ab.
25 24: 6 ff.

Demokratiyya –
Schurakratiyya

>»Wer sagt, daß Demokratie Unglaube sei,
verstecht weder etwas vom Islam,
noch von der Demokratie.«

*(Scheich Yusuf al-Qaradawi am 5. Februar 1990
in der Londoner Zeitung ash-Scharq al-Awsat)*

>»Wir betrachten Demokratie nicht als Alternative
zum Islam oder besser als er. Wir betrachten Demokratie
als ein islamisches Prinzip, das vom Propheten Muhammad
und seinen Gefährten gelehrt und verwirklicht worden ist.«

*(Radwan Masoudi in der ersten Nummer der Washingtoner
Zeitschrift »Muslim Demokrat« vom Mai 1999)*

I.

Was bei den Menschenrechten galt, gilt auch für die
Demokratiedebatte mit Muslimen und innerhalb der
muslimischen Welt: Das Ergebnis dieser hitzigen Debatte
wird im positiven wie im negativen Sinne für die
Zukunft des Islam allgemein und seiner Chancen im
Westen ausschlaggebend sein. Ohne ihre bisher verschüt-
tete demokratische Zielgerichtetheit (Entelechie) zu bejahen und auszuschöpfen, wird die islamische Welt weder
für den Okzident Modellcharakter gewinnen – auf wel-
chem Teilgebiet auch immer – noch ihr wirkliches wirt-
schaftliches Potential voll entfalten können, also auch
politisch ihr Machtdefizit zementieren. Ich sage dies,
ohne mir Muhammad Said Ashmawis sardonische Feststellung zu eigen zu machen, wonach »Gott wollte, daß
der Islam eine Religion werde; die Menschen haben daraus aber eine Politik gemacht.«[1] Religion und Politik sind
für Muslime kein Widerspruch. Es geht nicht um Sakrali-
sierung, sondern um Islamisierung der Politik.

II.

Für die Bewältigung des Themas Demokratie ist es günstig, daß der Islam – außer in mystischer Sichtweise[2] – keine weltflüchtige, sondern Jenseits und Diesseits gleichermaßen zugewandte und damit eminent *politische* Religion ist. Gott ist für den Muslim zugleich transzendent und immanent. Daher betet er täglich nach seinen Pflichtgebeten: »Herr, gib uns Gutes in dieser Welt und Gutes in der anderen Welt« (2: 201). Der Koran ermahnt ihn sogar: »Vergiß deinen Anteil an der Welt nicht!« (28: 77). Darüber hinaus ist jeder Muslim gehalten, zumindest in seinem Zuständigkeitsbereich nach dem Rechten zu sehen.[3] Wenn er ein Übel sieht, soll er es nach einem berühmten Hadith »mit seiner Hand« ändern, wenn das nicht möglich ist, »mit seiner Zunge«, und wenn auch das unmöglich ist, wenigstens »mit seinem Herzen«.[4] Es kann daher keinen Zweifel daran geben, daß der Islam auch in Staat und Wirtschaft eingebracht, umgesetzt, verwirklicht werden will. Kein echter Muslim kann sich mit dem bloßen Bekennen seines Glaubens zufriedengeben.[5]

Wie früher fast die gesamte Orientalistik meinen manche Muslime und viele westlich geprägte Menschen noch immer, daß es insoweit einen klaren Gegensatz zum Okzident gebe. Mit seiner Integration des Politischen – Religion als Glaube und Staat (*Din wa Daula*) – sprengt der Islam in der Tat den eurozentrischen, säkularisierten Religionsbegriff, den der Westen für jedermann maßgeblich hält. Doch dieser Begriff ist reduktionistisch, worauf Prinz Charles als britischer Thronfolger in seiner Rede vom 27.10.1993 im Oxford Center for Islamic Studies hinwies: »Wir geraten in eine schrecklich arrogante Falle, wenn wir ›Modernität‹ in anderen Ländern damit verwechseln, daß sie wie wir werden [...] Herzstück des Islam ist seine integrale Weltsicht [...] Der Westen hat diese integrale Vision nach und nach eingebüßt.«

Es trifft schon zu, daß zumindest das früheste Christentum zum Politischen anders als der Islam eingestellt war. Jesus entstammte keiner führenden Familie und wuchs nicht in der Hauptstadt des jüdischen Königreichs auf. Muhammad hingegen wurde in Mekka, dem wirtschaftlich-religiösen Zentrum Arabiens, in eine Honoratiorenfamilie mit erblichen stadtpolitischen Funktionen geboren. Dieser Unterschied verschärfte sich noch, weil Jesus das Jüngste Gericht als unmittelbar bevorstehend erwartete. Mit ihm sahen sich die ersten Christen zugleich als die letzten. In einer solchen, eschatologisch geschwängerten Situation wäre es sinnlos gewesen, sich mit der Gründung eines christlichen Staates zu befassen – abgesehen davon, daß Jesus sich nicht als Religionsstifter, sondern wie die Qumran-Gemeinde als Reformer seines Judentums sah.

Muhammad hingegen erwog beides: die Möglichkeit eines baldigen Weltuntergangs wie die Möglichkeit eines längeren Fortgangs der Geschichte. Ihm drängte sich eine Staatsgründung schon deshalb auf, weil die in Mekka bis aufs Blut verfolgten Ur-Muslime sich nicht endgültig in der (zeitweilig äthiopischen) Emigration zerstreuten, sondern – von Sympathisanten in ihre Heimatstadt Yathrib (dem heutigen Medina) eingeladen – 622 ein eigenes Staatswesen gründen konnten, ja mußten, um zu überleben.[6]

Vor diesem unterschiedlichen Hintergrund ist es verständlich, daß das Neue Testament wenige Vorschriften rechtlicher Natur – etwa zur Ehescheidung – kennt, während Koran und Sunna Hunderte von Vorschriften für Alltägliches enthalten, darunter auch für Staat und Wirtschaft. Die islamische Umma trat als eine ›Nation‹ in die Weltgeschichte ein, deren Staatsangehörigkeit erstmals (und bis heute einzigartig) nicht an Sprache, Hautfarbe oder Abstammung anknüpfte, sondern am gemeinsamen Glauben.[7]

Gleichwohl haben sich Christentum und Islam mindestens 1200 Jahre lang hinsichtlich ihrer öffentlichen Wirksamkeit nicht unterschieden. Mit Eroberung des römischen Kaisertums in der Person Kaiser Konstantins wurde auch das Christentum seit dem 4. Jahrhundert staatstragende Religion (wie neuerdings wieder im osteuropäisch-orthodoxen Bereich).

Was sich dabei herausbildete, ist bekannt. Wenige Begriffe wie Gottkönigtum, Zwei-Schwerter-Lehre, Investiturstreit, Canossa-Gang, Vatikan-Staat, Konkordat, Kreuzzüge, Inquisition, Hexenprozesse oder Reconquista der »Allerkatholischsten Könige« Ferdinand und Isabella sprechen Bände. Sowohl Renaissance wie Reformation und Aufklärung in Europa lassen sich nur als Reaktion auf die allgegenwärtige, erdrückende kirchliche Dominanz im politischen Bereich erklären.

Man mag Geschichte Geschichte sein lassen, aber doch nur, wenn Geschichte nur noch Geschichte ist. Eine Analyse des westlichen Säkularismus zeigt jedoch, daß Staat und Gesellschaft, also Politik im weitesten Sinne, trotz aller Dementis weiterhin christlich geprägt sind – ob nun von christlicher Religion im engeren Sinne oder christlicher Zivilisation. Jeffrey Lang hält daher die Bezeichnung des Westen als »säkular« für eine glatte Fehlbezeichnung.[8]

In der Bundesrepublik Deutschland beispielsweise sind Staat und Religion angeblich getrennt. Doch findet man hier staatlich geschützte kirchliche Feiertage, staatlich anerkannte Religionskörperschaften des öffentlichen Rechts, für die das Finanzamt Kirchensteuer einzieht. An staatlichen Schulen wird von staatlichen Lehrkräften Religionsunterricht erteilt. Bei Gericht und in der Bundeswehr werden Eide auf Gott geschworen, auf den die Präambel des Grundgesetzes Bezug nimmt. Die Bundeswehr beschäftigt Militärgeistliche; an den Schulwänden hängen Kruzifixe; im Strafgesetzbuch findet sich im Abschnitt über »Straftaten, welche sich auf Religion und Weltanschauung beziehen« mit § 166 StGB ein Blasphemie-Paragraph zum Schutz (nicht nur christlicher) religiöser Gefühle. Und an Weihnachten wenden sich Bundespräsident und Bundeskanzler an ihr Volk.

Die Deutschen empfinden dies zu Recht nicht als mittelalterlichen Obskurantismus. Warum aber dann den

Islam als Verfechter der Gottesstaatsidee verteufeln? Er will ja nichts anderes als einen Staat *diesen* Zuschnitts, in dem Religion und Politik, Religion und Wirtschaft, Religion und Gesellschaft harmonisch aufeinander bezogen sind, also kein arabisiertes Germanistan mit theokratischer Klerikerherrschaft von »Mullahs am Rhein« (oder an der Spree).

Es gibt radikale Liberale, Linkssozialisten sowie militante Atheisten aus allen Lagern, denen die fortdauernde Verstrickung von Staat und Kirche ein Greuel ist. Ihnen geht die Marginalisierung Gottes und Entchristlichung in Europa noch nicht weit genug. Vorbild sind ihnen Mexiko und Frankreich als bekennende ›laizistische‹ Staaten. Dabei täuschen sie sich allerdings auf zweierlei Weise.

Zum einen verkennen sie, daß das Religiöse in unterschiedlichem Gewand auftreten kann, etwa in Form eines pseudoreligiösen Kemalismus oder eines militanten französischen Laizismus. Das unter liberalem Vorzeichen in den USA wie bei uns auftretende Phänomen von *political correctness* ist dafür Symptom. Für die Tabuisierung bestimmter Themen in Politik und Medienwelt sowie für aggressive Intoleranz gegenüber religiösen Erscheinungen – wie dem Kopftuch einer Muslima – gibt es keine bessere Erklärung, als daß man es (wie einst im Kommunismus) mit pseudo-säkularen Ersatzreligionen zu tun hat.

Ebenso wie Mitglieder von »Opus Dei« oder evangelikaler Gruppen gibt der Muslim jedenfalls seine Religion nicht an der Garderobe ab, wenn er in die Arbeitswelt eintritt. Er ist wie ein *political animal* seinem Wesen gemäß politisch aktiv. Das mag im Widerspruch zum modernen westlichen Ideal subjektivierter und individualisierter Beziehungen zum Göttlichen stehen: jeder mit seinem eigenen, eklektischen Privatglauben, ›on-line und allein‹. Doch sollten die Befürworter einer Privatisierung der Religion bedenken, daß erfahrungsgemäß kein Staatswesen auf längere Sicht ohne transzendentale Verankerung überleben kann.

Obwohl Rationalisten, hatten Novalis wie Kant begriffen, daß weltliche Kräfte sich nicht selbst ins Gleich-

gewicht bringen lassen, sondern zu einem Interessen-
dschungel führen, wenn die Gesellschaft nicht von einer
Religion zusammengehalten wird. Weshalb würde sich
die Europäische Kommission sonst wohl mit ihrem Programm »Giving a Soul to Europe« darum bemühen, dem
Alten Kontinent wieder etwas Spiritualität einzuhau-
chen?

Daniel Bell hatte mit »The Cultural Contradictions of
Capitalism« schon vor einem Vierteljahrhundert erkannt,
daß der nach Max Weber (»Die protestantische Ethik und
der Geist des Kapitalismus«) ursprünglich auf calvinisti-
schen Werten gewachsene Kapitalismus zur Selbstzerstörung führt, wenn er zum ökonomischen und wissenschaftlichen Fortschrittswahn wird; denn dann schlagen
ursprüngliche Tugenden wie Fleiß, Treue, Sparsamkeit,
Disziplin und Leistungsbereitschaft in ihr Gegenteil um
und vergiften das System: als Konsumerismus, sexuelle
Libertinage, Gleichmacherei, »kein Bock«-Syndrom und
ähnliches. Die postindustrielle Welt produziert eben fast
alles, nur keine Antworten auf die Frage nach dem Sinn
von Leben und Sein: Woher? Wohin? Warum?
Vor diesem Hintergrund sagte Prinz Charles am 10.7.1996
auf dem Investcorp Dinner in London: »Die Wissenschaft
hat versucht, über unser Weltverständnis ein Monopol –
oder vielmehr eine Diktatur – zu errichten, indem sie
Religion und Wissenschaft trennte […]. Ich glaube, daß
das Überleben zivilisierter Werte […] vom Überleben
eines tiefen Empfindens für das Sakrale in unseren Herzen abhängt.« Der Prinz von Wales fuhr fort: »Ich bin fest
davon überzeugt, daß eine Welt, in der Wissenschaft und
Religion integrale Bestandteile unseres Weltverständnis-
ses sind, in besserem Gleichgewicht, zivilisierter und
weiser ist […]. Die islamische Welt hat diese integrierte
spirituelle Weltsicht in einem Maße bewahrt, wie uns das
im Westen nicht möglich war.«

Am Verständnis für das Politische und am Willen,
Staat und Wirtschaft zu gestalten, fehlt es dem Islam also
nicht. Im Gegenteil: Die Muslime halten sich geschichtlich dazu verpflichtet, ein Staatswesen zu gründen (mög-

lichst nur ein einziges)[9], das alle Gläubigen umfaßt und das Gleichheit, Gerechtigkeit, Wohlergehen, Freiheit und Würde für alle strukturell gewährleistet: das Gegenteil eines Nationalstaates in einer Welt von Nationalstaaten. Einem solchen idealen Gemeinwesen – Gemeinschaft von Brüdern und Schwestern (49: 10) – bescheinigt der Koran im voraus: »Ihr seid die beste Gemeinschaft, die für die Menschen entstanden ist« (3: 110).

Deshalb traf die Abschaffung des Kalifats im Jahre 1924 die gesamte islamische Welt so tief, auch wenn dieses Amt die politische Einheit des Islams lange nur noch symbolisiert hatte. Noch heute ist die Sehnsucht nach dem Kalifat eine Tatsache. Es dauerte daher einige Zeit, bevor sich die Mehrheit der muslimischen Rechtsgelehrten mit der ebenfalls unbestreitbaren Tatsache abgefunden hatte, daß sich im 20. Jahrhundert eine Welt muslimischer Nationalstaaten (in den vom Kolonialismus diktierten Grenzen) herausgebildet hat. Es ging ihnen bis in die jüngste Zeit gegen den Strich, daß der Islam den Nationalstaat, ein europäisches Produkt des 16. Jahrhunderts, samt dessen säkularer Strukturen importieren sollte.

Doch dann rettete man das muslimische Einheitsideal durch die schon von Ibn Taymiyya 500 Jahre früher gefundene Einsicht, daß es für die Zukunft des Islam weniger auf die Einheit von Staat und Kalifat ankommt als auf die Einheit von Gemeinschaft (Umma) und Recht (Scharia). Sayyid Qutb goß dies 1964 als führender Theoretiker der ägyptischen Muslimbrüder in die Formulierung, der Nationalismus der Umma sei ihr Glaube, ihr Heimatland die islamische Welt (*dar al-Islam*), ihr Herrscher Allah und ihre Verfassung der Koran. Damit trat »der Mythos Scharia« an die Stelle des Kalifen als Symbol islamischer Identität und Einheit.[10]

Das islamische Recht verlangt für seinen Idealstaat keine bestimmte *Staatsform*. Jede muslimische Generation ist dazu aufgerufen, diejenige staatliche Organisation für sich zu finden, die ihrem Entwicklungsstand und ihrer Tradition am besten entspricht. Das kann eine Monarchie sein, zumal der Koran von Königtum berichtet, von König Saul und in der 27. Sure (an-Naml): 28–44 ausführlich von einer vernünftigen und gerechten Königin von Saba (offenbar Belqis). Das kann aber auch wie der erste islamische Staat in Medina eine Republik sein. Keinesfalls verlangt das islamische Staatsrecht im sunnitischen (Mehrheits-) Islam eine Theokratie im engeren Sinne, also eine – wie im Iran – dem Klerus vorbehaltene Herrschaft.

Ausschlaggebend für die Vereinbarkeit eines konkreten Staatswesens mit dem Islam ist letztlich nur, daß in ihm mit breitem Konsens, unter Zustimmung der meisten, regiert wird, so daß ein die beiderseitigen Rechte und Pflichten regelndes Rousseausches Vertragsverhältnis zwischen Regierung und Volk unterstellt werden kann. Im Islam nennt man dieses *contrat social baya'*. In Marokko wird es unter Mitwirkung von Abordnungen aus dem ganzen Lande in einer Zeremonie vor dem Königsschloß zu Rabat Jahr für Jahr symbolisch erneuert. In Jordanien stabilisiert man die Monarchie, indem die Tageszeitung al-Hayat wie 1999 zur Krönung des gegenwärtigen Königs die Genealogie des Monarchen abdruckt, die 43 Generationen bis auf Muhammad und weitere elf Generationen über ihn hinausführt.

III.

Damit sind wir bei der Frage angelangt, auf die sich jede Diskussion des »politischen Islam« zuspitzt: Wie hält es der Islam mit der *Demokratie*?[11] Hierzu sind nach wie vor dissonante Töne zu hören. Allerdings werden diejenigen Stimmen schwächer, welche Demokratie geradezu mit einer anderen Religion, mit Unglaube (*nizam al-kufr*) und – als Anbetung des angeblich souveränen Menschen – mit Vielgötterei (*shirk*) gleichsetzen.[12] Trotzdem wird Sayyid Qutbs kompromißlose Verwerfung der Demokratie, »Milestones«, immer wieder neuaufgelegt: ein Buch, das sich in seiner Wucht und Radikalität nur mit dem Kommunistischen Manifest (1848) vergleichen läßt (und um dessentwillen er von Gamal Abd al-Nassr 1966 hingerichtet wurde). Kein Wunder, daß weiterhin seine Furcht anzutreffen ist, daß eine Parlamentsmehrheit selbst in einer islamischen Demokratie bestimmte nach der Scharia verbotene Dinge (wie Zinsnehmen) legalisieren könnte.

Wie im Falle der Menschenrechte spielen auch beim Thema ›Demokratie‹ emotionsgeladene Assoziationen Muslimen leicht einen Streich. Dies liegt zunächst daran, daß ihnen Demokratie (in fragwürdiger Form) zuerst über die sie kolonisierenden und ›zivilisierenden‹ Kolonialmächte bekannt wurde. Davon wird ›Demokratie‹ noch für Generationen von Muslimen einen schlechten Beigeschmack behalten.

Ebenso negativ besetzt ist die für Muslime anstößige Semantik. Sie übersetzen den Begriff ›Demokratie‹ etymologisch richtig mit ›Volksherrschaft‹ – Souveränität des Volkes – und machen Demokratie damit zum Anathema, denn der Souverän auch auf Erden ist nur Gott. Die Erörterung dessen, was Souveränität (*hakimiyya*) praktisch bedeutet, nimmt daher eine Schüsselrolle ein. Wie nicht anders zu erwarten, ist für Sayyid Qutb jede Form der Gesetzgebung ein göttliches Attribut, jede legislative Tätigkeit eines Parlaments daher blasphemische Anmaßung und Rebellion gegen Gott.[13] Kurzum, ein Parlament hat für ihn keine mögliche islamische Funktion.

Seine Gegenspieler, vor allem Muhammad Asad, M.S. Ashmawi, Fathi Osman, Rashid Ghannouchi, Hasan al-Turabi und Jeffrey Lang, legen dar, daß Herrschaft Gottes (*hukm Allah*) offensichtlich nicht bedeuten kann, daß Gott den Menschen das Regieren auf Erden abnimmt; vielmehr bedeute Souveränität Gottes die Souveränität Seines Wortes (Koran) und Seines Gesetzes (Scharia). Damit stelle sich auch für Muslime die Frage, wie beides – Wort und Gesetz – am besten von *Menschen* umgesetzt werden kann.[14]

Nach Hasan al-Turabi, der »grauen Eminenz des Sudan«, ist das islamische Ideal ein demokratischer Islam, denn »der Islam lehnt absolute Regierungen, absolute

115

Autoritäten, erbliche Autoritäten und Autorität eines einzelnen ab.[15] Wer Demokratie ohne weiteres als un-islamisch verwirft, zeigt auch nach Osman damit nur, daß er entweder von Islam oder von Demokratie – oder von beidem – nichts versteht. Islam und Demokratie gegeneinander auszuspielen sei daher unfair – für beide.[16]

Nicht nur unfair, sondern falsch ist im übrigen die Unterstellung, daß Demokratie notwendig mit einem (für den Islam unakzeptablen) Säkularismus einhergehe. Demokratie und Säkularismus sind nicht synonym. Im Gegenteil: Es kann durchaus islamische »Theo-Demokratien« (Mawdudi) geben.[17]

Volksherrschaft wäre für Muslime verständlicherweise unannehmbar, wenn damit gemeint wäre, daß Menschen, nur weil sie die Mehrheit im Parlament besitzen, nach Lust und Laune regeln können, was sie wollen und wie sie es wollen. Doch das ist nicht einmal die westliche Vorstellung. Volksherrschaft wird auch im Westen nicht als Volks-Willkürherrschaft verstanden. Daher schützen westliche Verfassungen nicht nur die Bürger vor ihrem Staat, sondern auch den Staat vor seinen Bürgern sowie die Minderheit vor der Mehrheit.

Im Islam wäre es nicht anders, denn jeder Regierung sitzt sozusagen die Scharia im Nacken.[18] Gleichermaßen gehen westliche Demokratien davon aus, daß es einige übergesetzliche Verfassungsnormen gibt, die als unmittelbar maßgeblich und als unabänderlich zu behandeln sind. Daher könnte es im Verständnis bundesdeutscher Verfassungsrechtler sogar verfassungswidriges Verfassungsrecht geben.

Statt unreflektiert über anstößiges Vokabular wie ›Volksherrschaft‹ zu stolpern, sollten die Muslime erkennen, daß es sich beim Grundanliegen der Demokratie, nämlich der Sicherstellung geordneter, systematischer Kontrolle der Regierungen zur Verhinderung von Willkür jeder Art, um ein im Kern islamisches Anliegen handelt. Dies würde in einer islamischen Demokratie in erster Linie dadurch gefördert, daß dem Koran der ihm aus islamischer Sicht zukommende Rang als oberster Verfassungsnorm eingeräumt würde. (Dies wäre der erste Grundstein einer islamischen Demokratie.)

An diesem islamischen Grundgesetz müßte sich alle Gesetzgebung legislativer Körperschaften vor muslimischen Richtern messen lassen. (Damit wäre bereits der zweite Grundstein für eine islamische Demokratie gelegt.)

Grundlage eines islamischen Parlamentarismus – des dritten Grundsteins – ist der zweifache koranische Hinweis auf die Notwendigkeit von »Beratung« (*asch-schura*) in der 3. Sure (AL 'Imran): 159 und der 42. Sure (*asch-Schura*): 38. Letztere wurde sogar nach diesem Begriff benannt, was letztlich zu dem Vorschlag des algerischen Parteiführers, Scheich Mahfoudh Nahnah, führte, die islamische Form von Demokratie *Schurakratiyya* zu nennen.

Nach 3: 159 war der Prophet selbst gehalten, die Gläubigen »in der Sache zu Rate zu ziehen«. Mit 42: 38 wurde die Pflicht zur Beratung auf alle Gläubigen ausgedehnt und gleichrangig neben Gebet und Armenfürsorge aufgeführt; belohnt werden danach auch die, »… deren Angelegenheiten [eine Sache] gegenseitiger Beratung ist …«. Dies ist eine unscheinbare Formulierung von potentiell größter Bedeutung, auch wenn die Beratungspflicht in einer – wie im Westen auch – überwiegend despotisch verlaufenen muslimischen Geschichte schon seit der Umayaden-Dynastie in Damaskus (bis 750) außer Übung geriet.

Heute leugnet kein Muslim mehr die Beratungspflicht und auch nicht, daß Beratung in modernen Massengesellschaften nicht unmittelbar (mit allen Beteiligten), sondern – wie schon von Moses praktiziert[19] – nur mit Hilfe eines *repräsentativen* Gremiums (*maschlis asch-schura*) möglich ist (demokratischer Grundstein Nummer vier).

Islamisch umstritten kann daher nur sein, wie die Volksvertreter auszuwählen sind. Wenn sie, wie in den muslimischen Kernstaaten üblich, vom Herrscher in eine beratende Versammlung berufen werden, kontrolliert sich der zu Kontrollierende letztlich selbst. Deshalb wird die freie, allgemeine *Wahl* von Volksvertretern von immer mehr Muslimen befürwortet[20] (demokratischer Grundstein Nummer fünf).

Eine demokratische Praxis kann allerdings auch dadurch behindert werden, daß es für Muslime »Sunna« ist, sich um kein politisches Amt zu bewerben. Dies war so verpönt, daß der Prophet Muhammad niemand jemals zum Gouverneur oder Befehlshaber ernannte, der sich dafür selbst vorgeschlagen hatte.[21] Auf einen Wahlkampf übertragen bedeutet dies meines Erachtens nicht, daß ein als Kandidat von der Umma aufgestellter Bewerber für seine Sache (und damit unvermeidlich auch für sich) werben darf; allerdings darf er sich nicht selbst für eine Kandidatur in Vorschlag bringen.

Umstritten bleibt auch, ob der Beratung des Regierungschefs mit der repräsentativen Versammlung *bindende* Wirkung zuzuerkennen ist oder nicht.[22] Dafür spricht in erster Linie, daß der Koran nicht nur den Chef der Exekutive (*amir*; *sultan*) als Stellvertreter Gottes auf Erden (*khalifa*) betrachtet, sondern *jeden* einzelnen Menschen.[23] Jeder ist Kalif! (In diesem Sinne gibt es denn auch im Islam so etwas wie ›Volkssouveränität‹.)

Dafür spricht ferner, daß sich Muhammad dem Beratungsverfahren in nichtreligiösen Angelegenheiten wiederholt selbst unterworfen hat. Vor dem Gefecht von Badr (624) folgte er dem Rat von al-Khabbab ibn al-Mundhir, die Muslime vor (und nicht hinter) den Wasservorkommen zu postieren. Vor der danach benannten »Graben-Schlacht« (627) hörte Muhammad auf den damals unerhörten Vorschlag Salman al-Farsis, um Medina einen Verteidigungsgraben zu ziehen. Einmal, vor der Schlacht am Berge Uhud am Stadtrand Medinas (625), hielt sich der Prophet gegen sein besseres Urteil an das Beratungsergebnis. Die ehrgeizigen Muslime verloren, weil sie sich entgegen dem Rat Muhammads mehrheitlich auf offene Feldschlacht mit den überlegenen mekkanischen Belagerern eingelassen hatten, ohne die dafür erforderliche Disziplin zu besitzen[24] (demokratischer Grundstein Nummer sechs).

Obwohl der Koran selbst davon ausgeht, daß Muslime unterschiedlicher Meinung sein können (4: 59), findet sich unter ihnen ein bemerkenswertes Harmoniebedürfnis, als gelte es um jeden Preis, internen Streit zu vermeiden. Dieses Bedürfnis nach Einheit und Einigkeit ist so stark, daß es autoritäre Züge annehmen kann.[25] Es äußert sich auch in der Furcht, daß es in einem Parlament unter muslimischen Parteien (wie in Malaysia) zu häßlichem Gezänk kommen könnte. Bei dieser Einstellung spielt natürlich eine Rolle, daß es Muslime gibt, für die der Koran so eindeutige Antworten auf jede erdenkliche Frage gibt, daß Meinungsverschiedenheiten ein Zeichen schlechten Willens (oder von Schlimmerem) sind. Steht dort nicht: »Nichts haben Wir in dem Buch übergangen« (6: 38) und »Heute habe Ich eueren Glauben für euch vollendet« (5: 3)?

Solche Interpreten übersehen, daß der Islam nur auf religiösem Gebiet, nämlich Glauben (*aqida*), Gottesdienst (*'ibada*) und Sittlichkeit (*akhlaq*) im Koran seine Vollendung gefunden hat. Daher sind bei Anwendung breiter koranischer Prinzipien (*maqasid*) auf die übrigen Lebensbereiche, darunter Politik, Meinungsunterschiede zulässig, ja unvermeidlich. Nur zu Haarspaltereien dürfen sie nicht ausarten.[26] Hatte Muhammad nicht gesagt: »Die Meinungsunterschiede unter den Kenntnisreichen meiner Gemeinde sind eine Gnade Gottes«?[27]

Bekanntlich haben die Gefährten des Propheten über Fragen politischer und militärischer Natur miteinander heftig gestritten und – bei der Nachfolgefrage – sich sogar bekriegt. Der 3. und der 4. Kalif, 'Uthman und 'Ali, kamen darüber sogar zu Tode.

So berechtigt die Sorgen um Erhaltung des politischen Friedens sein mögen: sie tragen nichts zur Lösung der Frage bei, wie denn nun verfahren werden soll, wenn sich der unter Brüdern postulierte Konsens (*ijma*) nicht einstellt. Vor Mehrheitsentscheidungen in diesem Falle fürchten sich die betreffenden Muslime vor allem deshalb, weil sie den Entscheidungsspielraum eines muslimischen Parlaments in beiden Richtungen fehleinschätzen: Sie *über*schätzen ihn auf Grundlage der 6. Sure (al-'Anam): 116, wo es heißt: »Wenn du der Mehrheit derer auf Erden folgen würdest, würden sie dich von Gottes Weg abirren lassen.« Denn in einer islamischen Demokratie dürfte keine Volksvertretung bindend über von Koran und Sunna bereits abschließend geregelte theologische und sonstige religiöse Angelegenheiten neu oder anders befinden, mit oder ohne Mehrheit. (So kommt es infolge strengster Auslegung dazu, daß Koran und Sunna – und keine Gesetzeskodifikation – in Saudi-Arabien unmittelbar geltendes Recht sind.)

Sie *unter*schätzen den parlamentarischen Spielraum, weil sie verkennen, daß ein islamisches Parlament nicht nur dazu da ist, Recht in den vorgegebenen Quellen – Koran und Sunna – aufzufinden (und evtl. zu kodifizieren). Es wird seit langem eingeräumt, daß es darüber hinaus Raum gibt, in neuen Bereichen neues Recht zu setzen, sofern dies nur den moralischen Prinzipien des Koran ent- und der Scharia nicht widerspricht[28] (demokratischer Grundstein Nummer sieben). Schließlich besteht ein Bedarf nicht nur für technische Regelungen – für Straßenbau, Zolltarife, Hygiene, Arbeitsschutz und ähnliches, sondern sogar für strafrechtliche Vorschriften in Ergänzung der Scharia (*ta'zir*). Dies war bereits im abbasidischen Kalifat anerkannt und führte schon damals zu einer Art islamischen Säkularismus, nämlich in Form paralleler Rechtssysteme: einerseits die von den Rechtsgelehrten erfaßte göttliche Scharia, andererseits das von ihr (gelinde gesagt) emanzipierte Straf- und Verwaltungsrecht, das nach »Diskretion« der jeweiligen Herrscher entwickelt wurde und beispielsweise nichtkoranische Strafarten (Geldstrafe, Gefängnis) einführte.[29]

Das Nebeneinander von Exekutive und Legislative, ergänzt von der ebenfalls islamisch verankerten Judikatur, bedeutet *Gewaltenteilung* auch für eine islamische Demokratie (Grundstein Nummer acht). Diese käme am deutlichsten durch parlamentarische Wahl des *Staatsoberhaupts* zum Ausdruck. In Übereinstimmung mit der Rolle des Propheten im Koran hat nach islamischer

Tradition an der Spitze des Staates eine (männliche) Einzelperson zu stehen, kein Revolutionsrat, keine Räteregierung und auch kein Politbüro. Dieses Staatsoberhaupt sollte der frömmste unter den sachlich qualifiziertesten Staatsbürgern sein. Denn nur von einem Muslim, der an die göttliche Natur der koranischen Normen glaubt, kann man erwarten, daß er sie beachtet und verteidigt.

Hingegen muß der *Regierungschef* – im osmanischen Reich Großwesir genannt – weder männlich noch notwendig Muslim sein.

Trotz des positiven Beispiels der Königin von Saba im Koran glauben viele Muslime, daß ein Staat mit einer Frau an der Spitze nicht gedeihen könne, weil sich Muhammad in einer konkreten historischen Situation skeptisch über die Erfolgschancen einer (tatsächlich dann nur noch kurz regierenden) persischen Herrscherin – Tochter des Kaisers Chosroes II. – geäußert hatte. Doch die populäre Überlieferung, auf welche diese Ansicht zurückgeht, ist eher informativ als legislativ und überdies schwach, wenn nicht gefälscht, weil sie von Abu Bakra[30] erst Jahrzehnte später – dann aber in einer für ihn politisch nützlichen Situation (der sogenannten Kamelschlacht bei Basra von 656 unter nomineller Führung von Muhammads Witwe 'A'ischa) – hervorgekramt wurde.[31]

Tatsächlich hat die muslimische Welt mit Benazir Bhutto (1988) und Begum Khaleda Zia (1991) bisher mehr weibliche Regierungschefs hervorgebracht als Deutschland, Frankreich, England und die USA zusammen.

Aus der Geschichte der frühen Nachfolger des Propheten ergibt sich, daß das Staatsoberhaupt ohne festgelegtes Verfahren zu *wählen* ist (Grundstein Nummer neun). Tatsächlich wurde Abu Bakr, sein erster Nachfolger, nach streitiger Aussprache unter Muslimen aus Medina und Mekka gewählt. 'Umar, der zweite Nachfolger, wurde durch Akklamation bestellt. Der dritte Nachfolger, 'Uthman, ging aus einem sechsköpfigen Wahlmänner-Gremium hervor.

Daraus ergibt sich, daß der Islam auch Monarchie nur als Wahl-Monarchie auffaßt. Der neue König muß also zumindest durch Akklamation bestätigt werden, am besten im *baya'*-Verfahren, bei dem der Thronfolger mit Volksvertretern nicht nur symbolisch einen konkreten Vertrag über die beiderseitigen Rechte und Pflichten schließt.

IV.

Aus der bisherigen Darstellung ergibt sich meines Erachtens zwingend, daß der Islam nicht *eo ipso* für demokratiefeindlich gehalten werden kann, daß er vielmehr neun Grundsteine bzw. Grundbausteine für das Fundament einer islamischen Demokratie aufweist, die es lediglich zu aktualisieren gilt. Die gegenteilige These von einem einzigartigen, allgemeinen Webfehler der Muslime in Sachen Demokratie wirkt daher wie postmoderner Rassismus. Genausogut könnte man den Franzosen Demokratiefähigkeit absprechen, weil sie in nur 200 Jahren sich fünf Republiken, zwei Kaiserreiche, zwei Königreiche und eine Kommune geleistet haben. Besser wäre dann schon die mythosfreie Gegenthese zu begründen, daß der Islam als Religion in der politischen Geschichte der muslimischen Welt seit etwa 661 keine entscheidende Rolle mehr gespielt hat und auch heute in der politischen Landschaft von Maghreb bis Maschrek keine solche Rolle spielt.

Eine islamische Demokratie würde nicht in jeder Hinsicht derjenigen von Westminster gleichen; denn die arabo-islamische Welt kennt Formen von Pluralismus, Konföderation, Zivilgesellschaft und Machtverteilung, die *sui generis*, also ihr ganz eigen sind. Doch im Westen gleicht Westminster auch nur Westminster. Es geht jedenfalls nicht an, Demokratie so zu definieren, daß eine Bürgerschaft schon deshalb als demokratieunfähig gilt, weil sie an Gott glaubt und daraus ihre Konsequenzen zieht. In diesem Falle wären die meisten US-Amerikaner schlechte Demokraten; denn Entchristlichung ist kein amerikanisches, sondern ein europäisches Phänomen. Im übrigen mag man fragen, ob es von demokratischem Geist zeugt, wenn man christliche Parteien in Deutschland und Italien begrüßt, in der muslimischen Welt islamische Parteien – wie den tunesischen M.T.I. (Mouvement de Tendence Islamique) oder den algerischen F.I.S. (Front Islamique du Salut) – aber ohne weiteres für demokratisch bedenklich hält.

Es wäre ebenfalls ein Fehlschluß, zwar nicht aus dem Islam, aber aus seiner politischen Geschichte zu schließen, daß Muslime in demokratischer Hinsicht mit einem Geburtsfehler behaftet seien. Schließlich hatten alle Gegenden der Welt, ob christlich, konfuzianisch, buddhistisch, hinduistisch, jüdisch oder islamisch, ihre großen Probleme mit Demokratie und haben sie noch. Schwarzafrika, China, die meisten anderen Teile Asiens sowie Südamerika sind noch immer nicht im demokratischen Lager eingetroffen. Auch die europäische Demokratieentwicklung dauerte Jahrhunderte und erlebt Rückschläge. Der islamischen Welt unter diesen Umständen zu bescheinigen, daß sie – historisch gesehen – außer Tritt geraten sei (»Out of Step with History«), wie es Mark Heller behauptet, zeigt mehr Voreingenommenheit als Kenntnis der Zusammenhänge.

Hoffnung auf Akzeptanz demokratischer Kontrollmechanismen besteht vor allem auf seiten muslimischer Oppositionsgruppen, hauptsächlich solcher mit Sitz im westlichen Ausland. Von den Macht ausübenden Kräften in der muslimischen Welt Interesse an der demokratischen Entwicklung zu erwarten hieße hingegen, die menschliche Natur zu verkennen. Diese Regierungen können es allerdings schon nicht mehr umgehen, sich zumindest eine demokratische Fassade (*ad-dimuqratiyya shikliyya*) zu geben. Jedenfalls kommen die meist westlichen Autoren des von Ghassan Salamé betreuten, skeptisch klingenden Buches »Democracy without Democrats? The Renewal of Politics in the Muslim World« fast übereinstimmend zu der Feststellung, daß sich in Sachen Demokratie in der muslimischen Welt einiges bewegt.

Daß dies so ist, hat der Islam einer Reihe bedeutender Persönlichkeiten zu verdanken, welche Stück für Stück, jeder auf seine Weise, die Grundlagen für eine Demokratierezeption gelegt haben. Dabei handelt es sich vor allem um den Perser Jamal ad-Din al-Afghani (1838–1897), den Ägypter Muhammad Abdu (1849–1905), die Syrer Abdurrahman al-Kawakibi (1849–1903) und Rashid Rida (1865–1935), den Algerier Malik Bennabi (1905–1973), den Deutsch-Pakistani Muhammad Asad (1900–1992)[32], den in Kalifornien wirkenden Ägypter Fathi Osman, den sudanesischen Politiker Hasan al-Turabi, den seit 1989 im Londoner Exil lebenden Tunesier Rashid Ghannouchi[33] sowie den amerikanischen muslimischen Mathematikprofessor (und Arabisten) Jeffrey Lang in Kansas.

Diejenigen Kräfte, die sich – zumindest zeitweise – einer Anfreundung des Islam mit demokratischen Mechanismen entgegenstemmten, verlieren hingegen zunehmend an Einfluß auf die zeitgenössische innerislamische Demokratiedebatte: der Journalist Abul 'Ala Maududi (1903–1979), Gründer der indischen islamischen Kader-Partei Jama'at-e-Islami; Hassan al-Banna (1904–1949), Gründer der ägyptischen Muslim-Bruderschaft (*ikhwan al-muslimun*) sowie ihr »Chefideologe« Sayyid Qutb (1906–1966), der seit seiner Hinrichtung von bestimmten Regierungen als ideologische Kraft mehr noch als zuvor gefürchtet wird. Alle drei können als legitime Erben von Shah Wali Allah (1703–1762) und Muhammad 'Abd al-Wahhab (1703–1787), den beiden großen Erweckern und Reformern des Islam der frühen Neuzeit, gesehen werden.

In seinen furiosen »Milestones« (Wegzeichen) hatte Sayyid Qutb als Chefideologe der Muslim-Brüder noch geschrieben: »Wir sollten nicht nach Ähnlichkeiten zwischen dem Islam und anderen zeitgenössischen Systemen und Ideen Ausschau halten. Wir verwerfen diese Systeme im Osten wie im Westen. Wir verwerfen sie alle!«[34] Dies entsprach seiner Grundthese, daß alle existierenden Staaten, einschließlich der sogenannten muslimischen, sich noch – oder wieder – in der vorislamischen Welt des Unglaubens (*dschahiliyya*) befinden.[35] Daß dieses Gedankengut nicht an Aktualität verloren hat, ergab sich 1993 aus einer Debatte in der deutschen Zeitschrift Al-Islam über das Pro und Contra einer Wahlbeteiligung an den Bundestagswahlen.[36]

Ob man es glauben möchte oder nicht: Nur 30 Jahre nach »Milestones« legte sich die jetzige ägyptische Muslim-Bruderschaft schriftlich auf die Befürwortung des folgenden fest: geschriebene Verfassungen, allgemeine Wahl des Staatsoberhaupts für ein zeitlich befristetes Mandat, Mehrparteiensystem, politischer Pluralismus, Parlamentarismus, unabhängige Gerichte sowie aktives und passives Wahlrecht der Frau.[37] Daher mag sich Osmans Wunsch erfüllen, daß man die »Schura-Demokratie-Polemik« endlich als gelöst hinter sich lassen könne.[38] Statt sich darüber ungläubig die Augen zu reiben, sollte man sich besser eingestehen, daß die islamische Welt nicht unbeweglich ist und es – aus der Nähe betrachtet – niemals wirklich war.[39]

Vor diesem Hintergrund sollte man die im Westen meist kritische Einstellung gegenüber muslimischen Oppositionsgruppen überprüfen, welche mit demokratischen Parolen den Status quo in ihren Heimatländern verändern wollen, meist vom europäischen Exil aus. Diese ›islamistischen‹ Bewegungen haben vieles gemeinsam mit Bürgerrechts-, Frauen-, Umwelt- und ethnischen Bewegungen.[40]

Wie nachdenkliche Menschen im Westen auch, wissen sie, daß die moderne Gesellschaft heute nur drei Optionen hat: mit dem ›Projekt Moderne‹ im Sinne einer rationalistischen Aufklärung fortzufahren, als sei nichts geschehen; sich dem zur Sinnstiftung unfähigen Kulturrelativismus auszuliefern; oder die transzendentalen Bindungen ihrer Religionen wiederzubeleben. Viele der jungen muslimischen Akademiker halten das »Projekt Moderne« für ein bankrottes Paradigma und die Postmoderne für eine intellektuelle Sackgasse. Deshalb optieren sie für die Religion ihrer Väter. Was ist daran schlecht?

Ihre Politisierung des Islam als einer Ideologie der Befreiung und des Fortschritts ist ihre intellektuelle Antwort auf die vorausgegangene Dominanz des Westens. Der Islam dient ihnen zur Motivation, Legitimation und Rechtfertigung wie dies Religionen überall leisten. Der ›Ich-Gesellschaft‹ in ihren Heimatländern setzen sie mit ihrer Sozialarbeit eine ›Wir-Gesellschaft‹ der Solidarität entgegen, wie sie dem auf gemeinschaftliches religiöses Handeln aufgebauten Islam (Gebet, Fasten und Pilgerfahrt in Gemeinschaft; Armensteuer) ohnedies eigen ist. Soweit solche Bewegungen aus Not in illegale Situationen geraten, sollte man ihnen nicht von vornherein das nach christlicher wie islamischer Lehre (42: 40) gegebene Widerstandsrecht absprechen.[41]

Allerdings ist verständlich, wenn man im Westen argwöhnt, daß von gewaltbereiten oder Gewalt ausübenden muslimischen Oppositionsgruppen im Falle ihrer Machtübernahme ebenfalls keine Demokratie zu erwarten wäre. Würde die vorausgegangene Eskalation von Gewalt und Gegengewalt nicht dazu führen, daß sie nach gelungenem Umsturz selbst zu gewaltsamer Unterdrückung der Opposition neigen würden?

In der Tat zeichnen sich gewaltbereite Gruppen in der Regel auch dadurch aus, daß sie nach Vorbild der abbasidischen Rebellen des 8. Jahrhunderts ihre Widersacher sozusagen exkommunizieren, indem sie ihnen und ihren Staaten das Muslim-Sein absprechen, unkritisch eine goldene Periode aus der islamischen Frühgeschichte beschwören, sich selbst messianische Funktionen zuerkennen, die Auslegung von Koran und Sunna monopolisieren und mit wenig operativen Schlagworten wie »*la hukma illa'llah*« (alle Souveränität liegt bei Gott) arbeiten.

Daher wird bis zum Beweis des Gegenteils der Verdacht kaum auszuräumen sein, daß sich unter politisch besonders aktiven Muslimen, sogenannten Islamisten, auch Menschen finden, die sich des Islam für ihre persönlichen Zwecke bedienen. Warum sollte die muslimische Welt die Scheinheiligen (*munafiqun*), die in al-Medina (und im Koran) eine so große Rolle spiel(t)en, völlig hinter sich gelassen haben?

Es gibt jedoch auch muslimische Oppositionsgruppen, die prinzipiell auf gewaltsamen Widerstand verzichten, auch wenn dieser theoretisch gerechtfertigt und sogar opportun wäre. Dabei orientieren sie sich an dem Vorbild ihres Propheten, der ebenfalls der Unterdrückung der Muslime in Mekka keinerlei Gegengewalt entgegengesetzt, sondern die Auswanderung nach Medina vorgezogen hatte. (Diese Gruppierungen werden übrigens besonders stark verfolgt, weil man ihren attraktiven Pazifismus für besonders gefährlich hält.)

Westlich gebildete Akademiker – meist Naturwissenschaftler – geben in diesen ›islamischen Bewegungen‹ den Ton an. Sie operieren meist vom Westen aus, schätzen die dort praktizierte Rechtsstaatlichkeit und orientieren sich an westlichen wissenschaftlichen Methoden. Es gibt keinen Grund, auch diese muslimische Opposition mit dem Verdacht zu überziehen, in Wirklichkeit zu Demokratie und Rechtsstaatlichkeit nicht bereit zu sein. Derzeit gibt es jedenfalls in der muslimischen Welt weit und breit keine stärkere demokratische Potenz als diese jugendlichen islamischen Gruppierungen. Selbst Edward Luttwak räumt dies ein: »Islamisten sind die einzig funktionierende Opposition gegenüber antidemokratischen Regierungen.«[42] Ihr ›Fundamentalismus‹ ist keine ›Masche‹, sondern Präferenz einer ganzen Generation.

Hasan al-Turabi sagte 1992 in einer Diskussion in Washington, D.C.: »Wenn ihr den Islam fernhalten wollt, müßt ihr euch von Wahlurnen fernhalten!«[43] Es gibt tatsächlich keinen Zweifel daran, daß in allen muslimisch geprägten Ländern der Welt heute demokratische islamische Parteien die freien Wahlen gewinnen würden. So es sie denn gäbe.

1 Ashmawi, S. 11.
2 Nach Sayyid Qutb hat der Sufismus den Islam – eine an sich »virile und dynamische Religion« – wie ein Narkotikum des Willens zur Gestaltung der Welt beraubt und zeitweise die gesamte muslimische Gesellschaft narkotisiert (Qutb S. 87). Den Vorwurf, islamische Mystik korrumpiere den Islam, hatte im 14. Jahrhundert schon Ibn Taymiyya erhoben. Es trifft zu, daß die meisten Sufi-Bruderschaften sich entpolitisiert haben. So werden den marokkanischen Sufi-Bruderschaften von Wazzan bis heute unpatriotischer Pazifismus und Kollaboration mit den ehemaligen französischen Besatzungsbehörden vorgeworfen. Ihre Vorgänger – die Murabitun – waren noch streitbare Glaubenskämpfer gegen die portugiesischen und spanischen Eindringlinge gewesen. Zur Sufi-Kritik siehe auch Osman (1997), S. 440 ff.
3 Der Koran ordnet wiederholt an, das Recht zu gebieten und das Unrechte zu verbieten, so in 3: 110, 9: 71 und 31: 17.
4 An-Nawawi, *Vierzig Hadithe*, Nr. 34.
5 Qutb, S. 87.
6 Hamidullah (1975).
7 Qutb, S. 37 ff.
8 Lang (1995), S. 191.
9 Zur vorzüglich dargestellten Debatte siehe Tamimi (1997, 1998).
10 So Krämer, S. 50; für Qutb siehe S. 110.
11 Zur Geschichte des Souveränitätsstreits siehe Khir (1995).
12 Qutb, S. 61.
13 Ebenda.
14 Osman (1994), S. 70; Lang (1995), S. 191; Tamimi (1998), S. 35.
15 al-Turabi (1992), S. 19.
16 Osman (1996), S. 58.
17 al-Turabi (1992), S. 24.
18 al-Turabi (1992), S. 21.
19 7: 155.
20 Osman (1996), S. 43 f.
21 al-Bukhari, Bd. 8, Nr. 715, Bd. 9, Nr. 58 und 261.
22 Osman (1996), S. 83, bejaht die Bindungswirkung, so auch in »Sura in Islamic Life«, in: *Muslim Democrat*, Jg. 1, Nr. 2, Washington, September 1999, S. 6, und zwar gestützt auf Koran 2: 233; 3: 104, 110; 22: 41; 42: 38.
23 Daß jeder Mensch Vertreter Gottes ist, ergibt sich aus 2: 30; 6: 165; 24: 55; 27: 62; 35: 39.
24 Vgl. bei Haikal, S. 219, 221, 232, 242, 252, 254.
25 Osman (1996), S. 55.
26 So Osman (*Human Rights*, 1996), S. 11. Daß Meinungsverschiedenheiten von Übel sind, ergibt sich aus folgenden Überlieferungen: al-Bukhari Nr. 4.468, 5.434, 5.717, 6.510, 9.67, 9.39; in *Sahih Muslim* Nr. 6447. Dabei dürfte die Angst vor unzulässi-

gen Neuerungen eine Rolle gespielt haben (vgl. Muslim, Sahih, Nr. 6450). Vor ruinöser Haarspalterei wird in Muslim, Hadith Nr. 6450, vom Propheten gewarnt.

27 Haarspalterei wird im Hadith Nr. 6450 im *Sahih Muslim* mißbilligt.

28 Jedenfalls wollte Muhammad nicht, daß ihm die Muslime in allem und jedem folgten, insbesondere nicht seinen rein persönlichen Ansichten, vgl. Muslim, *Sahih*, Nr. 5830 und 5831.

29 Zum *ta'zir-* (Plural *ta'zair*)-Strafrecht und seiner potentiellen Aushebelung des koranischen *hadd-* (Plural *hudud*)-Strafrechts siehe Doi, S. 222–228, und al-Turabi (1992), S. 14, 38.

30 Nicht zu verwechseln mit dem 1. Kalifen Abu Bakr.

31 Das Hadith lautet *Lan yuflicha qaumun wa lau amrahum imra'a* (Niemals werden Leute erfolgreich sein, die eine Frau zu ihrem Herrscher machen): al-Bukhari, Bd. 9, 88. Buch, Nr. 219, S. 171; Rassoul, S. 743, Hadith 7.099. Zu seiner Bewertung und Auslegung siehe Osman (1996), S. 51; Lang (1995), S. 169 f., hält es für schwierig zu entscheiden, ob das Hadith nur einen politischen Kommentar oder ein Prinzip enthält. Engineer glaubt an Fälschung.

32 Niemand hat einen gründlicheren Anstoß zur Demokratierezeption gegeben als Muhammad Asad (alias Leopold Weiß) mit seinem erstmals 1961 in Kalifornien erschienenen, nur 107seitigen Buch *The Principles of State and Government in Islam*, in dem er zu dem gut belegten Ergebnis kam, daß ein islamischer Staat dem amerikanischen Präsidialsystem ähnlich konzipiert werden könnte.

33 Das wichtigste Buch Ghannouchis zu unserem Thema ist *Al-hurriya al-'amma fi-l-daula al-islamiyya* (Public Liberties in the Islamic State). Für eine glänzende Zusammenfassung seines Gedankenguts siehe Tamimi (1998).

34 Qutb, S. 117 f.

35 Qutb, S. 67.

36 Burhan Kesici, »Wählen oder nicht?«, in: *Al-Islam*, 1994 Nr. 2, S. 12, sprach sich für Wahlbeteiligung aus. Im folgenden Heft (S. 23 f.) gab es dagegen in zwei Leserbriefen scharfen Widerspruch: Wählen gehen bedeute Akzeptanz der Volksherrschaft und somit Ablehnung von Koran und Scharia.

37 »The Muslim Brotherhood's Statement on Shura in Islam and the Multi-Party System in an Islamic Society«; »Statement of the Muslim Brotherhood on the Role of Muslim Women in Islamic Society and its Stand on the Women's Right to Vote, be Elected and Occupy Public and Governmental Posts and Work in General« in: *Documentation*, Encounters, Jg. 1, Nr. 2, Markfield, LE (UK) 1995, S. 100 ff. und S. 85 ff.

38 Osman (*Human Rights*, 1996), S. 24.

39 Schulze hat dies selbst für das 18. Jahrhundert nachgewiesen.

40 So Pinn, S. 70. Kepel ist für den Gesamtkomplex noch immer aktuell.

41 Die Sunna empfiehlt viel, aber keine grenzenlose Geduld mit
   Tyrannen: al-Bukhari, Bd. 9, Nr. 257 f.; Rassoul, Hadith
   Nr. 7053 f.; Muslim Nr. 4551 f.
   Nach an-Nawawi, Hadith Nr. 194, ist der beste Dschihad, »ein
   wahres Wort zu einem ungerechten Herrscher zu sagen«.
42 Zitiert bei Osman (*Human Rights*, 1996), S. 25.
43 al-Turabi (1992), S. 21.

GLEICHBERECHTIGT ODER GLEICH?

> »Gewisse Rechtsgelehrte verdammen alle
> Frauen zu Gefängnis auf Lebenszeit!«
>
> *(Scheich Yusuf Qaradawi am 5.2.1990*
> *in der Londoner Zeitung ash-Sharq al-Awsat)*

I.

Der 3. Sure (AL Imran): 36 gemäß sagte die Mutter
Marias nach ihrer Geburt: »Mein Herr, siehe, ich habe ein
Mädchen geboren!« Der Angesprochene quittierte dies
köstlich: »Gott wußte wohl, was sie geboren hatte; denn
ein Junge ist nicht wie ein Mädchen.«

Gott hatte sich zuvor gewiß nicht bei der deutschen
Justizministerin danach erkundigt, ob Seine Feststellung
im 21. Jahrhundert politisch korrekt oder gar grundge-
setzwidrig sei. Jedenfalls lenkte der Koran bereits mit
dieser Passage alle künftigen Debatten um das Verhältnis
der Geschlechter auf das Wesentliche. Mann und Frau,
Frau und Mann: sind sie wie nach Art. 3, Abs. II des
Grundgesetzes nur »gleichberechtigt« oder wie nach
Art. 3, Abs. I GG so weit identisch, daß sie »vor dem
Gesetz gleich« zu behandeln sind?

Mir ist bewußt, daß schon diese Fragestellung in Europa wie in Amerika im Grunde politisch nicht korrekt ist.
Die bloße Absicht, über den fundamentalen biologischen
Unterschied hinaus mögliche weitere Unterschiede zwischen den Geschlechtern zu erforschen, ist ideologisch
unerwünscht. Sich mit dem I.Q. von Jungen und
Mädchen im allgemeinen zu befassen und ihrer mathe-
matischen Begabung im besonderen, konnte in den
angeblich zensurfreien Vereinigten Staaten zum Ruin
einer akademischen Karriere führen. Es zeugte daher von
Mut, als Daniel Goleman in seinem Buch über »Emotio-

nal Intelligence« bemerkenswerte Unterschiede zwischen Mann und Frau auf diesem Gebiet zutage förderte und daraus später unterschiedliche »Erfolgsquotienten« errechnete. Inzwischen trauen sich Mediziner jedenfalls wieder, über geschlechtsspezifische Unterschiede zu publizieren, zum Beispiel beim Hören. Danach sind Frauen besser als Männer qualifiziert, leise Töne über 2000 Hertz aus der Stille herauszuhören; Männer hingegen orten den räumlichen Ursprung von Geräuschen besser als Frauen.[1] Ein Schelm, wer hierbei an Babypflege und Jagd denkt.

Da der Islam in den Ruf geraten ist, eine frauenfeindliche, mysogene Religion zu sein – übrigens nicht ohne Schuld[2] –, überschattet die Debatte darüber alle Bemühungen um ein besseres Verständnis zwischen Okzident und Orient. Man mag als Muslim referieren, worüber man will, etwa über juristische Fiktionen zur Umgehung des islamischen Zinsverbots, die erste Frage aus dem Publikum lautet bestimmt: »Was halten Sie von der Rolle der Frau im Islam?«

Wie emotionsgeladen diese Frage ist, zeigt sich in ganzer Breite, wenn sie sich auf eine Marginalie, ein Stück Tuch, ein Kopftuch reduziert, das offenbar Staaten im Fundament erschüttern kann, sobald man es zum islamischen Symbol, zur islamischen Ikone schlechthin hochstilisiert hat.[3] Westliche Menschen haben es anscheinend schwer, die imaginäre Stereotype der verführerischen, mandeläugigen Haremsdame mit der real existierenden, ihre sexuellen Reize privatisierenden ›Fundamentalistin‹ von nebenan in Deckung zu bringen.

Dieses Thema ist nicht nur emotionsgeladen, es beweist auf niederschmetternde Weise sowohl den Mangel an Information über den Islam wie das Ausmaß an Fehlinformationen dazu. Wenn aus dem Publikum allen Ernstes gefragt wird, ob die Frau nach muslimischer Lehre eine Seele habe, nach Mekka pilgern dürfe und auch im Paradies zu finden sei, macht das Muslime sprachlos. Alles Indizien dafür, daß die Zukunft des Islam im Westen nicht nur von den gewiß nicht gerade unterkühlten Themen ›Menschenrechte‹ und ›Demokratie‹ abhängt, sondern in allererster Linie von der Bewältigung des heißen Eisens »Frau«.

II.

Auf diesem Gebiet lügen die Statistiken ausnahmsweise nicht: Weltweit ziehen Mütter wie Väter Söhne Töchtern vor, ob dies von liberaler Theorie vorgesehen ist oder nicht. Der Koran schildert den Sachverhalt drastisch: »Wenn einem von ihnen eine Tochter angekündigt wird, verdüstert sich sein Gesicht, und er hadert damit. Er verbirgt sich wegen dieser schlechten Nachricht vor den Leuten: Soll er diese Schande behalten oder in der Erde vergraben?« (16: 58 f.) An anderer Stelle beschreibt der Koran einen zweiten Vater, der vor Gram über die Geburt einer Tochter »schwarz im Gesicht wird« und grollt: »Was! Eine die unter lauter Schmuck [oder: wie ein Schmuckstück] aufgezogen wird und sich im Streit nicht behaupten kann?« (43: 17 f.) Dann verbietet der Koran das Töten neugeborener Mädchen mit ebenso starken Worten (81: 8 f.); für Ungeborene kann nichts anderes gelten.

Während im vorislamischen Arabien manches Baby weiblichen Geschlechts aus Not verscharrt wurde – Gott sei's geklagt! –, hat der gezielte Mord an weiblichen Föten seit Entwicklung der vorgeburtlichen Ultraschallbestimmung des Geschlechts gigantische Ausmaße angenommen, vor allem in China, Taiwan, Südkorea, Pakistan und Indien. Dort kann man an Abtreibungskliniken den Werbespruch lesen: »Bezahle 500 Rupien und spare 50 000«, nämlich für die entfallende Aussteuer. Dies hat dazu geführt, daß in Asien schätzungsweise bereits 100 Millionen Frauen fehlen; in China werden auf 100 Jungen nur noch 85 Mädchen geboren.[4]

Auch wenn sie das Glück haben, trotz ihres weiblichen Geschlechts geboren zu werden, sind Frauen seit eh und je weltweit Diskriminierung ausgesetzt. Wer dies für den

Westen verneint, schaut offenbar weg. Dies hat viele unterschiedliche Ursachen psychologischer, soziologischer, kultureller, aber auch wirtschaftlicher Natur. Muhammad Qutb (der Bruder von Sayyid Qutb) meint daher: »Würde die Armut aus den orientalischen Gesellschaften verschwinden, wäre auch das Problem der Frau zum Gutteil gelöst.«[5]

Doch wäre es für die Muslime falsch und für den Islam schädlich, sich hinter diesem Faktum zu verstecken; denn in der muslimischen Welt gibt es eine *spezifische*, wenngleich weniger religions- als kulturbestimmte Benachteiligung der Frau. Der Ägypter Qasim Amin (1863–1908), wohl der erste Kämpfer für die Emanzipation der muslimischen Frau seit dem Propheten Muhammad selbst, bezeichnete als wahren Hintergrund dieser Benachteiligung einen traditionsgeprägten »Mischmasch, den die Leute als Religion bezeichnen und Islam nennen«. Schon damals sah er einen Zusammenhang zwischen der Rückständigkeit der Frau und der Rückständigkeit einer ganzen Nation.[6]

Der sudanesische Intellektuelle und Politiker, Hasan al-Turabi, wohl der bedeutendste Vorkämpfer für die islamischen Rechte der Frau in unseren Tagen, hielt schon vor einem Vierteljahrhundert eine »Revolution gegen die Situation der Frau in der traditionellen muslimischen Gesellschaft« für unvermeidlich. Eine tendenziöse, von Männern betriebene, sie zu Lasten der Frauen begünstigende islamische Jurisprudenz habe dazu geführt, daß grundlegende Rechte der muslimischen Frau geopfert worden seien. Dabei seien »pseudoreligiöse Argumente« vorgebracht worden, um eine »vollständige Metamorphose des vom Propheten eingeführten Gesellschaftsmodells zu rechtfertigen«. Eine Unterdrückung der Frau sei für Zeiten typisch, in denen muslimische Männer in ihrem Glauben schwach geworden sind.[7]

Hasan al-Turabi dürfte damit unter anderem auf das angespielt haben, was Louis Gardet als Eifersuchts- und Männlichkeitskult der Araber bezeichnete – von ihm etwas vornehmer »*climat de jalousie*« und »*valorisation de la virilité*«[8] bezeichnet (und von anderen »semitische Patriarchalität« genannt).

Auch amerikanische Muslime, ob orientalischer Herkunft oder nicht, halten es für notwendig, daß muslimische Männer ihre Einstellung zur Frau überprüfen. Sie wollen zwischen für den Islam wesentlichen Dingen und unwesentlichen, verzichtbaren Dingen unterscheiden, um nicht Menschen vor dem Islam abzuschrecken, die andernfalls zu ihm finden würden.[9] Fathi Osman stellt hierzu klar: »Wir haben uns daran gewöhnt zu meinen, daß Frauen nur für Familie und Kinder geschaffen worden sind [...]. Doch nichts in Koran und Sunna stützt diese Annahme eindeutig. Solche Arbeitsteilung ist [...] eine soziologische Erfahrung. Doch selbst eine lange derartige Erfahrung bedeutet nicht notwendig, daß wir es mit einem Naturgesetz oder Gottes Gesetz im Islam zu tun haben.«[10]

Damit ist zwar zum Ausdruck gekommen, *daß* sich in Sachen Frau im Islam etwas ändern sollte, doch noch nicht, *was* sich (aus westlicher Sicht) ändern müßte und was sich (aus islamischer Sicht) ändern *könnte*, wenn man mit Koran und Sunna verantwortlich umgeht; denn schließlich geht es gläubigen Muslimen nicht um Modernisierung des Islam, sondern um Islamisierung der Moderne (François Burgat)[11], nicht um Reformation, sondern Renaissance[12], und zwar ohne Imitation des Westens und ohne bloße Imitation der Vergangenheit.[13]

III.

Um wirklich bei Adam und Eva zu beginnen: Das *Bild* der Frau im Islam – mit tiefenpsychologischen Auswirkungen – ist positiv davon bestimmt worden, daß Eva im Koran *nicht* als Verführerin dargestellt wird. Dementsprechend wird sie nach dem Koran auch nicht mit den Bürden der Schwangerschaft bestraft. Nach dem Koran war der Sündenfall ein *joint venture*. Er enthält auch keinen Hinweis darauf, daß Adam vor Eva (und diese aus seiner Rippe) erschaffen worden sei.

Dies hebt sich stark vom jüdisch-christlichen Erbe ab, dessen Schilderung der Vorgänge um Adam und Eva zweifellos zur christlichen Verteufelung der Frau beigetragen hat, beginnend mit Paulus und bis in das späte Mittelalter anhaltend, ja – mit Hexenverbrennungen – bis in die frühe Neuzeit. Ohne den im christlichen Bereich zu verfolgenden Pendelausschlag zwischen Puritanismus und Hypersexualität hat sich im Islam eine gelassene, positive Einstellung zum Sexuellen bewahrt und bewährt.

In Übereinstimmung damit schildert der Koran konkrete Frauenpersönlichkeiten fast ausschließlich positiv: die Königin von Saba; Moses Mutter; die Frau des Pharao zur damaligen Zeit; Maria und ihre Mutter.

Das Verhältnis von Mann und Frau in der *Ehe* wird vom Koran nach modern wirkenden Maßstäben positiv geschildert, auch wenn die islamische Ehe kein Sakrament oder religiöser Bund ist. In der 30. Sure (ar-Rum): 21 heißt es über Ehegatten: »Er (Gott) hat zwischen euch *Liebe* und Barmherzigkeit gesetzt.« Die 2. Sure (al-Baqara): 187 prägt das schöne Bild: »Sie [die Ehefrauen] sind euch ein Gewand, und ihr seid ihnen ein Gewand.« Das klingt nicht nach Über- und Unterordnung, und schon gar nicht nach Männerherrschaft, sondern nach rücksichtsvoller Partnerschaft. In der Tat sind gläubige Männer und gläubige Frauen der 9. Sure (at-Tauba): 71 gemäß ganz allgemein »einer des anderen *Freund*«.

Es sollte daher nicht als Überraschung, sondern als selbstverständlich empfunden werden, daß sich die muslimische Frau in ihrem spirituell-religiösen Status vom Mann nicht unterscheidet, also auch allen Pflichten eines Muslims unterliegt, vom Gebet und Fasten bis zur Sozialsteuer und Pilgerfahrt. In rhetorisch eindrucksvoller Weise zählt der Koran diese und andere Pflichten auf, indem jeweils Männer und Frauen eigens erwähnt werden: »Die muslimischen Männer und die muslimischen Frauen, die gläubigen Männer und die gläubigen Frauen,

[…] die fastenden Männer und die fastenden Frauen, die ihre Keuschheit wahrenden Männer und die ihre Keuschheit wahrenden Frauen […]« (33: 35). Die 16. Sure (an-Nahl): 97 sagt es bündig: »Wer das Rechte tut und gläubig ist, sei es Mann oder Frau, dem werden Wir ein gutes Leben geben.«

Es ist deshalb mißlich, daß Frauen eher davon abgeraten wird, zu den Gemeinschaftsgebeten in die Moschee zu gehen, zumal diese ja auch soziale, politische und erzieherische Funktionen erfüllt. Der frühesten islamischen Tradition entspricht dies nicht; wie hätte sonst eine Frau den 2. Kalifen ʿUmar während einer Freitagspredigt, welche die Höhe des Brautgeldes (*mahr*) betraf, auf der Stelle unterbrechen und seine Koran-Auslegung korrigieren können?

Was vom religiösen Status der Frau gilt, trifft auf ihren *intellektuellen* Status zu: daß Mann und Frau biologisch unterschiedlich sind, bedeutet nicht, daß der eine von Natur aus frömmer oder intelligenter als der andere ist, auch wenn sich unter den beiden Geschlechtern unterschiedliche Begabungen und Reaktionsweisen nachweisen lassen. Wenn es eines weiblichen Intelligenznachweises bedurft hätte, hätte ihn Muhammads junge Ehefrau ʿAʾischa bereits erbracht: Sie überlieferte über 1000 präzise beobachtete Berichte (*ahadith*), beherrschte den Koran, legte ihn wie ein Rechtsgelehrter aus und stellte nach dem Tod des Propheten einen politischen Faktor dar.

Fatima Mernissi, islamische Feministin ohne theologisch-historische Ausbildung, bemühte sich – ohne durchschlagenden Erfolg – um den Nachweis, daß es in der muslimischen Geschichte Frauen in Regierungsverantwortung gegeben habe. Khayzuran, die Mutter des sagenhaften abbasidischen Kalifen Harun ar-Rashid, war eher Kurtisane als Staatsfrau und spann ihre Fäden im Harem. Die Mameluken-Sultanin Schadschara ad-Dur regierte 1250 in Kairo nur für ein paar Monate. Und auch Radia, von 1236 bis 1240 auf dem Moghulen-Thron in Delhi, blieb eine die Regel bestätigende Ausnahme.[14]

Die meisten orientalischen Männer halten Frauen gleichwohl für irrationaler als sich selbst und stärker von Emotionen bestimmt. Ob dies der Wirklichkeit entspricht, kann dahingestellt bleiben; die Überzeugung davon ist ein Faktum.

IV.

Westliche Kritik am Status der Frau im Islam knüpft allerdings weniger an Allgemeinplätzen als an konkreten Bestandteilen der Scharia an, nämlich (a) Mehrehe, (b) Status in der Ehe, (c) Bekleidungsvorschriften für die Frau, (d) Schleier und Geschlechtertrennung, (e) einseitige Ehescheidung durch den Mann, (f) reduzierte Rolle bei Erb- und Zeugenschaft.

Der Vorwurf der *Mehrehe* läuft ins Leere, weil sich die Einehe der Entelechie des Korans entsprechend auch nach Ansicht westlicher Islamologen in der muslimischen Welt praktisch durchgesetzt hat.[15] Der Koran hatte die Ehe mit bis zu vier Frauen in der 4. Sure (an-Nisa): 3 unter anderem an die Bedingung der Gleichbehandlung geknüpft: »Doch wenn ihr fürchtet, ihnen nicht gerecht werden zu können, heiratet nur eine [...]«; fast im gleichen Atemzug hatte Gott den potentiellen, mit einer polygamen Ehe liebäugelnden Ehemännern versichert, daß diese Bedingung für sie unerfüllbar ist: »Euch wird es niemals möglich sein, in Gerechtigkeit gegen euere Ehefrauen zu verfahren, wie sehr ihr es euch auch wünschen möchtet.« (4: 129). Kann es eine deutlichere und gewichtigere Mißtrauensbekundung gegen Mehrehen geben?

Nach einhelliger Ansicht, selbst unter den ›liberalsten‹ Muslimen, wäre es dennoch falsch zu behaupten, daß die Vorschrift in Vers 4: 3 überflüssig geworden sei. Bei starkem Männermangel, wie nach großen Kriegen, kann es vor allem für Frauen ein Segen sein, daß dieser unabänderliche und weise Vers versorgungsbedürftigen Frauen, vor allem Kriegerwitwen mit Kindern, den Weg zur Zweitehe offenläßt und vaterlose Haushalte verringern hilft.

Zumindest muß man in diesem Zusammenhang von muslimischen Autoren wie Qasim Amin fordern, daß sie den Vers 4: 3, der nicht umsonst in einem den Waisenkindern gewidmeten Abschnitt steht, *von Anfang an* vollständig zitieren, statt den einleitenden Halbsatz zu unterschlagen.[16] Dieser enthält nämlich eine zweite konkrete Bedingung zur Eingrenzung der Mehrehe: »Wenn ihr fürchtet, sonst den Waisen nicht gerecht werden zu können [sic!], nehmt euch als Frauen, was euch gut erscheint, zwei, drei oder vier [...].« Daraus schließen einige Muslime wie Hamza Kaidi, daß die Mehrehe überhaupt nur im Hinblick auf Witwen mit Kindern zulässig sei.[17] Obwohl in der Vergangenheit von vielen Muslimen so betrachtet, war 4: 3 jedenfalls nie ein Persilschein für das Austoben der Wollust in Form eines Harems (der zudem ständig seine Zusammensetzung ändert).

Der zweite der aufgeführten Beschwerdepunkte betrifft jene beiden Koran-Verse, die bis in die jüngste Vergangenheit im Sinne einer Über- und *Unterordnung* von Mann und Frau verstanden worden sind – 2: 228 und 4: 34. Die 2. Sure (al-Baqara): 228 sagt tatsächlich: »die Männer haben das letzte Wort«. Dies wird hier aber nicht als eine generelle Aussage über den Status der Frau in der Ehe verkündet, sondern bezieht sich auf einen konkreten, begrenzten Zusammenhang. Vers 2: 228 behandelt nur den Fall, daß die Ehe vom Mann einseitig aufgekündigt wurde, aber noch im Schwebezustand der dreimonatigen Warteperiode ist, die der Feststellung einer möglichen Schwangerschaft dient. Wenn der Mann in diesem Zeitraum umdenkt, sich aussöhnen und die Frau wieder zurücknehmen will – sie jedoch nicht –, hat er *in dieser Situation* das letzte Wort. Er wäre bei Durchführung der Scheidung ja auch allein der finanziell Leidtragende; denn die Ehefrau behält unter allen Umständen ihre Brautgabe, unabhängig von ihrem Umfang. Man muß den Koran tatsächlich durch eine spezifisch männliche Brille lesen, um in 2: 228 zu finden, daß Männer »eine Stufe über den Frauen stehen«.

Ähnlich verhält es sich mit dem Schlüsselsatz in der 4. Sure (an-Nisa): 34, der auf Arabisch »*ar-ridschal qawwamuna 'ala-n-nisa*« lautet. Dies wurde, ebenfalls bis in die jüngste Zeit, sinngemäß so übersetzt, daß sich daraus eine statusmäßige Über- und Unterordnung von Mann und Frau ergibt: »Die Männer stehen den Frauen *vor*.« Koran-Übersetzer wie Mirza Nasir Ahmad, Muhammad 'Ali, Hamza Boubakeur, Lazarus Goldschmidt, Max Henning[18], Rashid Said Kassab, Denise Masson, Sadok Mazigh, Rudolf Paret und Pesle/Tijani schlossen daraus in Übereinstimmung mit traditionellem Verständnis, daß der Ehemann generell der mit Autorität ausgestattete Vorsteher bzw. Vorgesetzte seiner Ehefrau sei.

4: 34 kann, *muß* jedoch nicht so verstanden werden. Linguistisch ebenso korrekt ist es, den fraglichen Satz wiederzugeben als »Die Männer stehen für die Frauen *ein*.« Diese Übersetzung hat den Vorteil, daß sie den oben zitierten Aussagen des Korans zum partnerschaftlichen, auf Liebe gegründeten Verhältnis von Mann und Frau in der Ehe entspricht. In diesem Sinne übersetzten bereits Yusuf Ali, Muhammad Asad, Jacques Berque, Ahmad von Denffer, T.B. Irving und Adel Khoury. Die fünfbändige kommentierte Gemeinschaftsübersetzung des Münchner S.K.D.-Bavaria Verlags übersetzt im gleichen Sinne: »Die Männer sind die Verantwortlichen für die Frauen [...].«[19] Danach sind die Männer verpflichtet, sich in vollem Umfang um ihre Ehefrauen zu kümmern (Muhammad Asad: »*to take full care of women*«), die Verantwortung für sie zu übernehmen (Jacques Berque: »*assumer les femmes*«) und als ihre Beschützer für ihren Unterhalt zu sorgen. Auch Fathi Osman übersetzt Vers 4: 34 in diesem Sinne: »Die Männer müssen die Frauen unterstützen, sie unterhalten und volle Sorge für sie tragen.«[20] Er verneint, daß sich aus dem Vers ein männlicher Superioritätsanspruch herleiten lasse.[21]

Dabei geht der Koran, wie sich aus dem übrigen Text des Verses ergibt, davon aus, daß der Mann in der Regel der physisch und finanziell stärkere der beiden Partner ist, und wohl auch davon, daß die durchschnittliche Frau als ihren Idealpartner noch immer einen Mann sieht, der so stark, verläßlich und stabil wie der inzwischen pensionierte Marlboro-Mann ist.[22]

Daß in 4: 34 die Rede davon ist, daß der Ehemann eine widerspenstige Frau »*schlagen*« dürfe, um ihr die von ihr herbeigeführte Gefährdung der Ehe vor Augen zu führen, verliert in einer partnerschaftlich verstandenen und gelebten Ehe jede Bedeutung. Jedenfalls haben die Muslime von Anfang an, nämlich schon in der Person des Propheten, 4: 34 nie als Aufforderung zu wirklichem Zuschlagen oder als Rechtfertigung von Körperverletzungen, welcher Art auch immer, verstanden.[23] Wie könnte man ein Wesen schlagen, unter dessen Füßen das Paradies liegt, wie Muhammad über die Mütter sagte?

Als eine Form der Körperverletzung (durch Verstümmelung) ist auch die »pharaonische« *Beschneidung der Frau* im Islam verboten, wie sie in Teilen Afrikas, darunter Ägypten und der Sudan, unter Animisten, Christen und leider auch Muslimen eine schlimme Praxis geworden war und ist. Sie hat keinerlei islamische Basis, weder im Koran noch in der authentischen Sunna, und ist in Ägypten gesetzlich verboten.[24] Das oberste Gericht Ägyptens hat dieses Verbot Anfang Januar 1998 unter Anlegung islamischer Kriterien als rechtmäßig bestätigt.

Erstaunlicherweise zielt die westliche Kritik weniger auf die drei soeben ausgeräumten Punkte als auf die *Bekleidungs*-Vorschriften für die (sexuell noch ansprechbare[25]) muslimische Frau. Aus ihrer Verhüllung – selbst wenn sie nur aus einem Kopftuch bestehen sollte – wird nach einem klassischen Orient-Stereotyp auf ihre Unterdrückung und eine breitangelegte Frauenfeindlichkeit des Islam geschlossen. Schlimmer noch, man empfindet jedes einzelne Kopftuch als Angriff auf die Grundfesten der eigenen säkularistischen Weltanschauung, längst errungen geglaubte emanzipatorische Fortschritte und (meist uneingestanden) sogar als moralischen Vorwurf. Daher wird Kopftuchträgerinnen mitunter vorschnell unterstellt, ein Symbol des Islam wie eine Fahne vor sich herzutragen.

Auf die naheliegende Idee, daß muslimische Frauen ihr Kopftuch ohne Zwang der Familie, in freiwilliger Unterwerfung unter den Willen und die Ordnung Gottes tragen könnten, kommt man kaum. Daß genau dies bei zahlreichen deutschen, französischen, britischen und amerikanischen Konvertitinnen der Fall ist, will nicht in den Sinn. Es wird verkannt, daß auch Kopftuchtragen ein emanzipatorischer Akt sein kann, welcher der effektiven, ja effektiveren Verteidigung der weiblichen Würde in einer sexistischen Umwelt dient. So sagte eine der 10 000 britischen Frauen, die im letzten Jahrzehnt zum Islam übertraten: »Alles, was die Feministinnen wollen, haben wir auch, außer Lesben und Abtreibung.«[26] In diesem Sinne symbolisiert der ›Schleier‹ tatsächlich eine kulturelle Gegenidentität und keineswegs die bloße Rückkehr zur Tradition.[27] So wird aus dem angeblichen Unterdrückungsakt des einen in der Perzeption des anderen ein Akt der persönlichen Würde.

Zur Verständnislosigkeit bei der Pflege der beiderseitigen Vorurteile trägt bei, daß der christlich geprägte Westen davon überzeugt ist, daß Sexualmoral, wie jede Ethik, nur dank einer Verinnerlichung von Werten aufrechterhalten werden kann. Mit anderen Worten: Das Mädchen in sein Kämmerlein einsperren hilft nichts. Man muß ihm Treue zu sich selbst und Einsicht in die Folgen seines möglichen Entgleisens beibringen.

Auch im Islam hängt der Wert einer Handlung einzig von der damit verfolgten Absicht (*niya*) ab;[28] Moralität kann daher nicht erzwungen werden. Aber der Islam ist realistisch genug zu wissen, daß Gelegenheit Diebe macht und daß man zu mißbilligendes Verhalten durch äußere Umstände (Alkohol, Nacktheit, Alleinsein zu zweit) provozieren oder – unter anderen Umständen – leichter verhindern kann. Die Statistiken geben den Muslimen recht: Derzeit erfährt jährlich eines von zehn amerikanischen Mädchen im Alter zwischen 15 und 19 Jahren eine Abtreibung oder Geburt. Über 15 Prozent alle Amerikanerinnen unter 19 Jahren waren mindestens einmal schwanger.[29] Man möchte schon wetten, daß diese Statistik anders ausfallen würde, wenn islamische Kleidung in den USA üblich wäre. Der Islam ist insofern nicht nur lebensklug, er ist von »wagemutigem Pragmatismus« (Jeffrey Lang).

Aber hier geht es letztlich nicht um Opportunität, sondern um die Frage: Welche Kleiderordnung sieht der Islam aufgrund göttlicher Offenbarung unabänderlich vor? Ist das Kopftuch ein ›Muß‹ oder eine Empfehlung? Und das nach Koran, nach Sunna oder nach beidem? Während dieser Erörterung ist stets im Auge zu behalten, daß es dem Islam bei seinen Bekleidungsvorschriften – wie im gesamten moralischen Bereich – letztlich nicht um Äußerlichkeiten, sondern um die Sache geht, hier um die Einhegung der Urgewalt Sexualität in der Ehe und um die Absicherung eben dieser Ehe. Daher richtet sich das Keuschheitsgebot des Koran an beide Geschlechter. Bekanntlich kann man eine Frau mit dem Auge virtuell ausziehen, zumal wenn ihre ›Kurven‹ dazu anregen. Genau dies – das Umsichwerfen begehrlicher Blicke – sollen beide Geschlechter sein lassen, muslimische Männer (24: 30) und muslimische Frauen (24: 31). Der Mann muß die geschlechtsrelevante ›Aura‹[30] seines Körpers (etwa vom Nabel bis zum Knie) grundsätzlich so bedecken wie die Frau die ihre, wenngleich diese naturgemäß umfänglicher ist.

Mit dieser Zielsetzung heißt es in der 33. Sure (al-Ahzab): 59: »O Prophet, sage deinen Frauen und deinen Töchtern und den Frauen der Gläubigen, daß sie etwas von ihrem *Übergewand* [*dschalabiyya*, Plural *dschalalib*] über sich ziehen sollen. So werden sie eher [als anständige Frauen] erkannt und [daher] nicht belästigt.« Die 24. Sure (an-Nur): 31 wird konkreter: »Und sage den gläubigen Frauen, daß sie [...] ihre Reize nicht zur Schau stellen sollen, außer was [anständigerweise] sichtbar bleibt; und daß sie ihren *Schal* (*khimar*, Plural *khumur*) über ihren Busen schlagen und ihre Reize nur ihren Ehegatten zeigen sollen [...]. Und sie sollen ihre Beine nicht so schwingen, daß Aufmerksamkeit auf ihre verborgene Zierde fällt [...].« Weitere koranische Bekleidungsvorschriften finden sich nicht.

Für die Frage der Kopfbedeckung der Frau (mit Turban, Kopftuch, Schal oder anders) kommt es zunächst darauf an, was unter »Übergewand« beziehungsweise »Schal« zu verstehen ist. Man geht allgemein davon aus, daß sich zumindest »Schal« (*khimar*) auf ein großes Tuch bezog, das orientalische Frauen (wie heute noch Frauen in Griechenland und Teilen Spaniens) über dem Kopf zu tragen pflegten – nicht aus moralischen, sondern aus praktischen Gründen, als Schutz vor Sonne, Wind und Staub.

Deshalb äußerte Muhammad Asad in seiner berühmten kommentierten Übersetzung des Korans ins Englische die Ansicht, daß 24: 31 nicht das Bedecken des (damals ohnedies bedeckten) Kopfhaars im Auge hatte, sondern die Verhüllung der weiblichen Brüste, zumal diese im Gegensatz zu Haaren ein (sekundäres) Geschlechtsmerkmal darstellen.[31]

Unter dieser Annahme zog Asad den Schluß, daß sich der Umfang der weiblichen Bedeckung letztlich aus der flexiblen Formel »außer was [anständigerweise] sichtbar bleibt« ergebe. Was über die Verhüllung der primären und sekundären Geschlechtsmerkmale hinaus sichtbar bleiben darf, hänge somit von den jeweiligen zivilisatorischen Bedingungen ab. Was als anständig bzw. unanständig zu gelten habe, bleibe nicht notwendig konstant.[32]

Soweit ich sehe, fand Asad insoweit bisher nur geringe Zustimmung. Volle Unterstützung unter muslimischen Rechtsgelehrten fand er vor allem bei Fathi Osman, aber auch bei Dr. med. Tedjini Haddam, dem algerischen Leiter der Großen Moschee von Paris, Hamza Kaidi[33] und Asghar Engineer. Auch Osman sieht in 24: 31 keine strikte Festlegung der weiblichen Gewandung, sondern ein Modell, das nach den jeweiligen Umständen und Sitten umzusetzen ist; denn »die zu bedeckenden Reize wurden nicht in aller Einzelheit bezeichnet, und solche Details wären auch für ein auf Dauer angelegtes allgemeines Gesetz nicht geeignet gewesen«[34].

Haddam sagte während eines am 24. Oktober 1989 in Le Monde erschienenen Interviews: »Der Islam empfiehlt, daß eine Frau sich anständig kleidet, vor allem, daß sie das bedeckt, was an ihr am attraktivsten sein kann […] Wie diese Empfehlung umzusetzen ist, hängt von der sozialen Umwelt ab.« Engineer meint, das Normative sei in diesem Falle die Keuschheit, während die Mittel zu ihrer Erreichung (*purdah*) kontextuell seien. Zwar sei es unerläßlich, die Keuschheit zu wahren, jedoch könne Purdah neue Formen annehmen.

Jeffrey Lang reagierte auf Asads Vorstoß vor- und umsichtiger. Für ihn besteht bei dessen Argumentation die Gefahr, daß der Islam sich an geänderte gesellschaftliche Verhältnisse anpaßt, statt umgekehrt diese zu verändern. Auch sei nicht recht zu erkennen, woran, nach Asads Logik, die notwendige, letzte Grenze einer flexiblen Anpassung festzumachen wäre.[35] Mit meinen Worten: Was wird nach Freigabe des Kopfhaars mit Armen und Beinen?

Wenn man der Asadschen bzw. Osmanschen Argumentation folgt, ist unmaßgeblich, was die Sunna zur Erläuterung von 24: 31 zu sagen hat; denn dies wäre *eo ipso* nur von zeitlicher Bedeutung, eben für die arabische Gesellschaft des 7. Jahrhunderts. Wenn man dieser Argumentation hingegen nicht folgt, muß man sich damit auseinandersetzen, daß der Prophet dem Vers 24: 31 zumindest gestisch konkreteren Inhalt gegeben hat. Nach einer auf 'A'isha zurückgehenden, von Abu Dawud überlieferten[36] und jedem Muslim geläufigen Tradition hat Muhammad einer falsch gekleideten Frau, Asma bint Abu Bakr, mit den Händen wortlos gezeigt, was eine Muslima in der Öffentlichkeit zeigen darf: Gesicht, Hände und Füße. Dies bedeutet natürlich auch, daß die zu verhüllenden Körperteile nicht durch enge oder die Figur betonende Kleidung wie Minipullover oder am Körper getrocknete Jeans unterstrichen werden dürfen.

Daß die Diskussion auch an diesem Punkt nicht endet, hängt mit der Wortlosigkeit der prophetischen Auskunft zusammen. Könnte es sein, daß er damit nicht das *Minimum* der notwendigen, sondern das *Maximum* der zulässigen Verhüllung angeben wollte? Ist dieses Hadith eine bindende Norm oder nur eine Empfehlung? Letzteres scheint Hassan al-Turabis Ansicht zu sein; denn für ihn »gibt es zwar moralische Aufforderungen, wie Frauen und Männer sich kleiden sollten, doch diese sind nicht Bestandteile der Rechtsordnung«[37].

In puncto Gesichts-*Schleier*, den nicht die islamische Welt, sondern edle Damen in Byzanz und Persien zur optischen Unterstreichung ihres Ranges erfunden haben, gibt es zwar eine islamische Praxis, aber keine islamische Rechtfertigung. Insbesondere kann diese Praxis nicht aus der sogenannten *Ayat al-Hijab* (Schleiervers) hergeleitet werden[38], zumal die Gesichtsverschleierung im Ur-Islam unüblich war.[39]

Diese Vorschrift in der 33. Sure (al-Ahzab): 53 betraf ausschließlich die Residenz des Propheten und seiner Frauen (*umm al-mu'minin*), mit denen sich keine andere Frau vergleichen sollte, auch wenn dies aus Frömmigkeit geschieht. Der Vers ordnete eine Trennung von offiziellen und Privaträumen des Propheten an, um die Intimität des Familienlebens vor dem Ansturm der Bittsteller und sonstiger Besucher zu schützen.[40] Daher wurde ein Vorhang (*hidschab*) aufgezogen, und deswegen sollte man die Frauen des Propheten (*âl-umm al-mu'minin*) »von hinter einem Vorhang bitten«, wenn man etwas zu erbitten hatte. Deswegen wurde ihnen im Vers 33 der gleichen Sure schließlich auch gesagt: »Haltet euch zuhause auf und stellt euch nicht zur Schau wie in der früheren Zeit der Unwissenheit.«

Dies zum Anlaß und zur Rechtfertigung dafür zu nehmen, zeitgenössische muslimische Frauen von Kopf bis Fuß zu vermummen – also die häusliche Isolierung der Prophetenfrauen in den Alltag und vor die Türe zu tragen –, ist nichts weniger als eine willkürliche Beschneidung der koranischen Rechte der muslimischen Frau. Daher ist der Gesichtsschleier denn auch auf dem Rückzug, auch in Saudi-Arabien, und verschwindet hoffentlich bald ganz.

Der Schleier mag schneller verschwinden als die mit ihm geistig verwandte exzessive *Trennung der Geschlechter* in der Öffentlichkeit, wie sie in jüngerer Zeit von bestimmten islamischen Bewegungen praktiziert wird. Dagegen zieht vor allem Hassan al-Turabi zu Feld, indem er darauf hinweist, wie aktiv und voller Eigeninitiative Frauen zur Zeit des Propheten waren. Beispiele dafür gibt es viele. Khadidscha, die erste Frau des Propheten, eine Geschäftsfrau, mit der er 23 Jahre lang, von 596 bis 619, in Einehe verheiratet war, hatte ihm die Ehe selbst angetragen. Von den öffentlichen Aktivitäten seiner Frau 'A'isha war schon die Rede. Fatima bint al-Khattab, die Schwester des 2. Kalifen 'Umar, trat vor ihm zum Islam über, ohne ihn zu fragen. Selbst der erste Märtyrer der islamischen Geschichte war eine Frau, Sumaya bint Khubat. Ramla bint Abu Sufyan (Umm Habiba) und Umm Kulthum flüchteten, jede für sich alleine, von Mekka nach Medina, eine Wegstrecke von über 400 gefährlichen Kilometern.

Offenbar nahmen muslimische Frauen zu Beginn der islamischen Epoche an den öffentlichen Versammlungen und an *allen* Gebeten in der Moschee des Propheten in Medina teil, so wie sie ja auch während der Pilgerfahrt bei allen Riten präsent waren und weiterhin sind. Der Prophet seinerseits besuchte häufig Frauen und hielt seinen Mittagsschlaf in ihren Häusern.[41]

Aus all dem schließt Hassan al-Turabi, daß der Islam keine generelle Geschlechtertrennung verlangt. Insbesondere könne eine Hausfrau selbst die Gäste ihres Mannes empfangen, bewirten und mitunterhalten. Er sieht auch kein Hindernis dafür, daß sich Männer und Frauen dabei in harmloser Weise die Hand reichen, zumal dort, wo dies üblich ist.[42]

Insgesamt sieht al-Turabi, daß »den Frauen durch Segregation und Isolation von der allgemeinen Gesellschaft die größte Ungerechtigkeit angetan wird«[43]. Er hält die Emanzipation islamischer Frauen nicht nur für eine unvermeidliche Begleiterscheinung der islamischen Erneuerung und Erweckung, sondern für ihre Voraussetzung.

Nach eingehendem Studium der dafür gewöhnlich vorgebrachten Überlieferungen (Hadith) kam auch Jeff-

rey Lang zu der Schlußfolgerung, daß die vielfach praktizierte Geschlechtertrennung den Leitlinien und Prinzipien des Koran für die Geschlechterbeziehungen wi-
derspreche. So wie diese Trennung derzeit von vielen islamischen Familien in den USA gehandhabt werde,
müsse sich manches nachpubertäre Mädchen zu Hause
nicht unter Schutz, sondern unter Hausarrest fühlen. Es
gehe nicht um das Gegensatzpaar Geschlechtertrennung
oder Geschlechtermischung (*promiscuity*), sondern um
einen vernünftigen Mittelweg.[44]

Mit al-Turabi hält es auch Fathi Osman für zulässig,
daß muslimische Frauen öffentliche Berufe ausüben und
Ämter annehmen. Frauen könnten sich politisch betäti-
gen, an Wahlen teilnehmen, sich wählen lassen, den Sol-
datenberuf ergreifen (wenn sie es wünschen), Abgeordnete, Richter und Minister sein. Ihr Recht auf Arbeit sei
von ihrem Ehemann zu respektieren; dieser habe sich als
häuslicher Partner (*zawj*) auch in der Hausarbeit zu engagieren.[45]

Damit kommen wir zu den letzten, eher rechtstechni-
schen Besonderheiten des frauenbezogenen islamischen
Familien-, Erb- und Zivilprozeßrechts. Anstoß erregt
dabei, daß der muslimische Ehemann sich von seiner
Frau ohne Einschaltung eines Richters durch dreimaliges
(aber nicht gleichzeitiges) persönliches Aussprechen der
Scheidung (*talaq*) einseitig scheiden lassen kann (2: 229 f.),
während die Frau für die von ihr begehrte Scheidung
(*khul*) ein Gericht einschalten muß. Allerdings soll der
einseitigen Scheidung ein familiäres Vermittlungsverfah-
ren vorausgehen (4: 35). Für die Häufigkeit von Schei-
dungen scheint dieses erleichterte Verfahren heutzutage
ohne Belang zu sein; denn muslimische Ehen sind stabi-
ler als die westliche Ehe in unserer Epoche.

Obwohl die Scheidung im Westen an teuere Gerichts-
verfahren geknüpft ist, steigt die Scheidungsrate gerade
hier ständig an. In Deutschland erreichten die Scheidun-
gen 1997 einen neuen Höchststand (187 802 Paare), mit
einer Zuwachsrate von 7 Prozent gegenüber dem Vorjahr.
Danach wurde in der Bundesrepublik jede dritte der in

den letzten 25 Jahren geschlossenen Ehen geschieden, im Durchschnitt schon nach sechs Jahren.

Grund der unterschiedlichen Regelung liegt am islamischen Recht der Güterauseinandersetzung. Eine solche findet nämlich gar nicht statt. Vielmehr behält die Frau das gesamte in die Familie eingebrachte Vermögen sowie die gesamte, vor Eheschluß ausgehandelte Brautgabe – unabhängig von der Dauer der Ehe und der Höhe der Brautgabe (2: 229, 2. Satz). Es wäre daher im höchsten Maße unbillig, wenn sich Ehefrauen ebenfalls einseitig scheiden lassen könnten. Sie sind nicht ungerecht damit beschwert, daß sie für ihr Scheidungsbegehren vor Gericht Gründe vorbringen müssen. Im übrigen können sie im Ehevertrag die Ehefrau begünstigende Scheidungsgründe sozusagen auf Vorrat festschreiben lassen. Gleichwohl gibt es Vorschläge (und in einigen muslimischen Ländern bereits entsprechende gesetzliche Vorschriften), auch die Scheidung durch den Mann an ein gerichtliches Verfahren zu koppeln – wenn nicht zur richterlichen Entscheidung, so doch zur amtlichen Bestätigung, um Mißbrauch auszuschließen.[46]

Ähnlich verhält es sich mit der nur scheinbaren Benachteiligung der Frau im *Erbrecht*, wo ihr nur die Hälfte des Erbteils ihres Bruders zuerkannt wird (4: 11). Sie fährt dabei möglicherweise besser als er, weil auf sie keinerlei finanzielle Verpflichtungen zum Unterhalt der (Groß-)Familie zukommen. Auch hier wird Ungleiches ungleich geregelt. Der Erblasser kann seine Töchter jedoch besserstellen, weil er über ein Drittel seines Nachlasses testamentarisch frei verfügen darf, es ihnen also zusätzlich überlassen könnte. [47]

Schließlich bereitet die Frage einiges Kopfzerbrechen, was es bedeutet, daß die 2. Sure (al-Baqara): 282, 9. Satz, in einem schuldrechtlichen Beweisverfahren anstelle *eines* Mannes *zwei Zeuginnen* verlangt. Dafür sind im Laufe der Geschichte allerlei Erklärungen vorgebracht worden, die weder für die Frauen noch für die fraglichen Autoren schmeichelhaft waren.[48] Besonders peinlich war die Unterstellung, daß die Frau – zumal als emotionales

Wesen – während der Menstruation, nach der Geburt oder in der Menopause in ihrer Wahrnehmungsfähigkeit gestört sein könnte – als ob Männer immer in Topform, ohne Leidenschaft und nüchtern wären.

Die Lösung des Rätsels liegt darin, daß der Koran die Zeugenschaft der Frau nur beim Streit über Kredittransaktionen behandelt – und für keine andere Eventualität –, obwohl er sich an insgesamt acht Stellen mit Zeugenschaft und Vereidigung befaßt.[49] Wenn es wirklich um die Zuverlässigkeit der Beobachtung ginge, hätte es dann nicht nähergelegen, doppelte weibliche Zeugenschaft für Strafprozesse vorzuschreiben? Offenbar ging der Koran zu Recht davon aus, daß Frauen zur damaligen Zeit in aller Regel im Kreditwesen inkompetent waren. 2: 282 diente daher dem Rechtsschutz der Allgemeinheit, ohne ausschließen zu wollen (oder zu können), daß Frauen in der Zukunft dank besserer Ausbildung und Einbeziehung in den Wirtschaftsprozeß Kompetenz auf diesem Gebiet erlangen könnten.

Hinzu kommt, daß die großen Sammler der Überlieferung des Propheten – al-Bukhari, Muslim, Abu Dawud, at-Tirmidhi, Ibn Madscha, an-Nisai – sich nicht daran stießen, wenn eine Begebenheit nur von einer einzelnen Frau, etwa 'A'isha, tradiert wurde.[50]

Man kann daher getrost mit Fathi Osman und Jeffrey Lang darauf schließen, daß das Zeugnis einer Frau dem des Mannes generell gleichwertig ist, es sei denn, daß es sich um einen Wirtschaftsprozeß und um Zeuginnen handelt, die keine entsprechende Ausbildung oder Berufskenntnisse haben.[51]

V.

Das Kapitel über die Frau im Islam läßt sich auf den Nenner bringen, daß die Muslime der Ansicht sind – wie erstaunlich! –, daß wir es bei Mann und Frau mit zwei in mancher Hinsicht unterschiedlichen, in mancher Hinsicht gleichen Geschlechtern zu tun haben. Das islamische Menschenbild geht von der Ungleichheit der Geschlechter als Schöpfungsprinzip aus.[52] Die Muslime halten es für notwendig, Mann und Frau gleich zu behandeln, soweit sie gleich sind, aber ungleich, soweit sie es nicht sind. Sie wissen sich dabei in Übereinstimmung mit ihrem Naturverständnis und schätzen – ganz wie der authentische Tangotänzer – die beglückende Polarität der Geschlechter.[53]

Nach Hasan al-Turabi sollte dabei zugunsten der Frau von einer Gleichheitsvermutung ausgegangen werden: Nur wenn eindeutige Texte in Koran oder Sunna es vorsehen oder der biologische Unterschied es erzwinge, seien ungleiche Regelungen gerechtfertigt.[54]

Ich kann insoweit keinen prinzipiellen Unterschied zum westlichen Rechtssystem sehen, das ja auch – wie bei Wehrpflicht und Schwangerschaftsurlaub – geschlechtsbedingte unterschiedliche Regelungen für Mann und Frau zuläßt.

Die wenigen Unterschiede, die nach der obigen Übersicht bleiben – die Mehrehe (als eine Art gesetzgeberischen Vorratsbeschlusses), das Scheidungs- und Erbrecht –, spielen für den Alltag der im Westen lebenden Muslime keine Rolle, weil sie hier nicht islamischem, sondern europäischem Recht unterworfen sind.

Um für all das einen unverfänglichen Zeugen aufzubieten, zitiere ich Pater Michel Lelong. In seinem auf 5: 48 anspielenden Buchtitel »Si Dieu l'avait volu« (wenn Gott es gewollt hätte) kommt er beim Vergleich der *Lebensqualität* tunesischer und französischer Frauen zu folgendem Urteil: »Mir begegnen hier häufig sogenannte befreite Frauen. Doch sie stehen manchmal unter dem Druck einer neuen Sklaverei, die subtiler, aber nicht weniger gefährlich ist.« Solche Frauen seien Gefangene neuer Zwänge: des »Konformismus, der Mode, der Reklame, des Arbeitslebens oder auch nur ihrer Zigarette«. Lelong vergleicht dies aus eigener, jahrelanger Beobachtung mit der »erstaunlichen gelebten Freiheit der muslimischen Frau«.[55] Ebenso dezidiert meint Michel Houellebecq, »was man die Befreiung der Frau genannt hat, kam eher den Männern entgegen, die darin die Gelegenheit sahen, ihre sexuellen Beziehungen zu vervielfachen«[56].

So bleibt ›unterm Strich‹ die Frage, wie man im Westen mit muslimischen Frauen umgehen will, die sich in freier Entscheidung der mehrheitlichen Auffassung anschließen, daß das Bedecken von Haar und Körper religiöse Pflicht ist. Rechtlich ist dies nur in einer Hinsicht relevant, nämlich im Hinblick auf die international und verfassungsrechtlich gesicherte Religionsfreiheit. Niemand, auch kein Gericht – und schon gar keine Behörde –, sollte sich anmaßen, für eine Muslima zu entscheiden, ob sie ihr Kopftuch ›wirklich‹ tragen muß; denn eine solche Entscheidung wäre bereits eine Verletzung des Grundrechtes auf Religionsfreiheit. Die Religion einer Einzelperson wäre auch dann zu respektieren, wenn es ihre Privatreligion wäre.

Wie sich unten aus dem Kapitel »Islam made in USA« ergibt, hat Amerika das begriffen und Europa ein weiteres Mal vorexerziert, was demokratische Freiheit bedeutet. Die Kopftuchfrage ist letztlich weniger eine Rechtsfrage denn – als Kopftuch-Phobie – ein Politikum. Es geht darum, ob das alte Europa eine neue Religion und das Anderssein ihrer Anhänger zu ertragen bereit ist oder den Islam aus seinem Bekenntnis zu religiöser Toleranz ausklammern möchte. Gilt das Grundgesetz für Muslime etwa nicht?

ANMERKUNGEN

1 Rolf Degen, »Der kleine Unterschied beim Hören«, in: *Frankfurter Allgemeine Zeitung* vom 21.10.1998, S. N 2.
2 Dazu gehört das unkritisch gelesene Hadith, wonach die Mehrzahl der Bewohner der Hölle Frauen seien (an-Nawawi, Nr. 488).
3 Als es die neugewählte Abgeordnete der islamischen Fazilet-Partei, Merve Kavakcı, im Mai 1999 wagte, mit bedecktem Kopfhaar in der Nationalversammlung zu erscheinen, löste sie in den laizistischen Medien der Türkei einen solchen Sturm der Entrüstung aus, daß man glauben mußte, der von 80 Prozent der Wähler unterstützte säkularistische Staat habe infolge dieser Geste zu wanken begonnen.
Nach einer vom deutschen Privatfernsehen im Herbst 1998 ausgestrahlten Dokumentation wurden türkische Medizinstuden-

tinnen in Istanbul daran gehindert, ihr Schlußexamen abzulegen, weil sie Kopftuch trugen. Dies lief für die Betroffenen auf ein Berufsverbot hinaus. Da ging es der deutschen Lehramtskandidatin Fereshda Ludin in Stuttgart 1998 etwas besser. Sie durfte ihr Schlußexamen ablegen. Nur angestellt wurde sie nicht. Wegen ihres Kopftuchs.

4 Kausar, S. 150 f.
5 Muhammad Qutb, S. 115.
6 Qasim Amin, S. 34, 88.
7 al-Turabi (1991), S. 35, 38, 43.
8 Gardet, S. 373.
9 Lang (1997), S. 116.
10 Osman (*Human Rights*, 1996), S. 15.
11 Zitiert nach Krämer, S. 49.
12 al-Turabi (1992), S. 15.
13 Garaudy, *Charte de Séville*, S. 24.
14 Mernissi, S. 86, 145–159.
15 Lang (1995) bezeichnet die Einehe als »*preferable*«; vgl. Lemu, S. 27; für Muhammad Qutb, S. 106, ist die Einehe »Grundprinzip«; für Gardet, S. 372, ist Einehe »die Regel«; für Pinn, S. 72, lehnt der Koran Mehrehe im Grunde ab.
16 Qasim Amin, S. 113, schreibt tatsächlich unverfroren: »Es sagt Gott (Qur'an 4: 3): ›So heiratet, was euer Herz an Frauen begehrt, zwei, drei oder vier!‹«
17 Kaidi, »Le Coran à l'Usage des Femmes«, in: *Afrique Magazine*, Nr. 113, Paris 1994, S. 63.
18 In meiner Bearbeitung der Max-Henning-Übersetzung habe ich 4: 34 geändert von »Die Männer sind den Weibern überlegen« in »Die Männer stehen für die Frauen in Verantwortung ein« (Eugen Diederichs: München 1999).
19 2. Aufl., München 1998, Bd. 1, S. 232. Das Übersetzerteam wurde von Fatima Grimm geleitet.
20 Osman (1997), S. 815.
21 Osman (*Human Rights*, 1996), S. 16.
22 Lang (1995), S. 147 f, zu 4: 34 siehe S. 153.
23 Vgl. hierzu an-Nawawi, Nr. 276–279.
24 Der Scheich al-Azhar, Muhammad al-Tantawi, stellt sich auf den Standpunkt, daß die weibliche Beschneidung keine religiöse Angelegenheit, sondern eine Sache der Ärzte und der Gesetze sei (*Frankfurter Allgemeine Zeitung* vom 12.11.1998). In einem Gespräch mit ihm im Juli 1997 kritisierte ich diese Haltung, weil sie den falschen Eindruck erwecke, die Scharia habe auf einem so entscheidenden Gebiet nichts zu sagen.
25 24: 60.
26 Vgl. *Islamic Future*, Jg. 13, Nr. 69, Riyadh 1997, S. 2.
27 Pinn, S. 67, 69; nach Holt, S. 65, spielt die islamische Bekleidung bei Palästinenserinnen eine besondere Rolle – als Hoffnung auf Befreiung, sowohl von Israel wie auch von Familienzwängen. Das islamische Kleid vermittle ihnen Sinn und Würde.

28 al-Bukhari Bd. 8, Nr. 680, sowie Bd. 9, Nr. 73 und 85.

29 Kausar, S. 155.

30 'aura (vom Verbalstamm wara/yari = geheimzuhalten suchen) hat etwa die Bedeutung »das besser zu Verbergende«, vgl. bei Hans Wehr, S. 1392.

31 Asad (The Message, 1980), Fußnote 38 zu 24: 31, S. 538.

32 Ebenda, Fußnote 37 zu 24: 31, S. 538.

33 Kaidi, a.a.O. (Fußnote 17), S. 63.

34 Osman (1997), S. 855, 857.

35 Lang (1995), S. 172 ff., besonders S. 175.

36 Abu Dawud, Sunan, Hadith Nr. 4092.

37 al-Turabi (1991), S. 23; ders. (1992), S. 36.

38 al-Turabi (1991), S. 26; ders. (1992), S. 36; Lang (1997), S. 115; Osman (1997), S. 728 f.; nur die ultra-konservative World Association of Muslim Youth (WAMY) fordert nach wie vor die totale Verschleierung der Frau, vgl. »The Significance of the Hijab«, in: Islamic Future, Jg. 13, Nr. 69, Riyadh 1997, S. 2.

39 Lang (1995), S. 179.

40 Eine Schilderung des historischen Anlasses für die Offenbarung der Ayat al-Hidschab findet sich bei al-Bukhari im Hadith Nr. 6.315. Lang (1995), S. 180, erinnert daran, daß sich 'A'isha während der Kamel-Schlacht keine Verletzung von 33: 33 vorhalten ließ.

41 al-Turabi (1991), S. 24 f., mit vielen Beispielen.

42 Ebenda, S. 23, 27.

43 Ebenda, S. 40.

44 Lang (1995), S. 181.

45 Osman (Human Rights, 1996), S. 16 f.; Osman (1997) S. 728 f.; al-Turabi (1992), S. 47 f.

46 Osman (1997), S. 823.

47 Daß nur über ein Drittel der Erbmasse testamentarisch verfügt werden darf, ergibt sich nur aus der Sunna (Muslim, Sahih, Nr. 3991–4000).

48 Shamshad M. Khan, Why Two Women Witnesses??, Ta-Ha-Publishers: London 1993, S. 6.

49 Lang (1995), S. 165 f.

50 Kabbani enthält ausschließlich von Frauen tradierte Überlieferungen.

51 Osman (Human Rights, 1996), S. 17; ders. (1997), S. 757, 885; Lang (1995), S. 166 f.

52 Pinn, S. 74.

53 Wie kaum jemand anders singen Ralf Satori und Petra Steidl in ihrem Tango-Buch das Hohe Lied der kreativen Spannung zwischen den Geschlechtern – scheinbar unzeitgemäß und doch unserer Zeit so notwendig.

54 al-Turabi (1991), S. 11.

55 Lelong, S. 124 f.

56 Houellebecq, S. 68.

Warum Muhammad?

>»Diese Religion wird bestehen bleiben…,
bis die Stunde kommt.«

(Muslim, Sahih, Hadith Nr. 4.717)

>»Zieht keinen Propheten einem anderen vor.«

(al-Bukhari, Sahih, Bd. 9, Hadith Nr. 51)

I.

Wir haben drei an den Islam gerichtete westliche Petita erörtert – Menschenrechte, Demokratie und die Rolle der Frau. Jetzt ist es an der Zeit, sich einigen der Petita zuzuwenden, welche die islamische Welt an den Westen stellt. Da der Islam eine Religion und Religion die andere Dimension dieser Welt ist, schickt es sich, mit zwei theologischen Wünschen der Muslime zu beginnen – der Anerkennung Muhammads und der Entgöttlichung von Jesus; dem soll dann ›Praktischeres‹, das Wunschthema ›Rassismus‹ folgen.

II.

Gottes Ratschlüsse sind unerforschlich. Gleichwohl schickt es sich nicht nur für Christen, sondern auch für Muslime – zumal im Heimatlande Georg Wilhelm Friedrich Hegels –, darüber nachzusinnen, warum Gott die Religionsgeschichte so wie geschehen verlaufen ließ. Christen mögen fragen, welche Bewandtnis es hatte, daß Jesus als aramäisch sprechender Jude im Nahen Osten, am Rande des Römischen Reichs, geboren wurde. Die Muslime stellen sich ähnliche Fragen: Warum wurde ausgerechnet der Analphabet Muhammad, ausgerechnet im

Arabien des 7. nachchristlichen Jahrhunderts, von Gott als Übermittler einer weiteren, letzten, universellen Offenbarung – und dies in arabischer Sprache – erwählt?

Gottes Ratschlüsse sind unerforschlich. Deshalb sind Antworten auf solche Fragen spekulativ. Aber es ist nicht frevelhaft, sich um Antworten zu bemühen. Im Gegenteil: Gott appelliert im Koran ständig an die Gläubigen, doch nachzudenken, zu reflektieren, den Verstand zu gebrauchen. (Er ist die einzige heilige Schrift, die dies tut.)

Aus meiner Sicht gibt es eine Reihe guter Gründe dafür, daß die Geschichte sich des arabischen Propheten Muhammad bediente. Beginnen wir mit der *Geographie*: Im 7. Jahrhundert lag Arabien außerhalb des Machtbereichs der beiden regionalen Hegemonialmächte, des Byzantinischen und des Persischen Reiches, das sogar im Jemen präsent war. Das christliche (ost-)römische Reich des Heraclius I. lag im Kampf mit dem sassanidischen Reich von Schah Chosrau II. Parwez, in dem die dualistische parsische Religion – Zoroastrismus bzw. Mazdaismus – einen neuen Höhepunkt erlebte. Wenn der Islam innerhalb des byzantinischen oder persischen Machtbereichs aufgetreten wäre – als eine neue, gemeinschaftsbildende und damals auch antimonarchische Religion –, wäre er wegen Gefährdung der herrschenden Staatsreligion in beiden Reichen sofort ausgemerzt worden. Nur auf der arabischen Halbinsel, im abgelegenen und fast ungeschichtlichen Hidschaz, im Windschatten der damaligen Weltpolitik, konnte sich der Islam in einem neuen, ideologischen Staatswesen konsolidieren, bevor eine der beiden Regionalmächte an ein Eingreifen auch nur denken konnte. Als der Prophet mit seiner Briefaktion an die umliegenden Herrscher im Jahre 628 auf sich aufmerksam machte, war es dafür schon zu spät.

Dennoch besaß Arabien in bezug auf die gesamte übrige damals bekannte Welt eine zentrale geostrategische Lage, ähnlich weit entfernt von Marokko und England wie von Indien und China: eine für die bald einsetzende

Expansion des Islam ungemein günstige geographische Mittellage.

Eine ebenso plausible Erklärung bietet sich für die Offenbarung des Koran in arabischer *Sprache* an. Zum damaligen Zeitpunkt waren die Verkehrssprachen – Römisch, Griechisch, Farsi und Hebräisch – als Medien der vorausgegangenen Offenbarungen derart mit diesen verwoben, daß die neue, eine paradigmatische Wende herbeiführende koranische Botschaft einer theologisch wie philosophisch jungfräulichen Sprache bedurfte. Wie wichtig dies war, merkt man noch heute, wenn selbst gutmeinende Orientalisten bei Übersetzung oder Auslegung des Korans christliche Begriffe (wie ›Logos‹, ›Heiliger Geist‹, ›Erlösung‹ oder ›Heiliger Krieg‹) in ihn projizieren, als Gefangene von Gedankenassoziationen aus ihrem christlich geprägten Hintergrund.

Im übrigen hatte sich das in Mekka gesprochene Arabisch des Stammes der Quraisch bis zum 7. Jahrhundert zu einer Hochsprache entwickelt, die jeder sagbaren, noch so abstrakten Botschaft als Medium gewachsen war. Um dies nachzuvollziehen, müßten wir uns mit dieser intellektuellen Sprache näher befassen. Doch Beispiele müssen genügen: Das Arabische ist fähig, zeitlich unbestimmte Aussagen zu machen, wofür wir uns etwa mit »es war«, »es ist« und »es wird sein« behelfen müßten. Ferner kann man in dieser Sprache künftige Ereignisse, deren Eintreten gewiß ist, als bereits geschehen in der Vergangenheitsform aussagen. Schließlich kann jedes arabische Wort in acht verschiedene Modalitäten gebracht werden, ob die dabei entstehende Bedeutung in der realen Welt möglich ist oder nicht. Dies qualifiziert das Arabische besonders für philosophisch-spekulatives und wissenschaftlich-hypothetisches Denken.

Auch der *Zeitpunkt* der koranischen Offenbarung war eminent sinnvoll. Denn seit dem 6. Jahrhundert war eindeutig, daß die Christen – und erst recht die über alle Welt verstreuten Juden – nicht aus eigener Einsicht und Kraft in der Lage sein würden, die Verformungen der ihnen geoffenbarten Botschaften zu korrigieren. Die jüdischen Stämme hatten die höchst problematische Vorstellung entwickelt, ein von Gott privilegiertes, »auserwähltes Volk« zu sein. Andererseits hatten sich große Teile der Christenheit 325 auf das nicht weniger problematische Dogma von der Gottesnatur Jesu geeinigt. Beide Religionen hatten sich vor der Sendung Muhammads auf dieser verformten Basis verfestigt. Verfestigt hatte sich damit aber auch das im Mittelmeerraum vorherrschende byzantinische Großreich, in dem sich seit Justinian I. der Cäsaropapismus voll durchgesetzt hatte; dafür bezeichnend war die Kodifizierung des römischen Rechts 534 im Codex Juris Civilis.

III.

Kodifiziert worden war auch eine neue Christologie.[1] Nach juden-christlicher Auffassung war Jesus, der sich nie mit Gott identifiziert hatte oder ›Ich‹ sagte, wenn er Gott meinte, ein weiterer, bedeutender jüdischer Reform-*Prophet*, ganz in Übereinstimmung mit der koranischen Feststellung: »Der Messias, Sohn der Maria, war nur ein Gesandter« (5: 75).

Auch Anspielungen auf die spätere Dreifaltigkeitslehre gab es in der frühen Christenheit nicht, auch nicht bei Paulus, dem eigentlichen Begründer des Christentums. Dies nimmt nicht Wunder; denn die für die Trinitätslehre maßgebliche Stelle im 1. Johannesbrief 5,7: »Drei sind, die da bezeugen im Himmel, der Vater, das Wort und der Heilige Geist, und diese drei sind eins«, war erst ab 380 in einem Neuen Testament in Spanien aufgetaucht. Inzwischen ist dieser Vers (neben dem Kapitel über die Ehebrecherin im Johannes-Evangelium) als eine der prominenteren neutestamentarischen Fälschungen entlarvt worden.[2] In meiner katholischen Ausgabe des Neuen Testaments (mit Imprimatur des Bischofs von Rottenburg vom 27.4.1940) findet sich der fragliche Passus im 1. Johannesbrief in eckiger Klammer, mit der wissenschaftlich amüsanten Fußnote, wonach dieser Vers »eine zwar inhaltlich richtige, aber doch späte Ergänzung« sei (ergänzt, weil richtig, oder doch nicht richtig, weil ergänzt?).

Jedenfalls war die Mehrheit der Bischöfe, im christlichen Westen wie im christlichen Osten, noch im 4. Jahrhundert der Ansicht des alexandrinischen Priesters Arius (ca. 260–336), daß Jesus zwar eine Direktschöpfung Gottes (und daher unter allen Menschen herausgehoben), aber doch weder mit Gott gleich noch ewigen Lebens sei. Wer vor dem 4. Jahrhundert das spätere Glaubensbekenntnis von Nizäa (Nizänum) vertrat, mußte damals noch damit rechnen, als Ketzer verfolgt zu werden.

Allerdings wurde es im 4. Jahrhundert in Konstantinopel und Alexandrien immer populärer, die vier Möglichkeiten der Natur Jesu hitzig durchzudiskutieren: Jesus sei

- nur Gott: die Ein-Personen-Lehre der Monophysiten, die heute noch von Kopten und Armeniern vertreten wird;
- nur Mensch: die bei Judenchristen und Arianern vorherrschende Ansicht;
- unvermischt, also getrennt, Gott und Mensch: die strenge Zwei-Naturen-Lehre der Nestorianer;
- unvermischt, doch ungetrennt, Gott und Mensch: die sich im 4./5. Jahrhundert langsam durchsetzende, orthodox gewordene Dogmatik.

Ideengeschichtlich von größter Tragweite waren die an erster und zweiter Stelle aufgeführten Sichtweisen von Jesus, weil sie in der Form des Islam und der zeitgenössischen Kritik des Jesus-Bildes relevant geblieben sind.

Die heutige christliche Orthodoxie entwickelte sich jedenfalls in erster Linie in Auseinandersetzung mit der Lehre des Arius: Daß von Jesus nur in einem metaphorischen Sinne als »Gottes Sohn« gesprochen werden könne, da er nicht wahrer Gott, sondern nur ein von Gott aus dem Nichts (*ex nihilo*) erschaffenes, bevorzugtes Geschöpf gewesen sei. (Wir werden im nächsten Kapitel sehen, daß dies wie eine Definition des zeitgenössischen katholischen Theologen Hans Küng klingt.)

Schicksalhaft für diese wahrhaft tragische Entwicklung wurde das 1. ökumenische Konzil, das vom 19. Juni bis zum 25. August 325 in Nizäa tagte und gegen den Arianismus die Gottesnatur Jesu mit der Formel festschrieb, daß Christus »aus dem Wesen des Vaters« sei, »gezeugt und nicht geschaffen« sowie mit Gottvater »wesensgleich« (griech. *homousios*; lat. *consubstantialis*) – ein Begriff aus der gnostischen Philosophie.

Dieses »Nizänum« verhinderte nicht, daß der Arianismus von 337 bis 361 doch zur Staats-Christologie von Byzanz wurde und noch lange danach das Christentum der germanischen Völker prägte. Aber dann verfestigte sich das nizänische Glaubensbekenntnis doch im Jahre 451 mit dem 4. ökumenischen Konzil in Chalkedon (Üsküdar). Diesmal verurteilte die Kirche die monophysitische Vorstellung, daß Jesus nur Gott (mit einem menschlichen Scheinleib) sei. Dem setzte sie ihre Hypothese von einem Personenverbund (hypostatische Union) zwischen Gott und Jesus entgegen: beide seien in Jesus »unvermischt und ungetrennt«. Diese paradox klingende Aussage wurde Bestandteil des bis heute offiziell gültigen katholischen Glaubensbekenntnisses.

Zwischenzeitlich war im Anklang an triadische Auffassungen im alexandrinischen Neoplatonismus und in der ägyptischen Mythologie aus der Zwei-Personen-Lehre Gottes sogar eine Drei-Personen-Lehre von Gott entstanden, mit dem »Heiligen Geist« als dritter Person. Unter dem Einfluß einer modischen Geist-Theologie verpersönlichte und vergöttlichte das 2. ökumenische Konzil von Konstantinopel jedenfalls im Jahre 381 den Begriff »Wort« (*Logos*). Damit waren hellenistische Vorstellungen endgültig in das Christentum eingezogen und hatten im Dogma von der »Dreifaltigkeit« bzw. »Dreieinigkeit« (Trinität) dogmatischen Status erhalten. Das nachträgliche Lokalisieren der dritten göttlichen Person im Neuen Testament machte keine Schwierigkeiten. Man mußte das bisher als Geist Gottes verstandene Wort »Geist« (*spiritus*) lediglich als »Heiliger Geist« personalisieren.

160

Wie wir heute wissen, war das erste Konzil der christlichen Kirche in Nizäa (Nizäa I) zugleich das wichtigste der gesamten Kirchengeschichte bis hin zum 22. ökumenischen Konzil (Vatikan II) im vergangenen Jahrhundert. Doch dieses allentscheidende Konzil wurde nicht etwa vom Papst, dem Bischof von Rom, einberufen, sondern von einem ungetauften Heiden und theologischen Laien, Kaiser Konstantin dem Großen. Er veranstaltete das Konzil nicht etwa in der Kathedrale von Nizäa, sondern in seiner dortigen Sommerresidenz. Auch überließ er den Vorsitz nicht etwa einem Kirchenmann wie Athanasius – der Papst war nicht einmal anwesend! –, sondern nahm ihn selbst wahr. Sogar die schicksalhafte Formel von der Wesensgleichheit Jesu mit Gott wurde vom Kaiser vorgeschlagen – nicht weil er religiös interessiert gewesen wäre, sondern weil er im Reich nach Jahren spitzfindiger religiöser Querelen innenpolitisch Ruhe haben wollte. Die von ihm favorisierte Formel, wonach Jesus Mensch *und* Gott ist, war für den Kaiser eher plausibel als abwegig. Schließlich ließen römische Kaiser sich gerne per Dekret unter die Götter versetzen.

Von Istanbul aus ist es nicht weit nach Iznik, dem früheren Nizäa. Jedesmal, wenn ich mich dort aufhalte, schaudert mir bei dem Gedanken, wie verhängnisvoll doch die dortigen Ereignisse im Jahre 325 gewesen waren. Eine ernsthafte Aussprache hatte es nämlich in Nizäa nicht gegeben. Die Einigung war durchgeboxt worden. Sie zu erzwingen fiel um so leichter, als sich unter den rund 225 Prälaten und Bischöfen nur fünf aus der westlichen (vielfach arianischen) Kirche befanden, darunter nur ein westgotischer Bischof aus Cordoba. Und so resultierte das schicksalsschwere Dogma schließlich mehr aus Rivalitäten und Machtkämpfen denn aus Schriftexegese.

Nach Nizäa wurde das dem Konzilbeschluß widersprechende Schrifttum vernichtet. Die Christologie der Judenchristen und der Arianer wurde aus dem Gedächtnis der Christenheit gelöscht. Das Band zum Judentum wurde zerschnitten. Aus Paulus' Ablehnung der

Beschneidung für Heidenchristen war ein theologischer Bruch mit dem semitischen Monotheismus geworden. Gott war verkündet worden, doch die Kirche – Sancta Ecclesia – war gekommen. Die Christen betrachteten das Judentum nur noch als eine Vorbereitung auf das Christentum, die Juden das Christentum als eine jüdische Häresie.

An eine Korrektur dieser Entscheidungen infolge christlicher Selbstkritik war auf Jahrhunderte nicht zu denken. Im Gegenteil, diese bereits extreme Christologie mußte in den folgenden Jahrhunderten gegen noch extremere verteidigt werden. Der Anstoß zur Wiederherstellung des abrahamischen Monotheismus ohne Wenn und Aber konnte daher nur von außen kommen: aus Arabien, von einem arabischen Propheten, der kein Neuerer, sondern ein Wiederhersteller der Religion Abrahams, der Religion Moses, der Religion Jesu, der Religion Gottes sein sollte und sein wollte.

Dies erklärt Ort, Zeit und Inhalt der Mission Muhammads, dem im Koran aufgetragen wurde zu sagen: »Ich bin kein Neuerer unter den Gesandten [...]« (46: 9). Muhammad kam als letzter der Propheten, weil es um die Wiederherstellung des reinen Monotheismus Abrahams, der natürlichen Religion (*religio naturalis*) ging, welche der menschlichen Natur (*fitra*) entspricht. Dementsprechend lehrte Muhammad auf Grundlage des Koran, daß

- Gott ein einziger, transzendenter Gott ist,
- der Sich um die Welt kümmert und
- durch Seine Offenbarungen in Natur und Schrift erkannt werden kann;
- es Aufgabe des Menschen ist, sich Gott hinzugeben und Seinen Geboten zu unterwerfen;
- es ein Letztes Gericht und ein Leben nach dem Tod gibt.

In seiner kompromißlosen Ablehnung von Inkarnation und Trinität stellt der Islam den ersten großen Versuch einer Reformation des Christentums dar. 1400 Mondjahre lang gab es keinen ähnlichen Versuch mehr, den wichtigsten Aspekt des Christentums überhaupt – seine Christologie – zu reformieren. Der Islam versuchte dies, indem er der christlichen Christologie, wie sie sich im Verlauf des 5. und 6. Jahrhunderts verfestigt hatte, bereits im 7. Jahrhundert eine koranische Christologie mit folgenden Eckpunkten entgegensetzte:

Nach Mitteilung des Koran ist Jesus

- wie Adam *geschaffen* und nicht gezeugt (3: 47, 59; 23: 91; 112: 3);
- geboren von einer *Jungfrau* (3: 47);
- entsandt als Bestätiger und *Reformer* der vorausgegangenen Offenbarungen (3: 50);
- ein wundertätiger (5: 110) *Prophet* in der Reihe der anderen Propheten vor ihm (2: 136; 3: 84; 6: 85);
- keine göttliche Person in einer Dreifaltigkeit (4: 171; 5: 72 f.; 9: 30; 19: 35);
- nicht am Kreuz gestorben (4: 157 f.).

Man erkennt sofort, daß die Muslime damit – außer in den beiden letzten Punkten – die orthodoxeste aller Christologien, nämlich die der ursprünglichen Judenchristen, verteidigen.

Was die beiden strittigen Punkte anbetrifft, zitiert ein Muslim – abgesehen von der 1. Sure (al-Fatiha) – keine Sure des Korans häufiger als die 112. Sure (al-Ikhlas), die nach dem Wort des Propheten Muhammad trotz ihres geringen Umfanges ein Drittel der ganzen koranischen Offenbarung ausmacht.[3] Es handelt sich dabei um eine ebenso klare wie nüchterne Zurückweisung des Nizänums:

> Sprich: »Er ist Gott, ein Einziger.
> Gott, der Absolute.
> Er zeugt nicht und ist nicht gezeugt,
> und nichts ist Ihm gleich.«

Daß es – wie der Koran es ausdrückt – eine »Ungeheuerlichkeit« ist, zu sagen, Gott habe sich einen Sohn genommen (18: 4 f.; 19: 88 f.), wurde in den letzten zweihundert

Jahren auch in der christlichen Welt vielen bewußt. Kaum einer formulierte dies schärfer als Sören Kierkegaard: »Das Grundunglück der Christenheit ist eigentlich das Christentum, daß die Lehre vom Gott-Menschen [...] gepredigt wird.« Denn dadurch würde »der Qualitätsunterschied zwischen Gott und Mensch pantheistisch aufgehoben«. Der Däne wagte es zu sagen: »Die Lehre vom Gott-Menschen hat die Christenheit frech gemacht [...], und [sie] duzt Gott als Verwandten.«[4]

Gleiches gilt für die koranische Ablehnung der Trinität. Die 4. Sure (an-Nisa): 171 sagte dazu: »Oh ihr Leute der Schrift! Übertreibt nicht in euerer Religion und sprecht über Gott nur die Wahrheit. Der Messias Jesus, Sohn der Maria, war ein Gesandter Gottes und Sein Wort, das Er Maria entbot, mit einer Seele, geschaffen von Ihm. So glaubt an Gott und Seinen Gesandten und sprecht nicht ›Drei‹. Laßt davon ab, das ist besser für euch. Gott ist nur ein einziger Gott. Er ist hoch darüber erhaben, daß Er einen Sohn haben sollte [...].«

Muslime wundern sich darüber, was Christen alles über Natur und Wirkweise Gottes zu wissen glauben, obgleich sie andererseits die Dreifaltigkeit als ein Mysterium vor rationalen Erklärungsversuchen abzuschirmen versuchen. Dieser Vorwurf betrifft beispielsweise Erläuterungen, wonach jede der drei göttlichen Personen innerhalb der Gottheit das jeweils ihr Zukommende vollbringt (*opera ad intra*), während alles Tun Gottes außerhalb der Gottheit (*opera ad extra*) gemeinsames Werk der drei göttlichen Personen sei.[5]

Gleiches gilt für das Konstrukt, wonach es keine ontologische, wohl aber eine »Offenbarungs-Trinität« gebe: Das Geheimnis der inter-personellen Beziehungen des Vaters, des Sohnes und des Geistes bleibe vollständig in Gott selbst, die Handlungen Gottes nach außen gingen jedoch von den drei Personen wie von ein- und demselben Prinzip aus.[6]

Einen einsamen Gipfel dieser Trinitäts-Spekulationen erklomm gewiß der mystische Kardinal Nikolaus von Kues (gestorben 1464), indem er die göttliche Dreifaltigkeit sogar als denknotwendig postulierte – in den Worten von Kurt Flasch als »die intelligente Art, Gott zu sein«; denn Cusanus bestimmte schlicht: »Gott muß dreieinig sein, wenn er das intelligente Prinzip der Welt ist, wenn er sich weiß und wenn er die Liebe ist.«[7]

Was den zweiten strittigen Punkt anbetrifft, so ist die Kreuzigung erst durch Paulus zu einer zentralen dogmatischen Angelegenheit für das Christentum geworden, nämlich aufgrund seiner Theorien von Erbsünde, Erlösungsbedürfnis und Erlösungstod – Vorstellungen, die mit dem islamischen Gottesbild sämtlich unvereinbar sind. Hinsichtlich der Kreuzigung belehrte uns der Koran schon lange vor Jürgen Moltmann (»Der gekreuzigte Gott«) wie folgt: »Wegen ihrer Rede: ›Wir haben Jesus Christus, den Sohn der Maria, getötet.‹ Dabei haben sie ihn doch weder erschlagen noch gekreuzigt. Es schien ihnen nur so. Wahrlich, diejenigen, die darüber uneins sind, sind voller Zweifel: sie haben ja keine Kenntnis davon, sondern folgen nur Vermutungen. Sie haben ihn gewiß nicht getötet. Vielmehr hat Gott ihn zu Sich emporgehoben« (4: 157 f.).

Bei der Lektüre dieser beiden Verse sollte man zum einen den Akzent auf »sie« (haben ihn nicht getötet) legen. Das heißt: Nicht die Juden, sondern Gott, der Herr über Leben und Tod, hat Jesus sterben lassen. Zum anderen sagen die Verse aus, daß Jesus nicht am Kreuz, sondern später gestorben ist; denn unter »Kreuzigen« ist »Töten am Kreuz« zu verstehen.

Für diese Darstellung des Koran spricht, daß die vier Evangelien hinsichtlich der Kreuzigung so weit auseinandergehen, daß man keinem volles Vertrauen schenken kann. Daß Jesus nicht ans Kreuz gebunden, sondern genagelt worden sei, ist erst im 3. Jahrhundert, vor allem von Tertullian (ca. 160–220), vertreten worden, aber nicht etwa aufgrund eines Hinweises in den Evangelien, sondern gestützt auf den 17. Vers des 22. Psalms, wo es heißt: »Sie zerreißen mir Hände und Füße!« Zu diesem Zeitpunkt war die Geschichte vom »ungläubigen Thomas« offenbar noch nicht in das Neue Testament eingefügt worden. Tertullian kannte natürlich auch das die Kreuzigung angeblich illustrierende Grabtuch von Turin nicht, das – wie die katholische Kirche seit 1988 zugibt – eine Fälschung des 13. oder 14. Jahrhunderts ist.[8]

Die unsere Phantasie beflügelnden Kruzifixe sind jedenfalls selbst Phantasien, zumal sie die zu Jesu Zeiten üblichen Kreuze aus ästhetischen Gründen falsch – nämlich mit Fußstütze, statt eines Horns in Gesäßhöhe – darstellen. Die Römer hatten zwei Arten der Kreuzigung entwickelt: eine, die zu einem schnellen Tod führte –, dabei wurden die Beine gebrochen, was zum Erstickungstod führte – und eine weitere, die zu einem langsamen Tod führte. Manches spricht nun dafür, daß Jesus nach der langsamen Methode ans Kreuz gebunden worden war, und dies – wegen des bevorstehenden Sabbath – nur für drei Stunden, weshalb er bei der Abnahme noch am Leben war.

Auf jeden Fall ist Paul Schwarzenau zuzustimmen, der in seiner »Korankunde für Christen« den Koran als einen Protest gegen das christliche Kreuzesverständnis bezeichnet.[9] Paulus verwandelte bekanntlich das Fiasko, das die christliche Urgemeinde betroffen hatte, mit seiner Theorie vom Sühneopfer in ein Erlösungsereignis und das Kreuz in das Symbol dafür. Damit rückte er das Kreuz in das Zentrum nicht des geschriebenen, aber des gepredigten Evangeliums, bis es schließlich zum christlichen Siegeszeichen mutierte. Diese Erlösungstheologie hat ungemein trennend gewirkt – auf Juden wie auf Muslime –, weil sie ihnen wie eine Blasphemie erscheint. Was ist das für ein Gott, fragt man sich, der einer Fehlentwicklung nicht anders begegnen kann als durch Zeugung und grausame Opferung eines Sohnes? (Es ist keineswegs unwahrscheinlich, daß die Opfertheologie antiker Mysterienkulte – wie die des Midias-Kults – für diese Vorstellung Pate stand.)

Die islamische Seite hielt über alle Jahrhunderte hinweg eisern an ihrer Christologie fest. Selbst muslimische »Modernisten« und »Kultur-Muslime« – von 'Ali Abderraziq, Muammar al-Qadhafi und Muhammad Said al-

Ashmawi bis hin zu Farag Foda, Mohamed Arkoun und Bassam Tibi – rühren an *einem* nicht: der koranischen Korrektur des spätchristlichen Jesus-Bildes.

Wie dem auch sei: Muslime und Christen beklagen heute gemeinsam, daß der Okzident seit über 150 Jahren von Agnostizismus, Atheismus, Kirchenentfremdung sowie Flucht in unverbindliche private oder esoterische Religionen geprägt ist – von Anthroposophie über einen feministisch-matriarchalischen Göttinnenkult bis hin zum Buddhismus; denn Christen und Muslime sitzen angesichts dieses zeitgenössischen religionsfeindlichen, kraß materialistischen Meeres sozusagen im gleichen Boot.

Sind sich Christen aber darüber klar, daß selbst diese negative Entwicklung in der Moderne viel mit Nizäa zu tun hat, daß sie eine Spätfolge des zunehmenden Glaubwürdigkeitsverlustes der nizänischen Christologie ist? Muhammad Asad schrieb bereits 1934 in seinem kleinen Buch »Islam am Scheideweg«: »Der vielleicht wichtigste intellektuelle Faktor, welcher die religiöse Erneuerung Europas verhinderte, war die gegenwärtige Auffassung von Jesus Christus als Sohn Gottes. [...] Europäische Denker zuckten instinktiv vor dem Gottesbild der kirchlichen Lehre zurück. Da dieses Konzept jedoch das einzige ihnen vertraute war, begannen sie damit, die Vorstellung von Gott zu verwerfen, *und damit jegliche Religion.*«[10] Nizäa als Wurzel von Atheismus?

Angesichts der Bitterkeiten der christlich-islamischen Geschichte und der Unvereinbarkeit ihrer beider Christologien war es schon ein mittleres theologisches Erdbeben, als die Katholische Kirche ihrem jahrhundertelangen Feindbild Islam im Verlauf des 2. Vatikanischen Konzils (1965–1966) abschwor. 1964 wurde das Päpstliche Sekretariat für die Beziehungen mit nicht-christlichen Religionen (*pro non-Christianis*) gegründet und mit Patres besetzt, welche dem Islam kenntnisreich und nicht ohne Sympathie gegenüberstanden. Am 28.10.1985 fertigte der Papst die weltökumenisch gestimmte Enzyklika »Nostra Aetate« aus, in der es u.a. heißt, daß die Kirche »den

167

Muslimen Achtung entgegenbringt, die den lebendigen und ewigen, gütigen und all-mächtigen Gott, den Schöpfer von Himmel und Erde, anbeten«.

Das aus dem Konzil hervorgegangene Dokument ermahnte Muslime wie Christen, die Zerwürfnisse und Feindschaften der Vergangenheit zu vergessen. Statt dessen sollten Muslime wie Christen »sich aufrichtig um gegenseitiges Verstehen bemühen« und im Interesse aller Menschen »gemeinsam eintreten für Schutz und Frieden und Förderung der sozialen Gerechtigkeit; damit auch für die sittlichen Güter und nicht zuletzt für den Frieden und die Freiheit aller Menschen«[11]. In diesem Geiste sprach Papst Johannes Paul II. am 19. August 1985 im Stadion von Casablanca zur marokkanischen Jugend. Er zitierte dabei fast wörtlich denjenigen Koran-Vers, der als ein Manifest des religiösen Pluralismus gilt (5: 48), und stellte fest: »Wir glauben an den selben Gott, den einzigen Gott!«[12]

Auf dem langen Weg zu einer Normalisierung der Beziehungen zum Islam hat die Katholische Kirche sich mit diesen Initiativen an die Spitze der gesamten christlichen Welt gesetzt, vor den Weltkirchenrat und weit vor sämtliche christlich-orthodoxen Kirchen. Gleichwohl war Vatikan II auf diesem Weg nur eine wichtige Etappe; denn sowohl die zitierte Enzyklika wie der Papst in Casablanca vermieden es geflissentlich, den Propheten des von ihnen neuerdings hochgeschätzten Islam auch nur zu erwähnen. Wie Hans Küng ist auch Pater Michel Lelong daher der Ansicht, daß ihre Kirche noch weit davon entfernt ist, aus der Enzyklika von 1985 die vollen theologischen und pastoralen Konsequenzen zu ziehen.[13] Ulrich Schoen fragt daher: »Warum wagt niemand, ein Wort über Muhammad zu sagen?«[14]

Eine rhetorische Frage. Es ist offensichtlich, daß die Kirche Muhammad die überfällige Rehabilitation nicht nur vorenthält, weil sie noch immer Gefangene der von ihr selbst lancierten Verleumdungen gegen ihn ist. Auch wer heute im christlichen Lager nicht mehr glaubt, daß der Islam eine Irrlehre und Muhammad ein Hochstapler ist, mag sich keine Anerkennung des Koran als einer göttlichen Offenbarung, die mit der Bibel (zumindest) gleichrangig ist, vorstellen können. Genau das wäre aber miteingeschlossen, wenn man Muhammad als Prophet, das heißt als Gefäß einer Offenbarung Gottes, anerkennen würde. Das Erreichen der nächsten Etappe setzt daher eine breitere, tiefere und viel wohlwollendere Befassung mit dem Koran voraus.

Im Westen wird gewiß noch verkannt, daß der Islam das Christentum vom Kopf wieder auf die Füße stellen und für die Wiedergesundung der westlichen Zivilisation nützlich sein könnte. Doch darum geht es hier nicht. Ist es nicht ein Gebot purer Höflichkeit, einen von über einer Milliarde Menschen als Prophet hochgeachteten Menschen nicht totzuschweigen? Schließlich kann man Muhammad auch dadurch verunglimpfen, daß man ihn wie eine Nichtperson behandelt. Ist es nicht überfällig, Muhammad mindestens mit der Hochachtung zu begegnen, die man für Jakobus, den älteren Bruder von Jesus, übrig hat – wo doch beider Auffassungen von Natur und Sendung Jesu identisch war, wo wir doch »durch den Koran näher bei urchristlichen Zeiten als durch das Neue Testament sind«[15]?

ANMERKUNGEN

1 Vgl. Lüdemann (1995) und Deschner. Anmerkungen zur Christologie-Debatte finden sich detaillierter im nächsten Kapitel.
2 Seither fängt das 8. Kapitel des 1. Johannes-Evangeliums in manchen evangelischen Ausgaben des Neuen Testaments erst mit Vers 12 an.
3 al-Bukhari, Bd. 6, Nr. 533 f.; Bd. 8, Nr. 638; Bd. 9, Nr. 638; Muslim, Nr. 1769–1773.
4 Kierkegaard, S. 159 f.
5 Ulrich Schoen in: Kirste, S. 27.
6 Borrmans, S. 111. Möchte man zu ihm wie zu Schoen nicht sagen: »Oh, hätten sie nur geschwiegen!«
7 Kurt Flasch, *Nikolaus von Kues*, Klostermann: Frankfurt 1998. Zitiert nach Martina Bretz, *Frankfurter Allgemeine Zeitung* vom 3.11.1998, S. L 24.

8 Nach der Radiokarbon-Methode stammt das Grabtuch aus der Zeit zwischen 1260 und 1390 (*Frankfurter Allgemeine Zeitung* vom 14.10.1988).
9 Schwarzenau (1982), S. 110.
10 Asad, *Islam at the Crossroads*, S. 51 f.
11 Textauszug bei Lelong, S. 13 f.
12 Textauszug bei Lelong, S. 18–20.
13 Lelong, S. 24.
14 Schoen in: Kirste, S. 36.
15 Schwarzenau (1991), S. 504.

JESUS TRENNT –
JESUS EINT

I.

Wer den jüngsten Biographien Gottes folgt – Karen Armstrongs »Nah ist und schwer zu fassen der Gott – 3000 Jahre Glaubensgeschichte von Abraham bis Albert Einstein«[1] und Jack Miles' »Gott. Eine Biographie«[2] –, ist geneigt anzunehmen, daß es ebensoviele unterschiedliche Gottesvorstellungen gibt wie Juden, Christen und Muslime. Wenn dies einigermaßen zutrifft, ist es kaum verwunderlich, wenn es sich bei der Vielfalt der Jesus-Bilder ähnlich verhält. Dann aber kann es sein, daß es sich bei dem Jesus, der Menschen eint, gar nicht um den gleichen Jesus handelt, der sie von anderen Menschen trennt.

Grob auf einen Nenner gebracht, hatten wir es im Verlauf der Geschichte vor allem mit den folgenden drei Jesus-Bildern zu tun – Jesus sei

• ein häretischer Jude gewesen, der sich zu Unrecht für den Messias hielt (jüdische Auffassung);
• Gott und Mensch zugleich (die Inkarnationsvorstellung der christlichen Kirchen);
• ein jüdischer Reform-Prophet gewesen (islamische Sicht).

Bis vor etwa 100 Jahren gab es im Westen zwar einzelne kritisch eingestellte Menschen, welche die christliche Sicht für sich nicht mitvollzogen – darunter Johann Wolfgang von Goethe und andere Deisten –, aber keine offene, systematische, anti-dogmatische Rebellion. Diese setzte erst im 19. Jahrhundert mit der historisch-kritischen Überprüfung der schriftlichen Quellen des Christentums ein, dann aber – auf Ebene der Berufstheologen – mit vernichtenden Folgen. Zu nennen sind hier Theologieprofessoren beider Konfessionen wie Rudolf Bultmann, Hans Campenhausen, Adolf Harnack, John Hick, Emanuel Hirsch, Hans Küng, Gerd Lüdemann, Paul Tillich, Karl Rahner, Adolf Schlatter, Hans Joachim Schoeps, Wilfred Cantwell Smith und Wolfhart Pannenberg. (Wie stets hat sich das christliche Volk an diesem revisionistischen Prozeß kaum beteiligt, zumal es von den Gemeindepfarrern darüber im dunklen gelassen wurde.)

Erstes Opfer der Quellenkritik wurde das Neue Testament (NT) als historischer Text. Rudolf Bultmann (1884–1976) wandte die historisch-kritische Methode literarischer Exegese ohne Abstriche auf die Heilige Schrift an und klärte so »das Verhältnis der urchristlichen Christus-Botschaft zum historischen Jesus«. Er ging dem NT »entmythologisierend« so zu Leibe, daß sich die Erkenntnis aufdrängte, eine Rekonstruktion der wahren Biographie Jesus' sei wegen der Entstehungsumstände der Evangelien ein Ding der Unmöglichkeit. Es gibt nun einmal – trotz aller Bemühungen um eine Urquelle »Q« – kein »Evangelium nach Jesus«.[3]

Man kam zu dem Ergebnis, daß keine der 27 Schriften des NT in dem Sinne authentisch ist, daß ihr Autor (a) bekannt und (b) Zeitzeuge Jesu gewesen wäre. Über Jesus gibt es nur Fremdberichte, und das weder in seiner aramäischen Muttersprache noch von Augenzeugen. Wie sollen wir wissen, was er gewollt und gemeint hat, wenn wir noch nicht einmal wissen, was er gesagt hat? Überdies steht die Autorenschaft nur bei sieben Briefen von Paulus fest, doch dieser hat Jesus ja weder gesprochen noch erlebt. Die Apostelgeschichte wurde gar als ein Produkt des 4. Jahrhunderts erkannt.

Man kam daher um das Urteil nicht herum, daß die biblischen Texte ihre Entstehung nicht historischen Ursachen, sondern glaubensmäßigen Interessen verdanken. Das heißt: Wir kennen zwar die Wirkungen, die von einem ›Jesus‹ genannten Phänomen ausgehen, aber nicht die Ursachen des Jesus-Ereignisses. Jesus ist nicht so sehr Urheber als Gegenstand des christlichen Glaubens. Jesus als der »große Unbekannte«.[4] Gerd Lüdemann sagt es unmißverständlich: »Ich glaube also nicht an die Bibel als Wort Gottes an uns, sondern an Jesus, der, durch die Schuttmassen der kirchlichen Tradition erdrückt, hinter den neutestamentlichen Texten steht [...].«[5]

Ganz abgesehen von der Frage seiner Authentizität kamen viele Forscher zu dem Ergebnis, daß von der früher unterstellten Unfehlbarkeit, Widerspruchslosigkeit und Einheit des NT, auch angesichts der Umstände seiner Kanonisierung und Redigierung, keine Rede sein kann. Nach Lüdemann stellt es eine relativ willkürliche Auswahl der Kirche dar, nämlich die Sammlung der (über andere Theologien) siegreichen Partei. Sie wurde fixiert, als das Christentum seine Anfänge bereits hinter sich gelassen hatte, und ist insofern nicht Gottes-, sondern Menschenwort. Nach Lüdemann läßt »die geschichtliche Betrachtung der Entstehung des neutestamentlichen Kanons die Gemäuer von Kirche und Theologie wie ein Kartenhaus zusammenstürzen«[6].

Besonders empört zeigten sich kritische Theologen über die Fälschung ganzer Dokumente wie des 2. Briefes von Paulus an die Thessaloniker und des 2. Petrus-Briefes sowie aller auf eine Trinität hinweisenden Stellen, darunter neben 1. Joh. 5, 7 der Taufbefehl »im Namen des Vaters, des Sohnes und des Heiligen Geistes« (Matth. 28, 19).

Unter diesen Umständen konnte nicht ausbleiben, daß auch die Dogmen auf den Prüfstand kamen, die im 4. und 5. Jahrhundert in Nizäa, Konstantinopel und Chalkedon verabschiedet worden waren – Inkarnation und Trinität. Ja, die neutestamentliche Kritik wurde zu einem gewaltigen, aufregenden Bemühen, theologisch hinter 325 zurückzugehen und die ursprüngliche, juden-christliche Christologie wiederzuentdecken. John Hick, der maßgeblichste Kritiker dieser Dogmen, glaubt wohl zu Recht, daß die bloße Diskussion sowohl die

Inkarnation wie die Trinität bereits ihres dogmatischen Status beraubt hat; beides seien inzwischen nur noch Theorien.[7]

Dies mag auf den westlichen Westen zutreffen. Im Bereich der orthodoxen Ostkirchen hat das Dreifaltigkeitsdogma die Zeitläufe besser überstanden. Dies mag daran liegen, daß orientalische Theologen das den Verstand übersteigende Paradigma der Trinität stets als ein sich jeder Deutung entziehendes Mysterium behandelt haben. Die westlichen Kirchen hingegen fielen schließlich ihren eigenen Versuchen zum Opfer, das Dogma rationalistisch zu erklären.

Im extremsten Fall kamen christliche Theologen in Nachfolge von Paul Tillich zu der Überzeugung, daß Jesus ein schönes »Symbol« sei – so schön, daß man ihn erfinden müsse, wenn er nicht existiert habe, so daß es letztlich auf die Geschichtlichkeit Jesu gar nicht ankomme. Christlicher Glaube bedürfe keiner historischen Rechtfertigung, sondern sei »eine existentielle Begegnung mit Christus« (Bultmann). Das ähnelt der Ansicht von Umberto Ecco (»Woran glaubt, wer nicht glaubt?«), wonach – falls Christus nur das Subjekt einer großen Erzählung wäre – diese Erdichtung genauso wunderbar und geheimnisvoll wie wahrhaftige Gottessohnschaft wäre.

Dies sind alles Schritte zur Erneuerung einer schon von Friedrich Schleiermacher betriebenen Ästhetisierung der Religion, die als Lebensphilosophie, zuletzt als »Religion ohne Gott«, alle objektiven Glaubensinhalte hinter sich läßt; denn eine auf inneres Empfinden beschränkte Religion entschwebt der realen Welt und wird, um mit Goethe zu sprechen, »ein Christentum zu meinem Privatgebrauch«[8]. Entweder läßt sich Religion als Religion rechtfertigen oder gar nicht!

Könnte man da nicht gleich mit Carlos Castaneda und Henri Michaux »Erlebnisabgründe« suchen, nämlich über Psilocybin und Mescalin, das religiöse Bewußtsein stimulierende Pflanzen- und Pilzdrogen der Indios? Der Gott im Rausch als Antithese zum rationalistischen Gott des aufgeklärten Deisten.

Vor diesem Hintergrund vollzog der ehemalige amerikanische Dominikanerpater Matthew Fox einen »Paradigmenwechsel« vom historischen zum »kosmischen Jesus«.[9] Voll Schwärmerei glitt er dabei in eine gesamtheitlich-antidualistische, postmoderne Weisheitsphilosophie voll gnostisch-mystischer Gewißheiten ab. Doch man mag mit Fug und Recht bezweifeln, ob eine solche kosmische Jesus-Mystik unter Verzicht auf einen historischen Jesus lebensfähig ist. Was ist eine fingierte, überhistorische Jesus-Figur noch außer einer weiteren Chiffre für das unfaßbare Wirkliche an sich?

Etwas weniger extrem ist eine theologische Spielart, wonach es als historischen Kern des Christentums wohl ein »Jesus-Ereignis« gegeben habe, über das hinaus alles weitere Christentum bloße Spekulation sei. Jesus sei mehr als nur schöne Idee, sondern eine einzigartige Offenbarung in der eigenen Person gewesen.[10] Nach Klaus Berger wurde der verborgene Gott durch »Jesu Durchsichtigwerden für Gott« und Gottes »heilvoller Präsenz« in ihm »anschaubar«; denn Jesus ist »vollständig durchlässig für die göttliche Präsenz in seiner Existenz«.[11] In der Formulierung von Michel Lelong »hat sich Gott in Seiner Fülle in Jesus Christus zu erkennen gegeben«[12].

In allen drei Fällen verliert Jesus zwar seine Göttlichkeit, wird aber zum Offenbarungsinhalt verklärt. Wenn man mich fragt: Dies sind nicht nur Sprachspiele; es handelt sich um post-nizänische Poesie. Denn auch »Ereignis«-Theologen müssen sich entgegenhalten lassen, daß man ohne historische Beweisbarkeit eines konkreten Ereignisses als Ausgangspunkt insgesamt nur in Spekulation verharrt.

Realistischere Chancen, sich eines Tages kirchenweit durchzusetzen, haben die Thesen des emeritierten britischen Professors John Hick (Birmingham), eines anglikanischen Christen. Hick erkannte, daß Jesus nur Mensch oder gar kein Mensch war, und entschied sich radikal für das reine Menschentum. Nach ihm war Jesus (nur) ein von Gott für eine göttliche Mission auserwählter Mensch, weder frei von Irrtum noch frei von Sünde. Sein Auftrag war lediglich, das strenge alttestamentarische Gottesbild durch das Bild des gütigen, liebevollen Gottes zu ergänzen, das mosaische Ritual zu vergeistigen und die talmudische Rabulistik menschlicher zu machen.

Seine spätere Vergöttlichung – Jesus als der fleischgewordene Gott und zweite Person in einer göttlichen Dreifaltigkeit – erklärt Hick als eine »mythische oder poetische Weise, seine Bedeutung für uns auszudrücken«. Das jüdisch-monotheistische Bild von Jesus als »Sohn Gottes« sei von einer Metapher in eine griechisch-polytheistische Theorie umgesetzt worden.[13]

Hicks »De-Inkarnations-Theologie« basiert darauf, daß Jesus zu keinem Zeitpunkt von sich als Gott oder von einem dreifaltigen Gott gesprochen hatte. Hicks Gesamtsicht bleibt zwar auch im welt-ökumenischen Zusammenhang mehr auf Jesus als auf Gott hin zentriert, aber er läßt offen, ob das Christus-Ereignis ein einmaliges war oder bleiben wird: »Wir sprechen nicht länger von *einem* Schnittpunkt von Göttlichem und Menschlichem, der nur in *einem* Fall, Jesus, zustandekam.«[14]

Anders die katholischen Theologen Rahner und Küng. Beide verschließen sich den Argumenten nicht, die gegen das hellenistische Konzept eines dreifaltigen Gottes mit Jesus als einer göttlichen Person sprechen. Dennoch bemühen sich beide, Jesus eine Vorrangstellung zu geben, die ihn davor bewahren soll, nur noch Prophet unter anderen Propheten zu sein. Beide stemmen sich also gegen den religiösen Pluralismus, der in der Logik des Aufgebens der Inkarnationslehre liegt.

Auch Rahner kam beim Neudurchdenken der Inkarnationslehre zur Definition der echten Menschlichkeit von Jesus: »Wer zum Beispiel sagen würde: ›Jesus ist der Mensch, der die einmalige absolute Selbsthingabe an Gott lebt‹, könnte damit das Wesen Christi durchaus richtig in seiner Tiefe ausgesagt haben […].« Nach Rahner ist göttliche »Inkarnation« in menschliches Leben eine allgemeine Möglichkeit und somit Jesus nur das einzigartig vollkommene Beispiel einer solchen Inspiration. Doch der gleiche Rahner schrieb: »Nur bei Gott ist es überhaupt denkbar, daß er selber die Unterschiedlichkeit zu sich selbst konstituieren kann.«[15] (Aus muslimischer Sicht eine Theorie des potentiellen Polytheismus!) So wirkt Rahners Versuch, hinter Nizäa zurückzugehen, ohne seinen ererbten Kindheitsglauben zu verraten, zwiespältig, ja gequält.

Hans Küngs Sprache ist weniger verblasen, doch auch er bleibt meines Erachtens hinter Lüdemanns Forderung zurück, daß im Konflikt zwischen Kirche und Wahrheit die Wahrheit den Vortritt hat. Auf der einen Seite erkennt Küng an, daß der Gott Abrahams auch Jesu Gott gewesen sei; Jesus habe als Sein auf einzigartige Weise erwählter »Herold« diesen einen und einzigen Gott verkündet und in dessen Namen gehandelt. Jesus sei also ein einzigartiger Mensch, »von Gott erwählt und bevollmächtigt«. Trinität reduziert sich damit auf »Gottes Offenbarung in Jesus Christus durch den Geist«.[16]

Andererseits schreibt Küng, daß dieser wirkliche Mensch Jesus von Nazareth die authentische und definitive Offenbarung Gottes sei, in biblischer Sprache (!) Sein Messias, Christus, Ebenbild und Sohn. In diesem Jesus Christus seien Gottes Geist, Seine Macht und Seine Kraft. Christus, der Gott, ereigne sich zusammen mit dem historischen Menschen Jesus von Nazareth.[17] So erweist sich Küng, mit oder ohne *missio canonica*, noch immer als recht braver Sohn seiner Kirche.

Neues Licht fiel auch auf die Aspekte »Kreuzigung« und »Auferstehung«. Die koranische Aussage, daß Jesus nicht am Kreuz gestorben ist, erhielt seitens der kritischen Theologie Unterstützung durch die Feststellung, daß Prozeß und Strafvollstreckung an ein und demselben (Frei)tag unmittelbar vor Beginn des Passah-Festes stattfanden, daß Jesu Worte am Kreuz eine späte Erfindung sind, daß er von Unbekannten vom Kreuz genommen wurde und daß seine Grabstätte nicht mehr identifizierbar ist. Den Auferstehungsglauben, der nach der bloßen Vision einzelner gemäß 1. Kor. 15, 6 zu einem Massenphänomen wurde, führt Lüdemann auf »eine Kettenreaktion ohnegleichen« zurück.[18]

All diese Rückzugsgefechte mögen zum Nachweis dafür genügen, daß die Christologie in der christlichen Welt in eine tiefe Krise geraten ist, für die auch Eugen Drewermanns Psychologisierungen letztlich symptomatisch sind. Der Koran beschreibt diese Situation genau: »Wahrlich, jene, denen das Buch [...] als Erbe gegeben wurde, befinden sich in tiefem Zweifel darüber« (42: 14). Allerdings ist von dieser Krise (noch) nicht zu erwarten, daß viele enttäuschte Christen der Ankündigung in der 110. Sure (an-Nasr): 2 entsprechend bald »in Scharen in die Religion Allahs eintreten« werden. Eher ist damit zu rechnen, daß der dramatische Niedergang des kirchlich gebundenen Christentums die Entfremdung der Massen von Religion schlechthin beschleunigen und die Neigung des emanzipierten Individuums noch verstärken wird, sich im multi-religiösen Supermarkt selbst zu bedienen. Auch diese Entwicklung wird bereits im Koran kommentiert: »Hast du den gesehen, der seine eigene Neigung zum Gott nimmt [...]?« fragt Gott hinsichtlich dieser Leute in der 45. Sure (al-Dschathiya): 23.

II.

Die geschilderte Entwicklung der christlichen Christologie wird vom gläubigen Volk, das sich sonntags in der Kirche einfindet, noch kaum wahrgenommen; denn in der Christenheit ist es zu einem »Auseinanderbrechen von Frömmigkeit und Wissenschaft gekommen, das einer Schizophrenie gleichkommt«[19]. Trotz des Erdbebens innerhalb der christlichen Theologie kann man deshalb davon ausgehen, daß das katholische Fußvolk in Polen, Kroatien, Irland und Spanien weiterhin Prozessionen zu Ehren der »*Mutter Gottes*« abhalten wird.

Dennoch gleicht die geschilderte Entwicklung dem Paradigmenwechsel, der sich dank Max Planck, Albert Einstein, Werner Heisenberg und Niels Bohr zu Beginn des letzten Jahrhunderts im Umbruch von der Newtonschen zur Neuen Physik ereignet hat. Auch die Bedeutung der Quantenmechanik, der beiden Relativitätstheorien und der Unschärferelation beim Beobachten des Aufbaus der Materie (Welle oder Teilchen?), die ja keine materialistische Metaphysik mehr zulassen, dämmerte der Allgemeinheit erst ein halbes Jahrhundert später. Jedenfalls hängen Glaubwürdigkeit oder Unglaubwürdigkeit der Kirchen heute davon ab, ob sie die Erkenntnisse ihrer historisch-kritischen Theologen nach unten durchsickern lassen oder nicht.

In letzter Konsequenz öffnet die in Gang gekommene Entmythologisierung von Jesus das Tor zu einer Versöhnung des Christentums mit allen nicht-christlichen Religionen, insbesondere mit dem Islam. Die Perspektiven dieses Korrekturprozesses sind atemberaubend. Denn wenn sich die Auffassung verfestigt, daß Jesus ›nur‹ Prophet Gottes war – aus Sicht der Muslime ein gewaltiger Status –, dann könnte zwischen Christen und Muslimen das Tischtuch geflickt werden, das durch das Konzil von Nizäa schon im voraus zerschnitten worden war. Es geht nicht um Rechthaberei, wenn die Muslime mit Genugtuung feststellen, daß die Christenheit dabei ist, die koranische Christologie als die richtige zu entdecken. Dann hätte der Islam seine Mission als Reformation des Christentums endlich erfüllt. Dann hätte der ökumenische Dialog erstmals Chancen nicht nur auf humanitärem, sondern auch auf dogmatischem Gebiet; denn die Gottesnatur Jesu wäre dann nicht mehr das nicht negotiable Tabu, von dem Hans Küng bisher ausging. Dann hätte es sich gelohnt, daß die Muslime 1400 Mondjahre lang eisern an ihrer Christologie festgehalten haben.

Eine gewisse Änderung hat sich ja mit der im letzten Kapitel erwähnten päpstlichen Enzyklika bereits vollzogen: Die Rede ist nicht mehr davon, daß es außerhalb der Kirche kein Heil gebe (*extra ecclesiam nulla salus*); die Kirche hat ihren jahrhundertelangen Exklusivismus aufgegeben. Doch besteht der Eindruck, daß diese Doktrin lediglich von einer neuen ersetzt worden ist, welche man »außerhalb des Christentums kein Heil« nennen könnte. Dies ist der Fall, wenn an die Stelle der Einzigartigkeit von Jesus als Gott lediglich seine Einzigartigkeit als gott-erwählter Mensch gesetzt wird. (In säkularem Gewand tritt diese Einstellung im Rahmen der Globalisierung als weitere Variante auf: »Außerhalb des Westens keine Zivilisation!«)

In extremer Form manifestiert sich diese Haltung in einem christlichen Inklusivismus, wie er im Paragraph 14 der päpstlichen Enzyklika »Redemptor Hominis« 1979 zum Ausdruck kam: »Der Mensch – jeder Mensch ohne Ausnahme – ist durch Christus erlöst worden, und mit jedem Menschen [...] ist Christus in gewisser Weise verbunden, selbst wenn der Mensch das nicht weiß.« Nach solcher (offenbar rückwirkenden) theologischen Vereinnahmung bzw. Umarmung sind Muslime nach einer Formulierung Rahners »anonyme Christen«.

Die Muslime ›revanchieren‹ sich dafür, indem sie auf koranischer Grundlage Jesus (wie alle Propheten) nicht nur für einen ›anonymen‹, sondern für einen Muslim im ursprünglichen Sinne des Wortes halten, nämlich als »einen sich Gott Hingebenden«. Heißt es nicht in der 3. Sure (AL 'Imran): 67: »Abraham war weder Jude noch Christ; vielmehr war er rechtgläubig, ein Gottergebener und keiner derer, die Gott Gefährten geben«, und in der 2. Sure (al-Baqara): 136: »Sprecht: ›Wir glauben an Gott und an das, was Er zu uns herabsandte, und was Er Abraham und Ismael und Isaak und Jakob und den Stämmen herabsandte, und was Moses und Jesus und was den Propheten von ihrem Herrn gegeben wurde. Wir machen keinen Unterschied zwischen ihnen, und wahrlich, wir sind Muslime« (3:84 ist damit fast identisch).

Ganz falsch ist die These von Muslimen als (anonyme) Christen übrigens nicht: Wenn man als Muslim mit wachsendem Staunen beobachtet, wie das Ansehen von Jesus (als einer Art Sozialarbeiter) und seiner (unverheirateten) Mutter von christlichen Theologen einschließlich Ute Ranke-Heinemann und Dorothee Sölle demontiert wird, mag man zu dem Schluß kommen, daß es heute vor allem Muslime sind, welche die Erhabenheit dieser beiden von Gott erwählten Menschen bejahen, bewahren und verteidigen.

Aufrichtiger, was das Ziehen von Konsequenzen angeht, sind Theologen wie Paul Schwarzenau, William Watt und wiederum John Hick. Sie halten jeden Versuch, nach der erfolgten De-Mythologisierung des Christentums seine Vorrangstellung weiter verteidigen zu wollen, für aussichtslos. Nach Schwarzenau, der vom Anbrechen des nachchristlichen Zeitalters und von schon erkennbaren Elementen einer planetarischen Religion zu sprechen wagt, ist die Zeit der Missionare vorbei und die Stunde der Heimkehr aller Menschen zur Religion des Einen Gottes gekommen.[20]

Wie Watt[21] und Hick geht Schwarzenau davon aus, daß Judentum, Christentum und Islam gleich ursprünglich, gleichwertig und gleichermaßen wahr sind. Den Koran hält er für eine religionsökumenische Offenbarung, in welcher die früheste Jesus-Überlieferung archetypisch erhalten ist; insofern stellt der Koran aus seiner Sicht eine gültige Ergänzung des NT dar. Für die Zukunft erwartet Schwarzenau, daß »aus dem Nacheinander von Moses, Jesus und Muhammad ein Miteinander« wird: »Am Ende der Tage werden wir alle im universalen Islam sein.«[22]

Schwarzenau ist sich wie Hick darüber klar, daß alle Religionen trotz ihres universellen Anspruchs kulturell gebunden und daher zur Verwirklichung der Universalität kaum imstande sind. Hick nennt dies »religiöse Ethnizität«, welche die Gläubigen aller Religionen zu dem untauglichen Versuch verleitet, die moralische oder kognitive Überlegenheit ihrer Religionen beweisen zu wollen; was an sich unmöglich sei, weil doch Tugend und Laster ziemlich gleichmäßig über die ganze Welt verteilt seien.

Alle Religionen zielten auf das gleiche ab: die Transformation der menschlichen Existenz durch ihre Zentrierung auf Gott. Ihre unterschiedliche Sicht der letzten Wirklichkeit bedeute nicht, daß einer von ihnen Recht und alle anderen Unrecht haben. Im Gegenteil, nach

Überzeugung von Hick haben alle Religionen gleichermaßen Anteil an der göttlichen Wahrheit. Die Metapher dafür ist das Licht (Gottes), das sich in der Erdatmosphäre in die Farbenskala des Regenbogens bricht. – Ein anderes Bild für die Gleichwertigkeit der Religionen ist das der unterschiedlichen Wege, die alle zum gleichen Berggipfel führen.[23]

Vor dem Hintergrund dieser »pluralistischen Theologie der Religionen« fordert Hick die Vertreter aller Konfessionen dazu auf, ihre Heilswege nicht zu verabsolutieren; an die Christen appelliert er, endlich den »theologischen Rubikon« zu überschreiten und zuzugeben, daß es neben Jesus andere Erlöser und andere Offenbarungsempfänger geben könne.[24]

III.

Es muß ins Auge fallen, wie sehr die Begründung dieses liberalen religiösen Pluralismus ideengeschichtlich mit der Neuen Physik zusammenhängt. Wie diese akzeptiert Hick eine »Unschärferelation« in der Beurteilung von Religionen: Was sich zu widersprechen scheint, mag beides wahr sein. So wie in der modernen Mikrophysik gibt auch Hick zu, daß man zwischen dem Realen an sich und der Art, wie es wahrgenommen wird, unterscheiden muß, da die Wahrnehmung Gottes von der Verfassung des Wahrnehmenden beeinflußt werden kann. Hick neigt deshalb dazu, jede qualitative Beurteilung auszusetzen. Er duldet allenfalls eine (positive) Voreingenommenheit gegenüber seiner eigenen Religion, aber keine (negative) Voreingenommenheit gegenüber anderen Religionen. All das entspricht nicht nur der modernen Physik; es entspricht haarklein der intellektuellen Mode zu Beginn des 3. Jahrtausends: der Postmoderne (auch wenn sie sich oft nur als eine zweite Moderne entpuppt). Der Verlust der Maßstäbe, der Kult des Zufälligen und die Karriere der Chaostheorie spiegeln sich nicht nur in der Theologie wider, sondern sogar im Tanz (»aleatorische Choreographie« à la Merce Cunningham) und in der neuesten Musik des ewigen Avantgardisten John Cage. Sein Pluralismus ist bei der wahllosen Liebe aller Klänge, die ihm zufallen, angelangt. Erinnert solche Ästhetik des Zufalls nicht an die geschilderten theologischen Beliebigkeiten?

Ein Merkmal der Postmoderne in Philosophie, Geschichte, Soziologie und Anthropologie ist der Abscheu vor großer Systematik und übergreifenden Theorien (*Grand Narratives*). Statt zu erklären wird beschrieben. Dabei werden Sinnzusammenhänge zu bloßen Kommunikationsweisen dekonstruiert. In der Postmoderne zirkuliert das (durch die Computertechnik veräußerlichte) Wissen wie Geld (Lyotard). Ein Text ist ausschließlich das, was der Leser daraus macht: der Leser als Autor! Auch sogenannte Offenbarungsschriften werden erst zu solchen durch die Verehrung, die man ihnen entgegenbringt (W.C. Smith). Alles Kleine, Exotische, von der Mehrheit bedrohte »Authentische« – Frauen, Kinder, Rauschgiftsüchtige, Homosexuelle, Eingeborene, religiöse Sekten, Tiere – wird unterschiedslos, ohne Werturteil darüber, geschützt.

Dem entspricht die postmoderne Reaktion auf die spirituelle Verarmung der Moderne: »New Age«-Phänomene wie Okkultismus, Reinkarnationslehren, synkretische, charismatische neuchristliche Sekten, »Zivilreligion«, ökologische Ganzheitsmythen und alles andere, was im zeitgenössischen religiösen Supermarkt zu erhaschen ist.

Hingegen scheut man sich heute vor allem Normativen. In der Moderne galt quasi das naturwissenschaftliche Dogma *extra scientiam nulla salus*. In der Postmoderne hingegen hat man sich von »Objektivität« als Ziel und Möglichkeit so weit entfernt, daß selbst den ›harten‹ Naturwissenschaften Normativität abgesprochen wird. Auch sie könnten letztlich nur Fragen formulieren, *ad infinitum*. Der Sinn der alten Philosophenfragen – Was kann ich wissen? Was soll ich tun? Was darf ich hoffen? – liegt in der Postmoderne im Stellen, nicht im Lösen der Fragen. Wenn aber jede These vorläufig beziehungsweise spekulativ bleiben muß, wird es zur Tugend, keine

Ansichten zu besitzen (*no-view*) und keine Ziele anzuvisieren (*no-goal*); dann wird jeder religiöse Enthusiasmus automatisch zu Fanatismus (French). Solcher »Werterelativismus führt zur Standpunktlosigkeit, und nicht zur Toleranz« (Roman Herzog).[25] Das Gegenteil ist richtig: Toleranz und Absolutheitsanspruch gehören zusammen (Peter Steinacker).

Die fundamentale Abkehr vom Rationalitätspostulat der Moderne hat seine Wurzeln auch im Entsetzen vor dem Holocaust. Es wurde erkannt, daß »Endlösungen« in der Logik des modernen Staates liegen. Nach Zygmunt Baumann wird die menschliche Existenz als moralisches Wesen nicht von Leidenschaft, Rückständigkeit und Aberglauben bedroht, sondern von Vernunft, Zivilisation und Wissenschaft.[26] Es liegt in der Logik dieser Sichtweise, wenn Jürgen Habermas in »Faktizität und Geltung« unter Verwerfung der Grundlagen der Aufklärung (universelle Moral; rational erfaßbares Naturrecht) Recht von Moral trennt und zu einem Ergebnis von Diskursen macht. Aus solchem Verzicht auf den Begriff von ›Wahrheit‹ folgt zwangsläufig eine im Grunde nihilistische Kultur der Relativität, das heißt der Beliebigkeit.[27] Doch hält auch die Postmoderne an den Haupt-›Errungenschaften‹ der Moderne fest: Trennung von Staat und Kirche; intellektueller Pluralismus; lineare Geschichtsbetrachtung; atheistisch-pantheistische Metaphysik (Immanenz); Botschaft des Humanismus.

IV.

Die Frage, ob Jesus eint oder trennt, spielt in der agnostischen postmodernen Szene keine Rolle; sie ist dort schlicht irrelevant. Relevant hingegen ist es für Muslime zu wissen, wohin die postmoderne Reise eines John Hick mit ihnen führen soll und welche Nische die Postmoderne dem Islam einzuräumen bereit ist. Aus islamischer Sicht ist Postmodernismus eine Spätfolge des von der Moderne zu verantwortenden Atheismus, Säkularismus,

Werte- und Sinnverlusts: eine panische Reaktion auf eine widerspenstige Welt, die sich – spätestens seit dem Zweiten Weltkrieg – weder mit den Idealen der Aufklärung noch mit Waffengewalt mehr in den Griff bekommen läßt.[28]

Nach Emanuel Kellerhans gewinnt der Islam seinen Absolutheitsanspruch auf dem Weg des Religionsvergleichs, wonach er das inhaltliche Maximum und Optimum in der Reihe der anderen Religionen und daher »superlativisch« ist.[29] Es wird deshalb niemand wundern, daß die muslimische Welt sich an einem religiösen Pluralismus im Zeichen der Beliebigkeit nicht beteiligen möchte; denn die Gefahren solcher religiösen Agnostik sind offensichtlich. Pluralismus in diesem Sinne ist für religiöse Menschen ein Albtraum, weil er in eine kognitive und moralische Sackgasse führt: zu Sinnentleerung und (über Verlust jeder Gewißheit) zum Verlust von Sicherheit, Tradition und Frömmigkeit. André Malraux hatte dies schon 1968 in seinen »Anti-Memoiren« auf den Punkt gebracht: »Ich glaube, daß die Maschinenzivilisation die erste Zivilisation ohne obersten Wert ist [...] Es bleibt abzuwarten, ob eine Zivilisation lediglich eine Zivilisation des bloßen Fragens [de l'interrogation] oder des Jetzt sein kann, und ob sie ihre Werte längere Zeit auf etwas anderes als Religion gründen kann.«

Die Muslime glauben jedenfalls nicht daran, daß diese Sinn- und Wertekrise nur über die Beschwörung humanistischer Überzeugungen unter Christen, Juden, Muslimen, Liberalen, Marxisten und Atheisten überwunden werden kann, solange der Mensch weiterhin als Maßstab aller Dinge und Inhaber aller Rechte verstanden wird. Blindes Festhalten an einem Fortschrittsmodell, das weiter auf ein herrliches, freies Subjekt setzt, wäre der älteste aller Hüte der Moderne: die Ideologie des ewig Neuen (Thomas Wagner). Daher messen nur ganz wenige Muslime Hans Küngs Projekt einer »globalen Ethik« bzw. eines »Weltethos« mehr als formale Bedeutung bei. Gleiches gilt für Helmut Schmidts Projekt einer Universellen Erklärung der Menschenpflichten. Wo es um

Überwindung von Egoismen geht, die vitalen menschlichen Trieben entspringen, sind Esperanto-Religionen ohne Chance.

Das mußte sich zwangsläufig bei der Sitzung des Parlaments der Religionen der Welt (*Parliament of World's Religions*) vom 1. bis 8. Dezember 1999 in Kapstadt erweisen, wo ein Appell an die richtungsgebenden Institutionen in aller Welt vorlag – 106 Jahre nach dem Gründungskongreß in Chicago. In diesem Appell heißt es zum Beispiel »Begehe keine sexuelle Unsittlichkeit!« (*immorality*), »Achte das Leben!« und »Wir zielen auf eine Welt ab, in der unsere Technologien unsere Menschlichkeit fördern«.

Lauter schöne Platitüden eines »Weltethos«, das kaum über den kategorischen Imperativ bzw. die uralte goldene Moralregel hinauskommt: »Was du nicht willst, daß man dir tu, das füg' auch keinem andren zu.«[30] So weit kommt man, wenn Ethik als dasjenige angesehen wird, das nach Verschwinden der Religionen übrigbleibt. Heinz-Joachim Fischer hat recht: »Eine neue Moral wird sich nicht auf sauberes Nordseewasser und atomwaffenfreie Südsee-Inseln konzentrieren können. Sie wird unglaubwürdig, wenn sie sich als Moral ohne Moral ausgibt, ohne die bewährte Unterscheidung von Gut und Böse, Recht und Unrecht.«[31]

Ich verspreche mir daher auch nichts von der Absicht des Religionsparlaments, unter Nutzung des *millenial moment* im Jahre 2000 ein globales Ereignis in Thingvellír (Island) zu veranstalten. Gleiches gilt für Hans Küngs alte Absicht, eine »systematische Theologie der Weltreligionen« zu schreiben.[32]

Im Gegensatz zu den von John Hick repräsentierten postmodernen Ansichten ist der Islam nicht bereit, auf die Kategorie ›Wahrheit‹ völlig zu verzichten, obwohl auch viele sunnitische Muslime dem iranischen Staatspräsidenten Mohammad Chatami darin zustimmen dürften, daß Wahrnehmung von Religion und Religion an sich nicht übereinstimmen müssen.[33] Der Metapher von dem in unterschiedlichen Regenbogenfarben gebrochenen göttlichen Licht setzt der Islam das Bild vom Gold entgegen, das niedrigkarätig, höherkarätig und bei 24 Karat vollkarätig sein kann. Die Botschaft des Islams, der reine Monotheismus, ist mit 24-karätigem Gold zu vergleichen. Eine Steigerung dieses Dogmas von der Einheit und Einzigartigkeit Gottes (*tawhid*) ist nicht vorstellbar; es ist in keiner Weise kulturabhängig.

Das bedeutet nicht, daß der Islam nicht bereit wäre, anderen Religionen in einer religiös pluralistischen Welt tolerant zu begegnen, zumal religiöse Vielfalt ein von Gott gewollter Zustand ist (5: 48). Der Koran enthält sogar eine Vorschrift, die sich wie die Plattform einer Weltökumene liest: »Einem jeden Volk gaben Wir einen Ritus, den sie beobachten. Darum laß sie nicht mit dir darüber streiten, sondern rufe [sie] zu deinem Herrn« (22: 67). Allerdings endet dieser Vers nicht von ungefähr mit der Feststellung: »Siehe, du bist rechtgeleitet.« Das bedeutet, daß die Muslime nicht auf ihre Überzeugung verzichten können, mit ihrem unverfälschten Monotheismus die Gott gefällige Religion zu befolgen (3: 19; 48: 28). Wie gesagt: 24 Karat.

Aus postmoderner wie aus islamischer Sicht besteht ein unversöhnlicher Widerspruch zwischen allzeit gültigen Werten und geschichtlicher Entwicklung. Die Postmoderne zieht daraus den Schluß, daß es überzeitliche Werte nicht geben kann. Der Islam zieht den entgegengesetzten Schluß daraus, daß Geschichte vergängliche Epochen sind – wie Moderne und Postmoderne auch –, während die Vorschriften Gottes überzeitlich fortbestehen. Daher sollte man nach Daniel Brown das Bild vom Licht der Aufklärung (jedenfalls in bezug auf den Islam) umkehren: Nicht die Aufklärung hat Licht in das Dunkel der islamischen Tradition – Koran und Sunna – gebracht, sondern von diesen Normen geht ein Licht aus, das vom Prisma der Moderne gebrochen wird.

Die Muslime sind der Postmoderne gegenüber auch deshalb skeptisch, weil sich daraus für den Islam kein Nischeneffekt ergeben hat. Die erstaunliche Toleranz der Postmoderne für alles und jedes hört abrupt auf, wo

Islam anfängt. Auch in Westeuropa genießen die Muslime keinen Minderheitenbonus. Die Islamophobie von Moderne und Postmoderne sind kaum unterscheidbar. Ein Beispiel dafür ist die Religionssoziologie. Während deren Väter Karl Marx, Max Weber, Emil Durckheim und Georg Simmel schlicht vom gesetzmäßigen Verschwinden des Islam ausgingen, konstatieren ihre postmodernen Nachfolger konsterniert das Wiederaufleben religiöser »Atavismen«, ohne deshalb dem Islam größere Sympathie entgegenzubringen. Sie sind zwar weit davon entfernt, »eine Kirche, ein Gott, ein König« zu propagieren, dafür aber wohl »eine Kultur, eine Technik, eine Weltordnung«. Sie halten sich wie Michel Houellebecq für »a-religiös« und empfinden doch schmerzlich die Notwendigkeit einer »neuen Ontologie« und einer »religiösen Dimension«.[34]

Kurzum: Wohin sie auch schauen, starrt den Muslimen die Globalisierung ins Gesicht.

ANMERKUNGEN

1 Droemer-Knaur: München 1993. Der englische Originaltitel lautet: *A History of God*.
2 Hanser: München 1996.
3 Vgl. bei Mack. Man versucht eine Urquelle »Q« zu rekonstruieren, indem man von Stellen ausgeht, die bei Matthäus und Lukas gleichlauten.
4 Deschner, S. 83.
5 Lüdemann (1995), 2. 226.
6 Ebenda, S. 8 f., 215.
7 Hick, in: Cohn-Sherbok, Kapitel 1.
8 Johann Wolfgang von Goethe, *Dichtung und Wahrheit*, Insel Taschenbuch: Frankfurt 1993, Bd. 5, S. 575.
9 Fox, in: Kirste, S. 374 ff.
10 Cragg, S. 5.
11 Klaus Berger, *Im Anfang war Johannes*, Quell Verlag: Stuttgart 1997, zitiert nach der Besprechung durch Helmut Löhr in der *Frankfurter Allgemeinen Zeitung* vom 3.6.1989.
12 Lelong, S. 160.
13 Hick (1977), erstes Kapitel; gleicher Ansicht ist Paul Schwarzenau (1982), S. 123: »Im ältesten Urchristentum und dem daraus hervorgegangenen Judenchristentum wurde Jesus niemals als Gott im eigentlichen und wesenhaften Sinn bezeichnet. Ja, es

dürfte sicher sein, daß der historische Jesus eine Vergottung seiner Person niemals geduldet hätte.«

14 John Hick, »Religiöser Pluralismus und Absolutheitsansprüche«, in: Kirste, S. 146.

15 Rahner, zitiert ebenda, S. 137–140.

16 Küng/J. van Ess.

17 Küng (1988), S. 33, 43–45, 49 f., 54.

18 Lüdemann (1995), S. 227.

19 Lüdemann (1994), S. 209–211. Lüdemann (1995), S. 8.

20 Schwarzenau, zitiert in: Kirste, S. 478.

21 Watt, S. 43.

22 Schwarzenau (1982), S. 9, 22, 117, 123 f., 126.

23 Hick (1995), S. X; Hick, in: Kirste, 114 f., 118 f., 120 f., 123, 128–149; Hick (1988).

24 Baumann, S. 7.

25 Laudatio zur Verleihung des Friedenspreises des deutschen Buchhandels an Frau Prof. Dr. Annemarie Schimmel, Frankfurt, 15.10.1995, Manuskript, S. 9.

26 Baumann, S. 7.

27 al-Attas (1996), S. 508.

28 Manzoor, in: *The Muslims World Book Review*, Jg. 7, Nr. 2, 1987, S. 3 und Jg. 14, Nr. 3, 1994, S. 9.

29 Kellerhans, *Der Islam*, 2. Aufl., Verlag Basler Missionsbuchhandlung: Basel 1956, S. 377.

30 Der goldenen Regel entspricht ein Hadith, wonach man seinem Bruder wünschen sollte, was man sich selbst wünscht (Muslim, Nr. 72 f.; an-Nawawi, Nr. 236; Rassoul, Nr. 12).

31 Fischer, »Moral ohne Moral?«, in: *Frankfurter Allgemeine Zeitung* vom 16.11.1995.

32 Küng, in: *Die Welt* vom 6.3.1989, S. 13.

33 Chatami, »Keine Religion ist im Besitz der Wahrheit«, in: *Frankfurter Allgemeine Zeitung* vom 26.9.1998, S. 35.

34 Houllebecq, S. 71. Zu einer neuen Ontologie weist Jochen Kirchhoff den Weg mit seinen »Impulsen für eine andere Naturwissenschaft« in dem bemerkenswerten Buch *Räume, Dimensionen, Weltmodelle*.

FARBENBLIND

>»Ich traf, sprach und aß sogar mit Leuten, die man
in Amerika für weiß gehalten hätte. Aber die weiße
Einstellung war in ihrem Kopf ausgelöscht worden,
durch die Religion des Islam.«

(Malcolm X alias Malik al-Shabazz im Brief aus Mekka)

I.

Aus den theologisch-ideengeschichtlichen Wellentälern
des letzten Kapitels gilt es jetzt in die Niederungen des
Rassismus zu steigen; denn auch dies ist ein Thema, das
den Muslimen unter den Nägeln brennt. Um zu wissen,
weshalb, nehme man einen Lufthansa-Flug von Istanbul
nach Frankfurt. Dort wird man wahrscheinlich noch vor
dem Aussteigen über den Lautsprecher hören, daß im
Flugzeug eine Paßkontrolle stattfindet. Dabei erlebt man
dann, daß alle Inhaber deutscher Pässe und alle Passagie-
re, die nicht wie Araber oder Türken aussehen, durchge-
wunken werden. *Passenger profiling* nennt man das im
Jargon amerikanischer Sicherheitsbeamter; denn auch in
Chicago kann man – wie es mir passiert ist – einen Wei-
terflug nur deshalb verpassen, weil man vor der Paßkontrolle hinter Leuten anstehen muß, die arabisch aussehen,
einen Vollbart oder ein Kopftuch tragen.

Es hätte jedenfalls 1996 nicht eines »Europäischen Jahres gegen Rassismus« bedurft, um daran erinnert zu werden, daß Nationalismus, gesteigert zu Chauvinismus, auf
diese Welt zurückgekommen ist. Wie die Schwindsucht
hat auch diese Geißel des 19. und frühen 20. Jahrhunderts
sich mit gesteigerter Virulenz wiedergemeldet. In der
muslimischen Welt erfahren dies vor allem als »Türken«
verfolgte Bosnier, Kaschmiri, Kosovaren, Kurden, Palästinenser und Tschetschenen.

Dabei hatte man postuliert, der Nationalismus sei mit der Rationalität der Moderne unvereinbar und werde daher verschwinden: eine der vielen nicht gehaltenen Versprechungen der Moderne. Ein Nationalismus, der letztlich nichts anderes als eine Variante des seit 1492 gegen Juden und Muslime praktizierten ethnisch-religiösen Rassismus ist, wird uns auch im 21. Jahrhundert in Atem halten, zumindest in Form eurozentrischer Mythen und einer globalen Apartheid zwischen der westlichen Zivilisation und den *barbaric others* (Ziauddin Sardar).

Verständlich wird die Entwicklung ethnozentrischer Gefühle und ihr Ausmaß, wenn man sich der beiden, sich gegenseitig korrigierenden Hauptfaktoren dafür bewußt bleibt: erstens die natürliche, lebenswichtige Familienorientierung des Menschen und zweitens weltanschauliche Bindungen, welche ein überbordendes Nationalbewußtsein überwölben und so entschärfen können. Patriotismus (als noch nicht entarteter Nationalismus) ist schließlich nichts anderes als der natürliche, auf Sippe und Stamm übertragene Familiensinn, eine der Existenzsicherung dienende, normale Verhaltensweise bei Mensch und Tier. Die Nation stellt sich als Großfamilie (*extended family*) *par excellence* dar. Loyalität gegenüber dem Verband, der meine Sozialisierung, ja mein Überleben gewährleistet, ist eine Tugend.

Auch die Kehrseite davon, Furcht, ja Angst vor dem Fremden – dem noch nicht Bekannten –, ist im Kern eine natürliche, notwendige Reaktion. »Und zu Seinen Zeichen gehört die [...] Verschiedenartigkeit eurer Sprachen und Farben. Darin liegt ein Zeichen für die Wissenden«, sagt der Koran ermutigend dazu (30: 22).

II.

Der Koran erkennt die von Gott geschaffene, durch Abstammung oder Eheschließung entstehende Blutsverwandtschaft bzw. Schwägerschaft (25: 54) als schutzwürdigen Wert an (4: 1) – und dies auch innerhalb der doch insgesamt aus Brüdern und Schwestern bestehenden islamischen Glaubensgemeinschaft (8: 73, 75; 33: 6). Der Koran räumt nämlich ein, daß Familienmitglieder sich zumindest erbrechtlich, aber auch in manch anderer Hinsicht besonders nahestehen (33: 6). So konnte der bekannte Koran-Kommentator Daryabadi sagen, daß Verwandtschaft als wichtigste gesellschaftliche Institution des Islam überhaupt anzusehen ist.

Doch jede *in-group*, wie Soziologen es nennen, schafft automatisch eine *out-group*: die *Ab*-Grenzung gegenüber den »anderen«, die zur *Aus*-Grenzung werden kann. Als Kriterien dafür eignen sich Faktoren wie Wohnort, soziale Schicht, geschichtliche Erfahrung, Religion, Geschlecht, Sprache (Dialektfärbung genügt) sowie die Farbe von Augen, Haaren oder Haut. Jeder von uns ist Mitglied mehrerer *in-groups*. Man merkt das spätestens, wenn man vor dem Fernsehschirm eine von zwei Fußballmannschaften favorisiert. Dieser simple, natürliche Mechanismus kann jedoch bis zum Holocaust und zu anderen sprachlos machenden Massakern führen, wie zuletzt zu den »ethnischen Säuberungen« in Bosnien-Herzegowina und im Kosovo, welche die Vertreibung der Muslime und Juden aus dem Spanien der Reconquista im 16. Jahrhundert zum unseligen Vorbild hatten.

Die zwei letzten Drittel des 20. Jahrhunderts haben mehr Menschen aus religiös-ethnischen Gründen zu Flüchtlingen gemacht als irgendein Jahrhundert zuvor. Man denke nur an den Exodus ungezählter Juden aus Europa, die Vertreibung der Deutschen aus Osteuropa, den blutigen Bevölkerungsaustausch zwischen Indien und dem neuen Pakistan, die über die ganze Welt verstreuten Palästinenser, die Flucht von Bosniern und Kosovaren, Hutus und Tutsis. Das 20. Jahrhundert war in der Tat das Jahrhundert der *displaced persons*, von Flüchtlingen vor Massakern und Gaskammern. Haben wir unter diesen Umständen die moralische Berechtigung, die Ausrottung der amerikanischen Indianer im 18. und 19. Jahrhundert und die Sklavenhaltung in den USA bis zum Bürgerkrieg zur Sprache zu bringen?

Das festzustellen wäre pure Banalität, wenn es nicht zu der weit interessanteren Feststellung führen würde, daß es *einen*, einen *einzigen* Faktor gibt, der alle übrigen, gefährlichen Quellen von Nationalismus und Rassismus neutralisieren kann: nämlich Religion (natürlich auch als pseudo-religiöse Ideologie). Im Prinzip sollten alle Weltanschauungen in der Lage sein, ethnische Konflikte im Inneren wie im Außenverhältnis zu überlagern, auch wenn dies dem Christentum kaum gelungen ist – und auch dem »internationalistischen«, anti-imperialistischen Kommunismus nur recht beschränkt.

Es ist deshalb von außerordentlicher Tragweite, daß der Islam in hohem Maße dazu fähig war und ist, Rassismus tatsächlich zurückzudrängen. Dies war schon zur Entstehungszeit des Islam der Fall, dank des unerhörten Ereignisses, daß eine Gruppe stammesfremder Medinenser dem Propheten Muhammad und seinen mekkanischen Anhängern bei zwei Treffen in Aqaba (im Tal von Mina) in den Jahren 621 und 622 nicht nur Zuflucht, sondern (erbberechtigende) Brüderschaft und politische Führerschaft in ihrer arabisch-jüdischen Oasenstadt Yathrib anboten[1] – nicht auf Stammesbasis, sondern auf Basis des gemeinsamen Glaubens.[2] Mit den beiden Treueschwüren von Aqaba begann, was sich rückschauend als das erste staatliche Gemeinwesen auf rein weltanschaulicher Grundlage darstellt. Nach der Hidschra gab es in der Geschichte der Menschheit erstmals einen Staat, dessen Staatsangehörigkeit sich ausschließlich aus der Glaubenszugehörigkeit herleitete – unter Vernachlässigung aller anderen Zusammengehörigkeitsmerkmale, darunter des bisher heiligsten: der Blutsbande zu Sippe und Stamm. Der Koran erklärte die Auswanderer (*muhadschirun*) und ihre Gastgeber (*ansar*) – und nur sie! – unter Bruch aller Stammesbindungen lapidar zu Freunden und Beschützern (*auliya*; 8: 72) und konstatierte: »Der Prophet steht den Gläubigen näher als sie sich selbst« (33: 6).

Laut Ibn Madscha (Sunan I) sagte der Prophet des Islam: »Heiratet Frauen nicht wegen ihrer Schönheit; denn ihre Schönheit kann sie zugrunde richten – und hei-

193

ratet sie auch nicht wegen ihres Vermögens; denn ihr Vermögen kann sie unmäßig machen. Heiratet sie vielmehr wegen ihrer Religion. Eine schwarze Sklavin mit durchbohrter Nase, die aber fromm ist, ist vorzuziehen.« Besser kann man nicht illustrieren, daß der Islam die denkbar engste ideologische Verwandtschaft begründete.

Der Koran ging bei Aufwertung der Glaubensbande über Familienbande noch einen Schritt weiter, indem er feststellte, daß es selbst Ehefrauen und Kinder geben kann, vor deren Feindschaft sich ein Gläubiger um seines Glaubens willen hüten muß (64: 14). Schließlich, so sagte es der Koran lakonisch, werden dem Gläubigen beim Letzten Gericht weder Frauen noch Kinder von irgendwelchem Nutzen sein (60: 3).

Von da ab war es islamisches Ideal, den Besten der Gemeinde unter den Frömmsten zu suchen, ohne Rücksicht auf Herkunft, und nicht unter den Edelblütigsten oder den begabtesten Qasida-Dichtern. So wurde Bilal, ein schwarzer Ex-Sklave, zum ersten Gebetsrufer des Islam; ein Iraner, Salman al-Farsi, wurde erster Finanzminister; und eine Frau, 'A'ischa, hatte formal den Oberbefehl während der sogenannten Kamelschlacht des Jahres 656 gegen 'Ali ibn Abi Talib inne.

Dieses Ideal der von einem einzigen, vorbildlich frommen *amir al-mu'minin* regierten einzigen Umma, der dem Status nach unterschiedslosen Gemeinschaft aller Gläubigen, war im Geschichtsverlauf prägsam. Bis zum Ende des Osmanischen Reiches waren die Mehrzahl der Großwesire keine Türken, sondern Albaner, Griechen, Kroaten, Tscherkessen etc. Ob man wie Salah ad-Din Kurde war oder Turkmene, Azeri oder Syrer – es spielte letztlich weder im Staat noch in der Armee die ausschlaggebende Rolle. Ibn 'Arabi, der Mystiker aus dem andalusischen Murcia, wirkte und starb hochgeachtet in Damaskus, und dort starb auch, im Exil, der große algerische Staatsmann und Sufi des 19. Jahrhunderts, 'Abd-al-Kabir al-Dschaza'iri.

Lawrence von Arabien konnte im Ersten Weltkrieg anti-türkischen Pan-Arabismus nur anfachen, weil die

Jungtürken um Enver Pascha mit ihrem Pan-Türkismus *zuvor* begonnen hatten, andere osmanische Völkerschaften zu diskriminieren. So ist denn auch das heutige Kurdenproblem ohne Wegfall des islamischen Bandes, welches das Osmanische Reich überwölbt hatte, nicht zu verstehen. In der Tat: Noch heute sind fast alle Staaten der arabisch-muslimischen Welt als koloniale Schöpfungen relativ wenig gefestigte Nationalstaaten; theoretisch dürfte es sie gar nicht geben. (Staaten mit historischem Fundament dynastischer oder religiöser Natur, wie Marokko und das ibaditische 'Oman, sind Ausnahmen.)

Seinen schönsten Ausdruck findet das weltumspannende Phänomen der farbenblinden Umma alljährlich während der Pilgerfahrt. Das Gleichheits- und Zusammengehörigkeitsgefühl sowie die Zielgerichtetheit von Millionen Muslimen aus allen Kontinenten, von Pilgern aller Rassen, die unter schwierigen Bedingungen friedlich miteinander leben, beten und diskutieren, ist so einzigartig, daß es selbst einen schwarzen Aktivisten wie Malcolm X von seinem aggressiven Rassismus befreite. Der Hadsch ist die wirksamste vorstellbare Gegenerziehung zu rassistischem Gedankengut überhaupt.

Ich selbst erlebte diese Realität nicht nur in Mekka, sondern auch 1985 in San Francisco. Dort übertrug mir eine Gemeinde schwarzer Muslime spontan die Leitung des Gebets: mir, einem frisch hereingeschneiten, weißhäutigen Ausländer. Doch das war ja nicht der Punkt. Entscheidend war nur, daß ich aus ihrer Sicht der kenntnisreichere Muslim und damit ihr Imam des Tages war.

Diesem Geist ist es zuzuschreiben, daß heute Muslime – und nur sie – in von Rauschgift und Gewalt durchsetzten amerikanischen Ghettos, zwischen weißer Polizei und *black street corner kids* operierend, die gestörten Sozialbeziehungen sanieren können; in Südafrika ist es ebenso. So funktioniert auch in Malaysia die Koexistenz von Malaien, Chinesen und Indern – jeder mit eigener Sprache, Kleidung, Küche und Religion – relativ gut, dank des den Rassismus einhegenden Islam.

195

Muslime sagen nicht ohne Stolz, daß es in der muslimischen Welt trotz Ablehnung von Zionismus und israelischer Expansion niemals einen virulenten Anti-Semitismus gegeben hat. Dies sei nicht etwa deshalb der Fall, weil Araber selbst Semiten sind, sondern weil der Koran die Muslime zum Respekt vor den Gläubigen der monotheistischen Buchreligionen und zu frommem, friedlichem Wettbewerb mit ihnen anhält. Schließlich lehnt Gott im Koran nicht nur jede Gewalt in Glaubensdingen ab (2: 256); die schon mehrfach erwähnte 5. Sure (al-Ma'ida) gibt anderen Religionen in ihrem 48. Vers sogar eine strukturelle Bestandsgarantie.

III.

Wie eingangs festgestellt, hat Rassismus so tiefe und starke natürliche Wurzeln, daß auch der Islam dieses Übel trotz aller Erfolge nie völlig ausrotten konnte. Anderes zu behaupten wäre so verwegen wie die Behauptung, dem Islam sei die Abschaffung des Bösen gelungen. Es wäre frommer Selbstbetrug, dies leugnen zu wollen. Schon bei der Wahl des 1. Kalifen, Abu Bakr, im Jahre 632 wurde offenbar, daß die Asylanten aus Mekka, die Mudschahirun, einen gewissen Vorrang vor ihren Helfern in Medina beanspruchten. Das führte schließlich – ausgerechnet bei den damaligen ›Wendehälsen‹ um Abu Sufyan – zu einer Art islamischen Adels im Reich der damaszener Umayaden. Vor diesem Hintergrund war schon die Schlacht von Siffin des Jahres 657 zwischen dem Kalifen 'Ali und dem umayadischen Gegenkalifen Muawiya ein Stammeskonflikt, wenngleich unter islamischen Vorzeichen.

Doch auch die scheinbar religiös-revolutionären Abbasiden, welche die Umayaden zur Mitte des 8. Jahrhunderts ablösten, hatten in Wirklichkeit quasi adelige Ansprüche. Sie hielten daran fest, daß das Amt des Kalifen einem Mekkaner des Stammes der Quraisch, möglichst aus ihrer Sippe, vorzubehalten sei. Diese Theorie hielt sich bis ins späte Mittelalter, bis schließlich die Osmanen nach der Eroberung Kairos durch Selim I. neben dem Sultan in Personalunion auch den Kalifen stellten. Daß die schiitische Theologie im Grunde auf eine Monarchie hinausläuft, nämlich die notwendige Führung der Gläubigen durch Nachkommen Muhammads – über seine Tochter Fatima und ihren Ehemann 'Ali –, sei am Rande bemerkt.

Die damit auch im real existierenden Islam entstandene Gleichheitsfrage verschärfte sich infolge seiner schnellen Ausbreitung in den ersten beiden Jahrhunderten seines Bestehens. Um eine kontrollierbare Assimilierung der neuen Muslime sicherzustellen, lehnten manche muslimische Eroberer Massenübertritte ab. Doch selbst diejenigen nicht-arabischen Neu-Muslime, die man als Gläubige akzeptiert hatte, sogenannte Mawali – im Vorderen Orient und im Iran, in Indien, Nordafrika und Andalusien –, mußten sich bisweilen auf längere Sicht mit dem inoffiziellen Status eines Muslims zweiter Klasse begnügen, so z.B. bei der Beuteaufteilung oder der Bemessung von Renten. Die Hadith-Literatur spiegelt diese Situation anschaulich wider, mit zahlreichen angeblichen Aussprüchen über die Vorzüglichkeit oder Verworfenheit von Persern, Türken, Berbern und anderen Volksgruppen.

Die Mawali reagierten darauf im 9. und 10. Jahrhundert mit einer Trotzbewegung auf anti-arabischer Basis, der sogenannten *shu'ubiya* (von *sha'aba*, »divergieren«, »zerfallen«, »sich trennen«): eine nie ganz ausgestorbene Richtung innerhalb der islamischen Völkergemeinschaft, welche die Vorzugsstellung der Araber nicht anerkannte[3] und somit ethnische Parteilichkeit bedeutete.

Ibn Khaldun benutzte 1377 in seiner berühmten Grundlegung der Soziologie – als Einleitung (*al-muqqadima*) zu seiner Weltgeschichte – den Schlüsselbegriff *'asabiyya* (Gruppensolidarität), um ein von ihm mit nüchternem Realismus beobachtetes starkes völkisches Zusammengehörigkeitsgefühl unterschiedlicher Gruppen in der islamischen Welt zu beschreiben.

Wer wollte leugnen, daß Ethnizität, vor allem Hautfarbe, die entscheidende Rolle gespielt hatte, als die Osmanen in der Frührenaissance Galeerensklaven an Venedig lieferten oder als arabische Handelsherren bis zum 19. Jahrhundert Jagd auf schwarze Sklaven für den Export nach Amerika machten? Dies ist eine Geschichte, die bis heute die Beziehungen zwischen muslimischen Staaten wie Mauretanien und Senegal belastet.

Nehmen wir, um völlig zeitgenössisch zu sein, die afghanischen Taliban, die ihrer Lehre nach auf Shah Wali Allah von Delhi (1703–1762) und die darauf fußende konservative indische Deobandi-Schule zurückzuführen sind. Ihrem Typ nach – als rurale, puritanische Soldaten-Mönche – stellen sie gewiß ein *religiöses* Phänomen dar. Moralisch motiviert marschierten sie aus ihren südlichen *madrasa* um Kandahar auf Kabul, so wie dies die berberischen Morabiten (*murabitun*) des 12. Jahrhunderts vom Hohen Atlas aus auf Marrakesch getan hatten. Doch wer könnte leugnen, daß auch diese aktuelle Konfrontation unter Muslimen nicht nur eine religiöse Polarisierung ist – zwischen konservativen Taliban und islamistischen Gruppen um Burhanuddin Rabbani und Gulbuddin Hikmatyar –, sondern auch eine tribale zwischen pathanischen, tadschikischen und usbekischen Kräften?[4]

Es wäre auch unglaubwürdig, zu behaupten, daß es auf der heutigen Arabischen Halbinsel zwischen Rotem Meer und Golf keinerlei Klassenprobleme zwischen einsässigen Bürgern und muslimischen Gastarbeitern (*expatriats*) gebe. Einen solchen Idealzustand hatte Carsten Niebuhr auch im 18. Jahrhundert im Hidschaz und Jemen für die damaligen Gastarbeiter nicht feststellen können.[5] Zweimal unverhofft mit Segen überschüttet zu werden – einmal in Form des Propheten und einmal in Form von Erdöl und Erdgas – mag manchem Araber verständlicherweise ein Gefühl von Auserwähltsein vermitteln.

Auch europäische und amerikanische Neu-Muslime klagen manchmal darüber, daß ihnen ›geborene‹ Muslime, nicht nur im arabischen Raum, mit gewissem

Mißtrauen begegnen. Diese Differenzierung hat indessen nichts mit Rassismus zu tun, sondern mit der Sorge um Reinerhaltung des Glaubens gegenüber Brüdern und Schwestern, von denen man glaubt, daß sie mangels Beherrschung des Arabischen keinen verläßlichen Zugang zu den Quellen des Islam haben. Allerdings muß selbst Muhammad Asad (1900–1992), eine wahre Koryphäe im Arabischen, wegen seines europäisch-jüdischen Hintergrunds in der arabischen Welt auch noch posthum um Anerkennung seiner monumentalen wissenschaftlichen Leistung für den Islam kämpfen. So scheint es manchen westlichen Muslimen ähnlich zu ergehen wie den Mawali in der Frühzeit des Islam.

Man sieht, auch wenn man den Rassismus zur Vordertür hinauswirft, kommt er gerne durch die Hintertür wieder herein. Die Muslime dürfen sich daher auf den Lorbeeren ihrer vorbildlich anti-rassistischen Dogmatik und ihrer vielfach vorbildlichen Praxis nicht ausruhen.

IV.

Angesichts der schwachen menschlichen Natur waren rassistische Flecken auf dem Burnus der muslimischen Welt kaum vermeidlich. Doch im großen und ganzen bietet sie das tröstliche Bild eines der Theorie und Praxis nach strukturellen Anti-Rassismus. Dies ist eine Botschaft nicht nur für Katalonien, das Baskenland, Nordirland oder den Balkan; es ist Modell für eine weltumspannende Gemeinschaft, die in ihren internen zwischenmenschlichen Beziehungen wie ihren Beziehungen nach außen von allen Kriterien außer *einem* zu abstrahieren suchen sollte: dem Glauben an Gott und der Hingabe an Ihn. Um das Urteil des bekannten amerikanischen Muslims, Jeffrey Lang, zu übernehmen: »Wenn der Islam rassische Vorurteile auch nicht ausmerzen kann, so toleriert er doch derartige Vorurteile nicht. Und wenn Muslime Rassismus manifestieren, wissen sie ganz genau, daß sie eine fundamentale Forderung ihres Glaubens verletzen und schwerwiegendes Unrecht tun. Ich glaube, daß von allen großen Weltreligionen im Kampf gegen rassische Vorurteile keine erfolgreicher war als der Islam.«[6]

Wer dies bezweifelt, werfe einen Blick in ein beliebiges islamisches Zentrum in Deutschland, wo Türken, Nordafrikaner, Palästinenser, Syrer, Ägypter, Bosnier, Albaner und Deutsche – alle ›per du‹ – auf die herzlichste Art miteinander verkehren und darüber ihre unterschiedlichen Reisepässe völlig vergessen. Daher erscheint es mir nicht übertrieben, abschließend festzustellen, daß der wohlverstandene und gelebte Islam im Selbstverständnis der Muslime und vor dem Hintergrund ihrer Geschichte die Antithese zu Nationalismus und Rassismus ist.

ANMERKUNGEN

1 Die historischen Vorgänge um die beiden Gelöbnisse von Aqaba sind von Charles Le Gai Eaton (S. 209–211) eingehend beschrieben worden.
2 Daß Muhammads Mutter aus Yathrib (später al-Madina) stammte, spielte dabei keine Rolle.
3 Definition bei Hans Wehr, S. 657.
4 Zu den Taliban siehe das Sonderheft »Afghanistan« des *Muslim Politics Report*, Nr. 11, Januar/Februar 1997, herausgegeben vom Council on Foreign Relations in New York City.
5 Niebuhr, *Reisebeschreibung nach Arabien und anderen umliegenden Ländern*, Manesse Bibliothek: Zürich 1992, schreibt auf S. 318: »[…] viele Heiden aus Indien; man erlaubt ihnen auch nicht, ihre Weiber mit nach Jemen zu bringen.«
6 Lang (1997), S. 154.

WAS HABEN SIE HIER VERLOREN?

>»Wir können nicht alles, was eine Minderheit will,
einfach aus Gründen der Toleranz hinnehmen.«

(Verfassungsschutzpräsident Peter Frisch im SPIEGEL, 36/1997, S. 61)

I.

Vor einigen Jahren wurde ich aufgefordert, zum Thema
»Was will der Islam in Deutschland?« zu sprechen. Das
war, was man im Amerikanischen *a loaded question* nennt:
eine Frage, welche die negative Antwort schon enthält.
Im Grunde wurde zweierlei unterstellt: Islam gibt es hier
nicht, und er gehört auch nicht hierher. Kurzum: Er hat
hier nichts zu suchen.

Es lohnt sich deshalb, sich zu vergegenwärtigen, welch
lange *europäische* Geschichte der Islam hat, veranschaulicht
von Denkmälern islamischer Baukunst in Sizilien, in Spanien, auf dem Balkan und in Mittelasien. Spanien war länger islamisch als katholisch. In Europa gibt es etwa 30 Millionen Muslime, etwas weniger als die Hälfte davon in
Westeuropa. Selbst Moskau hat eine halbe Million muslimischer Einwohner, darunter viele Tataren. In den USA
und in Kanada mögen es bald acht Millionen sein. Ihre
religiöse Infrastruktur in Westeuropa – Moscheen, Kultur-
zentren, Schulen, Vereine, Verlage, Buchläden, Metzger,
Friedhöfe – ist beachtlich und kaum noch übersehbar.
Wenn überall ein Minarett stünde, wo Muslime zum Gebet
zusammenkommen, gäbe Europa aus der Luft eine muslimische Landschaft ab. Kein Zweifel: der Islam ist ›da‹.

Bleibt er es auch? Es ist kaum vorstellbar, daß die
Immigration muslimischer Gastarbeiter nach Europa,
muslimischer Akademiker nach Nordamerika und die
massenhafte Bekehrung von Afroamerikanern zum Islam

rückgängig gemacht werden könnten. Wahrscheinlicher ist es, daß die Emigranten – als praktizierende Muslime oder nicht – sich in ihrer neuen Heimat so verwurzeln, daß – wie 1998 – eine türkischstämmige Juristin zur jüngsten Hochschullehrerin ihres Faches in Deutschland werden kann und daß sich Deutschland – wie 1999 – auf einem EUROVISION-Gesangswettbewerb von einer türkischen Musikgruppe aus Berlin vertreten läßt.

Stellen wir uns trotzdem vor, daß alle eingewanderten Muslime den Westen verlassen würden. Verschwände damit auch der Islam? Für die USA, Großbritannien und Frankreich kann man dies verneinen, weil die zweite und dritte Einwanderergeneration, mit vollen Bürgerrechten ausgestattet, schon tiefe Wurzeln gefaßt hat.

Deutschland ist ein Sonderfall, weil der größte Teil der hier wohnenden Türken selbst in der dritten Generation noch auf die Türkei fixiert ist. Dies hat zahlreiche Gründe: Im Gegensatz zu den Maghrebinern in Frankreich und den Indo-Pakistanis in Großbritannien kannten die meisten Türken die Sprache ihres Gastlandes bei Ankunft im Westen nicht. Die Türkei liegt verführerisch nahe – zwei Stunden Flug ab München –, entwickelt sich wirtschaftlich gut und hat verlockende Strände in verlockendem Klima. Ausschlaggebend sind jedoch zwei andere Faktoren: Nach Verzicht auf den Islam als einigendes Band setzte der neue türkische Staat nach dem Zweiten Weltkrieg auf Nationalismus als Bindemittel. Die Aussage »Wie glücklich, sagen zu können, daß ich Türke bin!« (*Ne mutlu Türküm diyene!*) findet sich plakativ nicht nur an den Wänden. Der chauvinistischen Versuchung sind auch türkische Muslime nicht ganz entkommen. Das hat zur doppelten Folge, daß sich die meisten türkischen Emigranten nur schwer innerlich von ihrer Heimat lösen und daß ihr Muslim-Sein eng mit ihrem Türke-Sein verwoben ist.

Dies hat wiederum zwei für die deutsche Emigrantenszene typische Konsequenzen. Zum einen konzentriert sich die Arbeit der türkisch-islamischen Zentren in Deutschland auf die Mission unter Türken; die türkischen Zentren strahlen daher in der Regel weniger auf ihr deutsches Umfeld aus als arabisch bestimmte Zentren. Zum anderen nehmen die in Deutschland lebenden türkischen Muslime voll und ganz an den politischen Auseinandersetzungen über die Rolle des Islam in ihrem Heimatland teil. Ja, manche glauben, daß sich die Türkei von Deutschland aus re-islamisieren lasse. Die Wirksamkeit türkischer Muslime für den Islam in Deutschland wird im übrigen dadurch behindert, daß sie in Bewegungen zerfallen, die bedenklich stark an Gründerfiguren gebunden sind, so wie die Nurculuk-Bewegung an Said Nursi (1877–1960), die Süleymancılar an Süleyman Tunahan und die Milli Görüs-(Nationale Weltsicht-)Organisation (IMGT) an Necmeddin Erbakan.

Daneben gibt es selbsternannte, mystisch phantasierende Gurus wie Ahmed Hulusi.

Doch all dies schließt nicht aus, daß sich die Mehrzahl der türkischen Muslime in Reaktion auf Kursentscheidungen in ihrem Heimatland und die Entwicklung des deutschen Staatsangehörigkeitsrechts seit 1999 bald stärker mit ihrem Gastland identifizieren und damit auch religiös mehr auf es ausstrahlen.

II.

Die Frage, was der Islam im Westen wolle, ist auch als Frage zu lesen, was er hier überhaupt zu suchen habe. Dahinter verbirgt sich die falsche Annahme, daß der Islam eine arabische beziehungsweise orientalische Religion sei, die im Gegensatz zum Christentum eigentlich nicht nach Europa und Amerika passe – Unterstellungen, bei denen sich Kulturhistorikern der Magen umdreht. Denn der Islam ist genauso wie Judentum und Christentum im Nahen Osten entstanden. Die Heiligen Schriften dieser drei Religionen sind in Dialekten (Hebräisch, Aramäisch, Arabisch) der gleichen semitischen Sprache geoffenbart worden. So wie das Christentum hat sich auch der Islam über weite Teile der Welt verbreitet.

Daher sind arabische Muslime innerhalb der muslimischen Weltfamilie eine ebenso kleine Minderheit wie nahöstliche Christen im Christentum.

Im Vergleich zum Islam ist das Christentum ideengeschichtlich die bei weitem orientalischere Religion; denn im Gegensatz zum Islam absorbierte das Christentum neben seinem jüdisch-mosaischen Erbe wichtige Elemente aus Zoroastrismus, Manichäismus, Mazdazismus, Neoplatonismus, Gnosis, römischen Mysterienkulten und (über Pseudo-Dionysios Areopagita) aus der iranischen Angelologie. Inkarnation, Trinität, Sakramentenlehre, Priester- und Mönchstum, Meßfeier und Weihrauch sowie die negative Einstellung zum Geschlechtlichen: das sind alles antike, nahöstliche Erbstücke.

Auch nach dem Hauptkriterium der Aufklärung – der Rationalität – qualifiziert sich der Islam spielend für die Moderne. Verglichen mit dem Christentum ist der Islam mysterienarm; er kennt weder Erbsünde noch Inkarnation, weder Trinität noch Erlösungstod, noch Auferstehung, noch Himmelfahrt Jesu, noch Himmelfahrt Mariens, weder göttliche Anwesenheit in Wein und Brot noch Sündenerlaß durch Taufe, sondern nur das singuläre Wunder der koranischen Offenbarung.

Schließlich kann die muslimische Welt auch nachweisen, daß der Islam seinen Beitrag zur Entwicklung der europäischen Kultur geleistet hat, nachhaltiger als das Judentum und ähnlich stark wie die griechische und hellenistische Kultur. Hier ist nicht der Ort, wie Sigrid Hunke zu beweisen, daß Allahs Sonne über dem Abendland scheint. Doch der westliche Leser sei daran erinnert, daß er sein Zahlensystem (einschließlich der Ziffer Null) von Arabern bezogen hat und ihnen sowie Persern, Indern, Marokkanern und Andalusiern viel seiner Medizin, seine gotischen Spitzbögen, seine Troubadour-Lieder sowie seine Kenntnisse der aristotelischen Philosophie verdankt. Und vieles, vieles mehr.

Unter diesen Umständen vom »christlich-humanistischen« Europa und seiner »judeo-christlich-abendländischen« Kultur zu sprechen, ist sachlich falsch und für

Muslime ein Affront, der sie ausgrenzt. Richtig müßte es heißen: »unser judeo-christo-islamischer Humanismus«.

III.

Der Islam ist also nicht nur da, er ist sogar mit einiger Berechtigung da. Doch was will er noch, außer als Religion einer immigrierten Minderheit toleriert zu werden? Auch wenn er nur das wollte, wäre es bereits viel. Denn der Islam belastet schon jetzt die Toleranzbereitschaft der westlichen Welt bis an ihre Grenzen, weil sie – im Gegensatz zur muslimischen Welt – seit langem eine monoreligiöse Landschaft geworden ist, also keine Übung in religiösem Pluralismus hat.

Der schreckliche, die deutsche Bevölkerung dezimierende 30jährige Krieg (1618–1648) zwischen Katholiken und Protestanten liegt noch nicht lange zurück. Theologische Feinheiten, etwa ob es im Meßopfer »Dies ist mein Leib« oder »Dies bedeutet meinen Leib« heißen muß, entschieden über Leben und Tod. Noch während des Kulturkampfes unter der Kanzlerschaft Otto von Bismarcks hatten Katholiken in Deutschland vor gut 100 Jahren mit dem Verdacht zu kämpfen, keine guten Deutschen, sondern »ultra-montan« aus Rom ferngesteuert zu sein. Dennoch vertrugen sich die beiden Konfessionen in der Folgezeit. Symbol dafür sind katholische und evangelische Gotteshäuser, die sich in den Ortszentren gegenüberstehen.

Was haben Muslime unter solchen gemischten Vorzeichen hierzulande zu erwarten, zumal sie andersartiger als seinerzeit die Katholiken sind und zumal sie ebenfalls als (aus Mekka) ferngesteuert gelten? Wird sich eines Tages zu den beiden Kirchen im Ortszentrum noch eine Moschee gesellen? Oder wird man den Islam als Fremdkörper abstoßen wollen?

Allergische Reaktionen dieser Art können von vier Bereichen des ›Anders‹-Seins ausgelöst werden: Die meisten Muslime sind an ihrem *Erscheinungsbild* leicht auszumachen: Bart, Kopftuch, südländischer oder nahöstlicher Typus, Aussprache, in die Sprache eingestreute Arabismen (»*inscha'allah*«, »*al-hamdulillah*«, »*mascha'allah*«, »*subhanallah*«) und fremdländische Kleidung. Schon ein Kopftuch kann bei einem Ausländeranteil von 9 Prozent die Nerven bloßlegen.

Zweitens können Muslime auf die Nerven gehen, weil sie bestimmte Dinge angeblich nicht können, die sonst jedermann kann: Im Supermarkt lesen sie lange im Kleingedruckten, um bei den winzigsten Zusätzen von Schweinefleisch das ganze Produkt zurückzuweisen. Im Restaurant lassen sie das Eis stehen, wenn es mit in Rum getränkten Kirschen garniert wurde; oder sie *essen* überhaupt nur Fisch, weil das Fleisch von falsch geschlachteten Tieren stammt. Wenn sie können, essen sie gar mit der nackten (rechten) Hand und setzen sich dazu auf den Boden. Wenn man in ihrer Gesellschaft raucht, bekommt man wegen ablehnender Blicke ein schlechtes Gewissen.

Besondere Ansprüche stellen diese Muslime, wenn es um ihre *rituellen* Angelegenheiten geht. Angeblich müssen sie unbedingt mit dem Beten anfangen, wenn es noch stockfinster ist, und mitten in der besten Arbeitszeit damit fortfahren. Während des Monats ihres Ramadans fasten sie unvernünftig lange. Auf Pilgerfahrt können sie angeblich nur einmal im Jahr gehen, an genau bestimmten Tagen, ohne Rücksicht auf den Firmenurlaub. Moscheen wollen sie bauen, mit Kuppeln, die in Bayern bisher unbekannt waren – und mit Minaretten, von denen aus sie zum Gebet rufen wollen. In den Schulen möchten sie den Religionsunterricht selbst erteilen. Und auf dem Friedhof möchten sie nach Mekka ausgerichtete Gräber haben, ihre Toten sollen aber nicht einmal in Särgen beerdigt werden. Schließlich lehnen sie alles ab, woran ein Christenmensch so glaubt, und sie halten sich in allem und jedem an ihren Koran und ihre Tradition, als ob beide nicht schon uralt wären. Man denke nur an ihre Einstellung zur Frau …

Genug der Ironie. Auf diesen vier Gebieten – Äußeres, Speisevorschriften, Ritual und Weltanschauung – gibt es für ein multikulturelles Zusammenleben echte Probleme. Diese dürfen jedoch nicht durch Assimilation der westlichen Zivilisation zum Verschwinden kommen, weil die Muslime sonst von ihrer Umwelt ununterscheidbar würden. Dies wäre ein Nachteil für beide Seiten. Die Muslime halten den Islam, und daher sich selber, für eine Alternative zur westlichen Lebensauffassung; dies muß sich dann aber auch zeigen.

Das enthebt die Muslime allerdings nicht der Aufgabe, Reibungspunkte dadurch zu verringern, daß man zwischen dem unterscheidet, was den Kern des Glaubens ausmacht, und demjenigen, was lediglich Bestandteil der muslimischen Zivilisation, bloßes Kulturerbe ist, so wertvoll dies unter bestimmten Gesichtspunkten auch sein mag. Auf diese rein zivilisatorischen Aspekte – und nur darauf – könnten die Muslime zugunsten besserer Integration – nicht Assimilation – notfalls verzichten. Rein zivilisatorisch (und daher verzichtbar) ist z.B. die orientalische Kleidung. Man kann das Haar der Frau modischer als durch ein (ohnedies nur traditionelles) Kopftuch bedecken. Muslime sind nicht verpflichtet, wie Araber aus dem 7. Jahrhundert zu essen. Sie können eine Krawatte tragen, bei Tisch sitzen, Messer und Gabel benutzen und sich die Zähne statt mit einem zerfaserten Holzzweig (*miswak*) mit Zahnbürste und -pasta putzen.

Im Grunde sollte die westliche Gesellschaft stark genug sein, auch die folkloristischen Bestandteile der gewachsenen islamischen Kultur ohne Abstriche zu tolerieren. Da dem nicht so ist, liegt es im Interesse der Muslime im Westen, die Akzeptanz ihrer Person zu erleichtern, wo immer das möglich ist. Im gesamten nicht negotiablen Bereich, nämlich Glauben (*aqida*), Moral (*akhlaq*), Gottesdienst (*'ibada*) und Verhaltensnormen der Scharia, geht dies *nicht*. Aber im übrigen Bereich geht es.

Die Muslime sollten die Toleranzschwelle ihrer westlichen Umwelt also nicht mutwillig auf die Probe stellen, indem sie sich so verhalten, als laufe Islamisierung auf Arabisierung hinaus. Sie müssen in Rechnung stellen, daß die schnelle Ausbreitung des Islam in Europa – bis

nach Schweden und Finnland – bei vielen kulturverwur-
zelten Menschen einen Zukunftsschock ausgelöst hat, der
sich als soziologisch gesetzmäßige, neo-konservative
Abwehrreaktion gegen schnelle Veränderungen jeder Art
äußert.

IV.

Leider gibt es Indizien dafür, daß das europäisch-islami-
sche Zusammentreffen in Europa trotz aller Kompromiß-
bereitschaft der Muslime negativ enden könnte. Darauf
deutet hin, daß sich weder die Kenntnisse über den Islam
noch die Sympathie für ihn im Verlauf der letzten
30 Jahre im Westen merklich vergrößert haben; eher ist
wegen negativer Medieneinflüsse das Gegenteil zu vermuten. Vereinzelt sind sogar Gegenbewegungen unter
christlich-evangelikalem Vorzeichen entstanden.

Abdul Hadi Christian Hoffmann, Autor des Buches
»Zwischen allen Stühlen«, umriß diese Situation im Januar 1999 in einem »persönlichen Abriß« wie folgt: »In dem
Maße, in dem ich mich in die islamische Gemeinde inte-
griere, erfolgt die Desintegration aus der deutschen
Gesellschaft.« Und: »Ich mußte lernen, daß das Grundgesetz von manchen Deutschen nicht als die gemeinsame
Basis für religiöse und kulturelle Pluralität angesehen
wird.«

Sein individueller Eindruck täuscht nicht. Nach einer
Forsa-Umfrage vom April 1997 billigte nur die Hälfte der
deutschen Bevölkerung Muslimen die gleichen Rechte
wie sich selbst zu; fast 30 Prozent der Bevölkerung emp-
fanden die in *Deutschland* lebenden Muslime – nicht nur
Saddam Hussein – als eine Gefahr.

Besonders mißlich ist die in ganz Europa registrierbare
Versuchung, in einer Situation struktureller Arbeitslosigkeit muslimische Gastarbeiter für die eigene Arbeitslosigkeit verantwortlich zu machen; denn so entsteht aus
sozialem Unbehagen in Verbindung mit rassischen und
religiösen Vorurteilen ein explosiver Cocktail negativer

Empfindungen. Rattenfänger zur Mobilisierung solcher Gemütslagen finden sich allemal, ob die westlichen Volkswirtschaften dem von der Globalisierung ausgelösten Anpassungsdruck nachgeben werden oder nicht.

Das Bild verdüstert sich weiter, wenn man beobachtet, daß die Muslime im Westen als Geisel für alles dienen, was sich an empörenden Vorfällen in der muslimischen Welt abspielt. Jede Giftgasgranate gegen Kurdendörfer im Nordirak, jedes Attentat à la Lockerbie, jedes Massaker in Algerien (von wessen Seite auch immer), jeder Mord an einem iranischen Intellektuellen, jede Handgranate gegen einen westlichen Touristen in Ägypten wird Muslimen in der ganzen Welt angelastet.

Nachteilig für die Zukunft des Islam in Deutschland ist ferner die Tätigkeit von nominellen bzw. Kultur-Muslimen liberaler oder marxistischer Herkunft, die aus der arabischen Welt eingewandert sind und die unter Ausnutzung ihrer hohen Glaubwürdigkeit bei den Medien einen pflegeleichten »Euro-Islam« (mit viel Euro und wenig Islam) propagieren und dabei praktizierende Muslime wie Fanatiker aussehen lassen. Dies führt zu ungeduldigen Fragen wie: »Warum könnt ihr nicht auch so sein wie zum Beispiel diese Alewiten da? Sie wollen keine Moscheen bauen, gehen nicht auf Pilgerfahrt, beten nicht ständig, trinken Alkohol, lassen ihre Frauen mit nackten Armen gehen – und sind doch auch Muslime, oder?«

Überhaupt ist zu beobachten, daß die verführerische westliche Lebensart mit ihrem gepflegten Hedonismus und materialistisch praktizierten Atheismus bei den Kindern muslimischer Einwanderer innerhalb weniger Jahre schafft, was christlichen Missionaren in Nordafrika über Jahrzehnte nicht gelungen war: junge Muslime ihrer Religion zu entfremden und ihnen diese als Fortschrittshemmnis erscheinen zu lassen.

Schließlich will auch der Vorwurf nicht verstummen, die Muslime sollten sich erst wieder melden, wenn sie endlich die von ihnen verpaßte Reformation und Aufklärung des Islam nachgeholt hätten. Auch dies verringert die Chancen des Islam, weil er so als vormoderne, rückständige Kultur eingestuft wird. Da hilft es wenig, zu wissen, daß der Islam diese Reformen nicht braucht, weil er nicht wissenschaftsfeindlich ist und nie von einem Klerus dominiert worden war, weshalb es im Islam auch nicht diejenigen Bedingungen zu beseitigen gab und gibt, welche im Westen zu Bücherverbrennungen, Exkommunikationen, Hexenverbrennungen und inquisitorischen Prozessen wie gegen Galileo Galilei und Giordano Bruno geführt hatten.

Leider unterminiert das eigene Verhalten der Muslime im Westen ihre Chancen, besser akzeptiert zu werden. Dazu zählt ihre Zersplitterung. Fast überall gibt es konkurrierende Dachorganisationen und ethnisch geprägte Vereine. Einzelkämpfertum überwiegt die Bereitschaft zu Teamwork. Dazu zählt ferner eine Tendenz – vor allem bei weniger gebildeten Muslimen –, Nebensächlichkeiten ihres Verhaltens zur Hauptsache zu machen, sich bei unduldsamer Verfechtung einer Koran-Auslegung gegenseitig mit Überlieferungen des Propheten zu bombardieren und im Unterstreichen der puritanischen Elemente des Korans aus dem Islam eine spaßverderbende, lebensfeindliche Religion zu machen. Die Spiritualität des Islam bleibt dabei auf der Strecke.

Dies ist um so bedauerlicher, als die Frage der Konversion zum Islam in vielen Fällen weniger an theologischen Fragen scheitert, etwa der Dreifaltigkeit, als am Unwillen, auf Schweinshaxe nebst Kölsch mit Schuß zu verzichten, sowie am Eindruck, daß der Frau unter Muslimen nicht gewährt wird, was ihr zusteht. Ein Muslim, der einer am Islam interessierten Frau aus religiöser Scheu nicht harmlos die Hand geben will, mag sie damit nicht nur von sich, sondern von Gottes Religion abgeschreckt haben.

Selbst verursacht ist schließlich das bereits geschilderte theoretische Defizit bei der Erarbeitung eines Staatsmodells, eines Menschenrechtskodex, eines Wirtschaftsmodells und eines Statuts der Frau, die jeweils Islam-weit anerkannt werden. Es ist schlimm genug, daß Muslime verlegen werden, wenn man sie nach einem *vorhandenen*, vorbildlichen islamischen Staat fragt. Die Frage nach dem *Ideal* eines solchen Staats, seiner Wirtschafts- und Rechtsordnung, sollte sie jedenfalls weniger in Verlegenheit bringen, als dies leider noch immer der Fall ist. Da muß sich einfach etwas ändern!

WAS SICH ÄNDERN MUSS

>»Ob wir es mögen oder nicht,
es wird eine Veränderung geben.«

(Muhammad Asad, State and Government in Islam, S. 16)

>»Meinungsverschiedenheiten unter den Kenntnisreichen
meiner Gemeinde sind eine Gnade Gottes.«

(Hadith, As-Suyuti, Al-Dschami' as-saghir)

I.

Wir haben im letzten Kapitel gesehen, daß sich auf beiden Seiten einiges ändern muß, damit der Westen mit seinen Muslimen so auskommt, daß eine Konfrontation unterbleibt. In der Tat müssen auch die Muslime einige Hausaufgaben bewältigen, damit aus dem jetzigen Nebeneinander über Miteinander ein Füreinander werden kann.

In diesem Kapitel geht es um die dabei wichtigsten beiden Aspekte auf muslimischer Seite, nämlich die Aufarbeitung der Sunna und die Erneuerung (*taschdid*) der Jurisprudenz. Scheich Taha Jabir al-'Alwani, Amerikaner irakischer Herkunft und Leiter der Graduate School of Islamic Social Studies in Leesburg (Virginia), sagte dazu treffend: »Ohne Neuauslegung keine Reform. Ohne Reform keine Wiederbelebung.«[1]

II.

Die oben festgestellte Schwäche der Muslime bei der Skizzierung eines modernen islamischen Staatswesens, dieser schwerverständliche Nachholbedarf, geht auf das zentrale Dilemma der zeitgenössischen Islam-Forschung zurück, das nach Daniel Brown zu einer »intellektuellen

Krise« und zum »bittersten Konflikt unter Muslimen« geführt hat: der Vieldeutigkeit der Überlieferungen des Propheten, wie sie zu Zehntausenden in den unterschiedlichen Hadith-Sammlungen der Sunniten, Schiiten, 'Ibaditen (Oman) und Zayiditen (Jemen) vorhanden sind und die jeweilige islamische Tradition (Sunna) ausmachen.[2] Dieser Befund ist so wichtig, daß ihm einiger Raum gebührt.

Die Sunna ist bekanntlich neben bzw. *nach* dem Koran, den sie erläutert und ergänzt, die zweite Quelle des islamischen Glaubens. Wie der Koran ist auch die Sunna in Form von Sammlungen der Aussprüche, des Tuns und des Lassens des Propheten schriftlich festgelegt. Auch sie begrenzt daher den Handlungs- und Auslegungsspielraum der Muslime. Mit Fazlur Rahman (1964) ist allerdings dabei zu berücksichtigen, daß die ersten Generationen der Muslime einem Brauchtum folgten, das über die Überlieferung des Propheten weit hinausreichte.

Im Gegensatz zum Koran gibt das Hadith – außer im seltenen Falle einer »heiligen« Überlieferung (*hadith qudsi*) – nicht Gottes unmittelbare Worte wieder, sondern allenfalls – außer bei banal-weltlichen Dingen – göttliche Inspiration in den Worten des Propheten. Im Gegensatz zum Koran ist allerdings der Text der Hadith-Sammlungen keineswegs über jeden Zweifel authentisch. Dies liegt unter anderem daran, daß der Prophet es verboten hatte, seine Äußerungen aufzuzeichnen, um Verwechslungen mit dem Koran auszuschließen. Es ist daher nicht sicher, ob es schon vor dem 2. islamischen Jahrhundert Aufzeichnungen von Überlieferungen gab.

Angesichts der (heute kaum vorstellbaren) Gedächtnisleistung analphabetischer Menschen jener Zeit mußte dies kein Nachteil für die spätestens im 2. islamischen Jahrhundert einsetzende Sammlung des prophetischen Erbes sein. Eine größere Gefahr entstand daraus, daß man alle Überlieferung auf Muhammad zurückzuprojizieren trachtete und daß man mit Hilfe erfundener Überlieferungen hoffen konnte, Politik zu machen, auch in frommer Absicht. Die Hadith-Wissenschaft versuchte, dem mit einer Stringenz der Beweisführung und Sorgfalt der Quellennutzung zu begegnen, die für Geschichtswissenschaftler neue Maßstäbe setzte. Dabei einigte man sich darauf, ein prophetisches Hadith nur dann als authentisch anzuerkennen, wenn die Kette seiner Überlieferer (*isnad*) (a) auf den Propheten selbst zurückführt (Sunna des Propheten), (b) lückenlos ist und (c) nur vertrauenswürdige Überlieferer aufweist. Zur Beurteilung dessen entstand eine Wissenschaft »von den Männern«, nämlich kritische Biographien aller Persönlichkeiten, welche in Überlieferungsketten auftauchen. Auch achtete man darauf, daß für Fragen größter Tragweite – weniger für die Geschichtsschreibung (*sira*) als für Rechtsfragen – nur unabhängig voneinander mehrfach überlieferte Traditionen herangezogen wurden und werden.

Der als äußerst vertrauenswürdig geltende Hadith-Sammler Imam Abu 'Abdullah Muhammad Ibn Ismail al-Bukhari (810–870) merzte in diesem Prozeß des Sammelns und Wiegens aus 600 000 Überlieferungen so viele aus, daß in seiner in 93 Bücher gegliederten, neunbändigen Sammlung (»as-Sahih al-Bukhari«) nur 7500 verblieben. Die Hadith-Bearbeiter unterschieden selbst dabei noch zwischen Überlieferungen stärkerer und schwächerer Glaubwürdigkeit. Doch versagten sie es sich aus Frömmigkeit grundsätzlich, Überlieferungen nach linguistischen, politischen oder zeitgeschichtlichen Kriterien auszusondern.[3] Ihre Kritik blieb damit formal und bezog sich in der Regel nur auf den Überlieferungsprozeß, nicht auf den Inhalt (*matn*) des Überlieferten. Und dies ist die Crux.

Einige westliche Orientalisten wie Ignaz Goldzieher (1896) und Joseph Schacht (1950) wollten aus diesem Grunde die gesamte Sunna als nicht mehr verifizierbar oder falsifizierbar in Bausch und Bogen verwerfen. Doch darin folgten ihnen nur wenige Muslime wie Muhammad Tawfiq Sidqi mit seinem allessagenden Buchtitel »Al-Islam huwa al-Qur'an wahdahu« (Islam ist einzig der Qur'an); auch Raja (Roger) Garaudy sowie der iranische Gelehrte Mohammad Shahrour neigen dieser Hal-

tung zu. Letzterer hält nur den göttlichen Offenbarungs-
text (*tanzil*) für bindend und alles andere für bloßes juri-
stisches Erbe.[4] Die übergroße Mehrheit der Muslime hält
im Prinzip an den Hadith-Sammlungen fest, räumt aber
ein, daß sich darin schon aufgrund einer bloßen Wahr-
scheinlichkeitsrechnung noch unauthentisches Material
finden kann.

Damit sind die qualifiziertesten zeitgenössischen muslimischen Wissenschaftler in Nachfolge von Numani al-
Shibli, Fazlur Rahman, Muhammad al-Ghazali und Yusuf
al-Qaradawi aufgerufen, mit den modernsten Methoden
der historisch-kritischen Forschung ein weiteres, zweites
Mal zu versuchen, die Überlieferungen des Propheten in
gültige und ungültige zu scheiden: eine monumentale
Aufgabe von hoher Verantwortung, ohne deren Bewältigung der Islam kaum hoffen kann, den Aufgaben des
3. Jahrtausends gewachsen zu sein.

Wie entscheidend diese Arbeit ist, ergibt sich aus den
von ihr zu beantwortenden Hauptfragen:

- Sind Koran und Sunna beide Offenbarungen (*wahy*),
  oder ist die Sunna nur inspirierte (*ilham*) Rechtsleitung?
- Kann die Sunna den Koran abändern (derogieren)?[5]
  Kann der Koran die Sunna abändern?
- Gibt es neben der Sunna des Propheten noch andere zu
  beachtende Überlieferungen, etwa die Sunna der Kalifen Abu Bakr und 'Umar?
- Sind Sunna und Hadith identisch, oder gibt es neben
  den schriftlich festgehaltenen Traditionen (Hadith)
  noch eine ›lebendige‹, ohne Schriftform weitergegebene
  Sunna der frühen islamischen Gemeinde?
- Kann ein Hadith verworfen werden, obwohl seine
  Überliefererkette in Ordnung zu sein scheint?
- Wenn ein Hadith aus Gründen seines Inhalts (*matn*)
  verworfen werden soll, welches sind die dafür zulässigen Kriterien (Vernunft; Freiheit von Widersprüchen;
  historische oder kontextuelle Gründe)?
- Ist die gesamte Sunna moralisch bindend? Sind Traditionen rechtlicher Natur notwendig zeitlos und weltweit bindend?

Beim Durchdenken dieser Fragen könnte einem schwind-
lig werden – auch dann, wenn man nicht wüßte, daß die
Zukunft des Islam im 3. Jahrtausend davon wesentlich
betroffen ist.

III.

Fast ebenso wichtig ist es, daß es in der islamischen Jurisprudenz zu einem Konsens darüber kommt, was unter
der *Scharia* zu verstehen ist, von der dauernd die Rede
ist; denn darüber besteht unter orthodoxen, säkularisierten und neo-normativen muslimischen Juristen durchaus
kein Einvernehmen.

Traditionell ging man davon aus, daß der Koran in
perfekter Weise alles Regelungswürdige geregelt hat (6:
38; 5: 3) und von der Sunna umfassend erläutert und
ergänzt worden ist. Daher betrachtete man die gesamte
darauf aufgebaute islamische Rechtsordnung als unabän-
derliches göttliches Recht (Scharia im weitesten Sinne).
Diese Auffassung wird seit langem in Frage gestellt, weil
sie das islamische Recht als geschlossenes System behandelt und die Sakralität der Quellen auf diejenigen
Bestandteile der islamischen Jurisprudenz überträgt, die
letztlich Ergebnis menschlichen Bemühens, nämlich der
Auslegung dieser Quellen, sind.

Schließlich waren es zwar fromme, aber doch fehlbare
Juristen, die vor dem Hintergrund und nach den Bedürf-
nissen ihrer Zeit das ungeheuere Gebäude des islamischen Rechts errichteten, das neben dem römischen Corpus Juris Civilis[6] und dem Common Law zu den drei
Höhepunkten des juristischen Weltkulturerbes gehört.[7]

Dieses Rechtssystem (*fiqh*) wurde vor allem mittels der
Methodik des Analogieschlusses (*qiyas*) aus den Quellen
entwickelt. Auch der Konsens unter Rechtsgelehrten
(*idschma*) galt als Methode der Rechtsfindung. Allerdings
war das islamische Recht des Mittelalters alles andere als
monolithisch. Die sogenannten Rechtsschulen (vor allem
Malikiten, Hanbaliten, Hanafiten und Schafiiten) unter-

schieden sich beträchtlich, und ihre Gründer beanspruchten keinerlei Unfehlbarkeit.[8]

Es kann heute kein Zweifel darüber bestehen, daß auch dieses Recht unter Rückgewinnung seiner ursprünglichen Flexibilität fortentwickelt werden muß, um Antworten auf die zeitgenössische Rechtsproblematik geben zu können. Weder Koran noch Sunna noch das mittelalterliche Fiqh äußerten sich unmittelbar zur Ressourcennutzung im Weltraum, zu Urheberrecht im Internet, zu Verkehrsregeln auf der Skipiste, zu Leihmutterschaft, zu Gentechnologie, zu In-vitro-Befruchtung und ähnlichem. Aber so, wie mittelalterliche Juristen vorgingen, müssen auch moderne islamische Juristen (*fuqaha*) vorgehen: indem sie neue Rechtsregelungen unter Heranziehung der Prinzipien und Ziele des Korans und der Sunna analogisch entwickeln.[9]

Dieses Verfahren entspricht im übrigen bester islamischer Tradition: Als Muhammad nämlich Muadh ibn Jabal als Gouverneur in den Jemen entsandte, fragte er ihn, wonach er wohl Urteil sprechen werde? Muadh antwortete, daß er nach dem Koran richten werde und, falls er zu einem Punkt dort nichts finde, nach der Sunna des Propheten. Auf Muhammads Frage, wie er denn vorgehen wolle, wenn er weder im Koran noch in der Sunna fündig werde, antwortete Muadh: »Dann werde ich mein Bestes geben, um mir eine eigene Meinung zu bilden, und dabei keine Anstrengung [*dschihad*] scheuen.« Diese Antwort gefiel dem Propheten sehr.[10]

In einem Vortrag im Rahmen der sogenannten Durus al-Hassaniyya in Rabat während des Monats Ramadan 1993 schloß Mamun Abdel Qayyum, der maledivische Staatspräsident, aus diesem Hadith, daß das islamische Recht alle Flexibilität besitze, auf jede neue Herausforderung zu antworten. Dies setzt allerdings voraus – und das ist der springende Punkt –, daß man endlich allgemein dem Vorschlag Muhammad Asads folgt, den Begriff des göttlichen (und damit unabänderlichen) Rechts, der Scharia, auf die rund 200 im Koran enthaltenen konkreten Rechtsregeln sowie die juristische Substanz der Sunna (nur des Propheten!) einzuschränken und das gesamte übrige islamische Recht, *Al-Fiqh*, zur gewissenhaften Disposition neuer Auslegung (aus den Quellen) zu stellen.[11]

Es wäre andererseits völlig falsch, so zu tun, als enthielten Koran und Sunna überhaupt keine Rechtsnormen, sondern nur einige Prinzipien und Empfehlungen, und das ausschließlich für den historischen Kontext, eventuell sogar nur für die Gesellschaft von Medina. Vertretern dieser Ansicht kommt es offenbar darauf an, den Islam um jeden Preis für den Westen annehmbar zu machen; denn ohne Scharia enthielte der Islam keinen alternativen Gesellschaftsentwurf mehr.

Zur neo-normativen Bewegung innerhalb der islamischen Jurisprudenz sind u. a. Taha Jabir al-'Alwani vom International Institute of Islamic Thought (I.I.I.T.)[12], Fathi Osman[13] und Yusuf al-Qaradawi[14] zu rechnen. Sie sind alle der Auffassung von Muhammad Asad, daß Koran und Sunna nicht alles und jedes regeln, sondern zwischen dem Gebotenen und Verbotenen riesige Freiräume lassen wollten, die kein späterer Jurist oder Herrscher unter Berufung auf Gottes Willen einschränken darf.[15] Schließlich sagt der Koran in der 5. Sure (al-Ma'ida): 87 warnend: »[…] Verbietet nicht die guten Dinge, die Gott euch erlaubt hat […].« Daher lehnen sie auch die Tendenz ab, die sich unter Anhängern der orthodoxen Schule findet, empfohlene Handlungen in obligatorische umzudeuten und Handlungen, von denen abgeraten wird, für verboten zu halten.

Man kann nur inständig hoffen, daß Fathi Osmans provokatives Diktum richtig verstanden und dann befolgt wird: »Das göttliche Recht ist keine Alternative zur menschlichen Vernunft, noch soll es sie außer Kraft setzen.«[16]

ANMERKUNGEN

1 al-'Alwani, S. 20.
2 Daniel Brown, S. 3, 119.
3 Abu El-Fadl, S. 53 f., macht darauf aufmerksam, daß es im Prinzip nie ausgeschlossen war, aus inhaltlichen Gründen zu verwerfen, nämlich aus grammatikalischen oder historischen

Erwägungen oder weil es im Widerspruch zum Koran oder zu Naturgesetzen stand.

4 Shahrour, S. 7.

5 Taha Jabir al-'Alwani verneint vehement die Möglichkeit der Sunna, den Koran zu derogieren. Vgl. al-'Alwani in: al-Imam, S. XIV. Der verstorbene Scheich Al-Azhar, Gadd al-Haqq 'Ali Gadd al-Haqq nahm in einem Fax an mich die gegenteilige Haltung ein.

6 Mein 1735 gedrucktes Exemplar des Corpus Juris, das auf 1278 Seiten die Institutionen, Digesten, Codices, Constitutiones und neueren Gesetze bis einschließlich Kaiser Friedrich II. umfaßt, entspricht auch dem Umfang nach etwa den Gesamtdarstellungen des islamischen Rechts.

7 Beeindruckende Beispiele für das hohe Niveau dieser Jurisprudenz finden sich unter Ibn Rushd, al-Nawawi und al-Shafi'i.

8 Nach Muhammad Asad (1987), S. 20, »gibt es praktisch kein einziges Rechtsproblem, groß oder klein, hinsichtlich dessen die verschiedenen Schulen und Systeme völlig übereinstimmten«.

9 Imran Nyazee hat mit seiner Studie das Fundament für die Entwicklung einer islam-konformen neuen Jurisprudenz gelegt.

10 Abu Dawud, *Sunan*, Hadith Nr. 3585.

11 Muhammad Asad (*State*, 1980), S. 13.

12 al-'Alwani, S. 18, beklagt, daß sich der muslimische Geist lange zur Ruhe gesetzt hat. Er erinnert auch daran, daß die Natur eine weitere Offenbarung Gottes ist, die ebenfalls beachtet werden will (S. 22).

13 Osmans Buch über die Scharia (1994) trägt nicht von ungefähr den Untertitel: *The Dynamics of Change in the Islamic Law*.

14 In seinem Buch über das Erlaubte und Verbotene gibt Qaradawi Antwort auf viele Zeitfragen.

15 Osman (1994), S. 22.

16 Osman (*Human Rights*, 1996), S. 6. Ähnlich ist der Tenor von Fazlur Fahmans *Islamic Methodology in History*.

BITTSTELLER ODER PARTNER?

>»Der ganze Koran ist durchtränkt mit heute
archaisch-infantil anmutenden Weltdeutungen.«

>*(Leserbrief an die Frankfurter Allgemeine Zeitung
vom 28.5.1997)*

I.

Glücklicherweise gibt es nicht nur Anzeichen für wachsenden Widerstand gegen den Islam im Westen, sondern
auch gegenläufige Vorzeichen: Hinweise darauf, daß die
Aufnahmebereitschaft für den Islam im Westen trotz der
soeben geschilderten, auf westlicher und auf islamischer
Seite vorhandenen Probleme wächst. Einiges spricht
dafür, daß der westliche Mensch grundsätzlich bereit ist,
den Türken, Algeriern und Indern mit ihrem Döner
Kebab, Couscous und Curry zumindest den gleichen
folkloristischen Status einzuräumen wie den Italienern
mit Pizza und Pasta zuvor. Die islamische Zivilisation ist
als exotischer Farbtupfer nicht unwillkommen.

Das Wachstum des Islam wird sich allein schon über
den Kinderreichtum der Muslime fortsetzen, auch wenn
sich die Wachstumsrate mit höherem Wohlstand
abschwächen wird. In Frankreich ist »Muhammad«
schon seit Jahren der meistgegebene männliche Vorna-
me.

Es mag sein, daß es keine Krise der Religion als solcher
gibt. Fernsehprogramme wie die pseudo-religiöse
»Traumhochzeit« deuten darauf hin. Aber die Krise der
institutionellen Kirchen ist unleugbar. Dies erklärt, warum mitten im Verfall der etablierten Kirchen und in
ihrem Schatten eine neue, zunächst vagabundierende
Religiosität entsteht, als instinktive Antwort auf ein von
vielen Jugendlichen empfundenes Sinndefizit und geistiges Vakuum. Die Suche nach Sinn und beständigen Wer-

ten – ein Weg zum Islam – kann auch über Esoterik und Erweckungsbewegungen führen. Jedenfalls ziehen sich nicht alle Menschen, welche die staatlich anerkannten Kirchen verlassen, auf eine agnostische Position oder in eine Privatreligion zurück.

Zu den Tugenden der Postmoderne gehört die Respektierung des Andersseins (»*black is beautiful*«; »*small is beautiful*«), Sympathie für das Exotische, auch in Form romantischer Drittweltbegeisterung (*tiers-mondisme*), sowie der Widerstand gegen die im Zeitalter der Globalisierung drohende Nivellierung der Kulturen auf Weltniveau. Obwohl der Islam dabei – wie bereits beschrieben – häufig systemwidrig ausgegrenzt wird, können Muslime hier und da doch auch von der postmodernen Welle profitieren.

So hat das Versagen des Westens im Bosnien-Konflikt gegenüber den dortigen Muslimen Gewissensbisse ausgelöst, die letztlich zum westlichen Eingreifen zugunsten der Muslime im Kosovo führten.

Einige dank ihres Reichtums an Kohlenwasserstoffen einflußreiche muslimische Staaten von strategischer Bedeutung nutzen ihre internationale Rolle auch zur Förderung des Islams, nicht nur durch Bau von Moscheen und der Herausgabe islamischer Klassiker in westlichen Sprachen. Dies trifft auf Kuwait, Qatar, Abu Dhabi und Sharjah ebenso zu wie auf Saudi-Arabien und die islamische Staatenorganisation O.I.C. (Organisation of the Islamic Conference) als solche. Dank dieser und anderer inoffizieller Schutzmächte kann man mit den Muslimen im Westen nicht ohne Rücksicht auf das internationale Echo verfahren. Zumindest in diesem Sinne hat der Islam im Konzert der Mächte Sitz und Stimme.

Muslimische Organisationen haben in jüngerer Zeit nach Belgien und Österreich auch in Spanien bemerkenswerte staatliche Anerkennung gefunden. Spanien kann jetzt sogar als Vorbild für die Gestaltung der Beziehungen zwischen westlichen Staaten und ihren Muslimen gelten. Das Parlament in Madrid hatte die Regierung ermächtigt, mit Dr. Mansur Abdessalam Escudero, dem Präsidenten einer staatlich anerkannten muslimischen

Dachorganisation, einen Vertrag abzuschließen, der dann nach Ratifizierung als Gesetz Nr. 26/1992 vom 10. November 1992 im Gesetzblatt verkündet wurde. Danach ist islamischer Religionsunterricht bei Bedarf selbst in privaten Schulen sowie islamische Betreuung in Gefängnissen und in den Streitkräften vorgeschrieben. Muslime haben das Recht, die Arbeit zum Gebet zu unterbrechen; sie müssen die versäumte Zeit nacharbeiten. Moscheen, ihr Personal und ihre Archive genießen Immunität. Imame können wie Standesbeamte Ehen schließen. Muslime werden an muslimischen Feiertagen freigestellt und arbeiten entsprechend an christlichen Feiertagen.[1] Nach über 600 Jahren konnte sogar in Cordoba wieder eine Moschee eröffnet werden. Am 30. Oktober 1998 wurde in Toledo wieder ein Freitagsgebet verrichtet – in einer bis dahin 500 Jahre geschlossenen Moschee. Mit diesen Regelungen hat sich Spanien in der gesamten islamo-arabischen Welt empfohlen.

Muslimische Dachverbände in europäischen Staaten haben sich ihrerseits zu einem europäischen Dachverband, dem Islamischen Kooperationsrat für Europa mit Sitz in Straßburg, zusammengeschlossen.[2] In der Bundesrepublik wird der 1994 gegründete Zentralrat der Muslime in Deutschland immer stärker als Sprachrohr der nicht auf die Türkei fixierten Muslime wahrgenommen.[3] Der von ihm koordinierte »Tag der Offenen Moschee« am 3. Oktober bringt alljährlich Zehntausende von Bürgern erstmals mit muslimischer Wirklichkeit in Kontakt.

Die Islam-Beauftragten der Evangelischen Kirche in Deutschland (EKD) und ihrer Mitgliedsorganisationen haben zu einer beachtlichen Versachlichung der Diskussion und zu fruchtbaren menschlichen Begegnungen zwischen beiden Religionen beigetragen – so als habe der Geist des 2. Vatikanischen Konzils in der EKD Asyl gefunden. Beweis dafür ist der dreikonfessionelle Jahreskalender der Evangelischen Kirche Deutschlands, der von Thomas Dreesen, einem mit einer türkischen Muslima verheirateten Pastor, betreut wird. Einige Städte, darunter Offenbach, haben sogar Friedhofsareale für islamische Gräber mit Vorrichtungen für das rituelle Waschen der Toten eingerichtet.

II.

Dies sind eine ganze Reihe von Silberstreifen am Horizont für eine breitere Tolerierung des Islam in Europa. Doch der Islam will ja nicht nur geduldet, sondern im Sinne von Goethes 121. Maxime anerkannt werden:

> »Toleranz sollte eigentlich nur eine
> vorübergehende Gesinnung sein:
> sie muß zur Anerkennung führen.
> Dulden heißt beleidigen.«

Dieses Ziel – vom Bittsteller zum Partner zu werden – können die Muslime erreichen, wenn es ihnen gelingt, den Westen davon zu überzeugen, daß der Islam vieles zu *bieten* hat, was dem Okzident bitter nottut, ja, was ihn aus seiner drohenden Existenzkrise befreien könnte: Der Islam nicht nur als Farbtupfer, sondern als Heilmittel.

Der Westen wird heute nicht mehr von einem von Karl Marx mobilisierten Arbeiterproletariat bedroht, sondern von einem geistigen Proletariat (Walter Lippman). »Die Barbaren warten diesmal nicht jenseits der Grenze, sie haben uns schon seit einiger Zeit regiert« (Alasdair MacIntyre).[4] Wenn es aber zutrifft – und das ist hier gemeint –, daß die Wurzeln des heutigen moralischen Dilemmas im Westen 250 Jahre zurückreichen, muß der Heilungsprozeß mit einer radikalen Kritik der Rationalität der Moderne, ihrer Ersatzreligion, beginnen. Nur wenn es gelingt, den Westen von den Illusionen seiner Modernität zu befreien, ist Hoffnung vorhanden. Denn nur dann kann es gelingen, die rationalistische Selbstvergiftung des Westens so zu unterbrechen, daß er wieder transzendente Bindungen eingehen und das Göttliche, das Heilige, wieder in seinen Gesichtskreis zurückfinden lassen kann.

Es geht also um die Rehabilitierung der Religion als einer *rationalen* Reaktion auf die *conditio humana*, die mit einer Entthronung der positiven Wissenschaften als imperialer Pseudoreligion einhergehen muß. Kurzum: Es geht um nichts weniger als um einen Paradigmenwechsel hin zu einer erneuten religiösen Weltsicht, erneuert durch die nüchterne Transzendentalität des Islam, seinen uneingeschränkten, mysterienfreien Monotheismus.

Das Christentum könnte theoretisch das gleiche leisten, aber eben nur in der Theorie; denn es hat wegen seiner christologischen Exzesse seine Glaubwürdigkeit wohl unwiederbringlich verloren. Noch zeigen sich – wie wir oben gesehen haben – die führenden Persönlichkeiten der führenden Kirchen nicht bereit, theologisch die Notbremse zu ziehen. Auch sieht man keine anderen Religionen und Ideologien, die das Steuer herumreißen helfen könnten. Vom Buddhismus geht keine Massenmobilisierung aus. Ein auf »Naturrecht« basierender Liberalismus ist zu schwachbrüstig. Nein, wie schon gesagt, Pseudo- oder Esperanto-Religionen können die Kräfte nicht entfesseln, die notwendig sind, um den Egoismus des Einzelnen und der Massen zu überwinden.

III.

Dem Islam traue ich aus den folgenden 14 Gründen zu, diesen Paradigmenwechsel zur Überwindung der gescheiterten Moderne zustande zu bringen – trotz aller Unzulänglichkeiten unter seinen Anhängern:

1. Menschliche *Wärme*: In den frühen siebziger Jahren träumten die »verlorene Generation« Amerikas (die *beatniks* der Tanglewood-Generation) und ihre verstädterten Blumenkinder (*flower children*) mit Charles Reich noch von »*The Greening of America*«, dem Wiederergrünen ihres Landes. Gemeint war keine ›grüne‹ Politik zum Schutz der Vorgärten und Parkanlagen, sondern eine neue Gruppensolidarität voll menschli-

cher Wärme, gefördert von etwas LSD und einer Prise Marihuana: »Seid umschlungen, Millionen!«

Doch der vorgelebte Appell blieb ohne Echo. Die »*Bridge over Troubled Waters*« von Simon & Garfunkel führte nicht in die Wärme, sondern in die Kälte. Die Temperatur zwischenmenschlicher Beziehungen in der Cyber-Generation fiel beträchtlich. »Cool« wurde nicht nur zur individuellen Haltung, sondern zum gesellschaftlichen Zustand. Zwar mag man von den Kanzeln noch dazu auffordern, seinen »Nachbarn zu lieben wie sich selbst«, doch die Bergpredigt ist nur noch Mythologie, vor dem Einschlafen vorzulesen. In der Wirklichkeit herrscht soziale Kälte vor und Wettbewerb bis aufs Messer (*cut-throat competition*). Gesellschaftlicher Neid wurde im Kapitalismus institutionalisiert. »Die Menschen wollen nicht nur reich sein, sondern reicher als die anderen« (J.S. Mill). In der Ellbogengesellschaft boxt sich jeder seinen Weg zum Konsumentenglück, Ehemann gegen Ehefrau (und umgekehrt), Kinder gegen Eltern (und umgekehrt): Jeder spinnt seinen Kokon um sein unantastbares Selbst.

In dieser Situation leben islamische Gemeinden im Westen einen sozialen Zusammenhalt jenseits aller ethnischen und nationalen Grenzen vor, der gesellschaftliche Wärme ausstrahlt. Mit ungläubigen Augen verfolgt ihre westliche Umwelt, wie durch jahrelange freiwillige Wochenendarbeit Moscheen entstehen und wie die islamischen Feste – das Fest des Fastenbrechens (*'id al-fitr*) und das Opferfest (*'id al-adha*) – wie große Familienfeste gefeiert werden. Die Muslime deprivatisieren die Religion, und viele Teenager mögen gerade das. Manch ein Konvertit hat wegen der Opferbereitschaft und des Gemeinschaftsgefühls unter den Muslimen zum Islam gefunden.

2. Der rassischen *Farbenblindheit* des Islam war schon ein ganzes Kapitel gewidmet. Viele ›farbige‹ Menschen – ›Unberührbare‹ in Indien, Philippinos am

arabischen Golf, Afroamerikaner in den USA – haben wegen seines multi-ethnischen Gesichts zum Islam gefunden.

3. Von gleicher Bedeutung ist die islamische *Emanzipation* des Gläubigen. Dieser sieht sich Gott unmittelbar gegenübergestellt, ohne Vermittler, aber auch ohne eine klerikale Hierarchie. Die maßgeblichen Schriften des Islam sind jedermann zugänglich. Keiner darf behaupten, ihr allein rechthabender Ausleger zu sein. Der »Hüter der beiden heiligen Stätten« in Riyadh ist kein Papst. Es gibt weder einen kirchlichen Gerichtshof à la Rota Romana in Rom noch eine kirchliche Struktur. Keine Lehrmeinung (*fatwa*) ist ohne weiteres bindend. Die Ehe ist kein ›Sakrament‹. Jeder Muslim kann jede gottesdienstliche Handlung ohne Mitwirkung eines Dritten vollziehen, ist also auf keinen Klerus angewiesen.

   Diese Abwesenheit von Hierarchien imponiert vielen Jugendlichen im Westen ganz besonders; denn wenn sie gegen etwas allergisch reagieren, ist es doch falsche, künstliche, aufgesetzte Autorität.

4. Die Moderne hat ihre selbstgestellte Aufgabe einer Entzauberung der Welt übererfüllt. Folge davon ist ein weitverbreiteter Unwille gegenüber allem, was nach ›Wunder‹ klingt. Der Weg zum Christentum ist mit zahlreichen Wundern gepflastert, der Weg zum Islam führt über ein einziges, selbst nachempfindbares Wunder: den Koran. Wichtiger noch: Ein prospektiver Muslim findet dort ständig die Aufforderung, nicht andere für sich denken zu lassen, sondern selbst zu denken, und vor allem nicht den Glauben seiner Eltern unbesehen zu übernehmen. Im Goetheschen Sinne soll der Muslim also sein religiöses Erbe intellektuell erwerben, um es wirklich zu besitzen. Diese nüchterne *Rationalität* des Islam, die sich in der hellen, klaren Atmosphäre der Moscheen widerspiegelt, imponiert vielen Menschen ungemein.

5. Nach Rüdiger Safranski sind wir in das Zeitalter des »säkularisierten Polytheismus« eingetreten. Der eine

Gott sei »in kleine Hausgötter zersprungen«.[5] Die Muslime sehen dies genauso: Die Abhängigkeit des westlichen Menschen von Krücken aller Art – Zigaretten, Alkohol, sonstige Drogen und ständige Berieselung durch das Fernsehen – ist wahrlich strukturell geworden. In dieser weitgefächerten Drogenabhängigkeit im weitesten Sinne spiegelt sich das ganze große gesellschaftliche Wettrennen nach grenzenlosem Glück wider. Der Westen hat die ständig wachsende Süchtigkeit und ihre zersetzenden Auswirkungen auf die westliche Zivilisation zwar erkannt, kann dagegen aber – wie es bei Süchtigen nun einmal ist – nicht wirksam reagieren. Man experimentiert im Gegenteil mit einer noch weiterreichenden Freigabe von Drogen, welche man zu diesem Zwecke euphemistisch ›weich‹ nennt.

Amerika, das sich in den zwanziger Jahren gegen den Alkohol aufgebäumt und dafür neben noch mehr Whiskey die Mafia bekommen hatte, bäumt sich zur Zeit allerdings ein zweites Mal auf: diesmal gegen das Rauchen, das bereits in den gefährlichen Geruch gekommen ist, »unamerikanisch« zu sein.

Dem Drogenkomplex setzen die Muslime ihre strukturelle *Nüchternheit* entgegen. Wenn sie sich gegen Süchtigkeiten jeder Art wehren, geht es nicht nur um die individuelle Gesundheit des Rauschgiftabhängigen oder die sozialen Kosten des Lungenkarzinoms. Es geht vielmehr darum, um Gottes willen keinen Polytheismus (*shirk*) zu praktizieren, indem man etwas für sich wichtiger als Gott werden läßt: die einzige Sünde, die Gott nicht verzeiht.

Diese Gleichsetzung von Sucht mit Abfall vom Glauben gibt der muslimischen Gegenwehr ihre eigentliche Schlagkraft. Davon profitieren zum Beispiel die Stadtväter in Philadelphia und Los Angeles, wenn sie muslimische afroamerikanische Gruppen unter Vertrag nehmen, drogenverseuchte Stadtviertel mit friedlichen Mitteln drogenfrei zu machen. Dies gelingt in der Tat: durch eine Islamisierung, die oft schon in den Gefängnissen beginnt.

227

6. William Ophuls sieht im Zusammenhang mit dem Feminismus westlicher Prägung die »Ankündigung des endgültigen Zusammenbruchs der bürgerlichen Gesellschaft«.[6] Kulturkritische Beobachter geraten tatsächlich bei der Frage in Panik, was aus der westlichen Gesellschaft werden soll, wenn eine wegen der hohen Scheidungsraten im entscheidenden Alltag weitgehend ohne Vater aufgewachsene Generation erwachsen wird. Wird sie den Zusammenbruch der *Familie* vollenden?

Indem die Muslime der Familie einen höheren Rang beimessen als jeder anderen gesellschaftlichen Einheit, signalisieren sie: Die Dekadenz der Gesellschaft beginnt zwar mit der Familie, endet aber auch bei ihr. Bei manchen jungen Leuten, die, von Aids verschreckt, wieder bindungsbereit geworden sind – *going steady* ist wieder *in* –, trifft dieses Signal auf wache Ohren. Jedenfalls sind sehr viele Menschen über das Erleben einer muslimischen Großfamilie zum Islam gekommen.

7. Man sollte meinen, daß das »Recht auf Leben« das unumstrittenste aller Menschenrechte ist. Dies gilt allerdings nur für diejenigen unter uns, denen es gelungen ist, die gefährlichste, pränatale Periode ihrer Existenz zu überqueren. Selbst in katholischen Kreisen gibt es keine entschiedene Gegenwehr mehr gegen die umsichgreifende Legalisierung der *Abtreibung*. Nicht nur die Gesundheit der Mutter hat im Westen Vorrang vor dem Leben des Ungeborenen, sondern auch das zweite Auto, der zweite Pelzmantel und der zweite Urlaub.

Manche wortwörtlich ›konservativ‹ gesinnte Menschen geraten hierüber in Fundamentalopposition zu ihrer Gesellschaft. Einige entdecken dabei, daß sie eine islamische Position vertreten und der Islam in Sachen Abtreibung erfolgversprechender ist als Bomben, die man gegen Kliniken schleudert.

8. Seit Paulus, Marcion und Augustinus kann man verfolgen, daß im Bereich des Christentums ein Pendel

hin- und herschwingt: zwischen einer extremen puritanischen Dämonisierung von Frau und *Sexualität* einerseits und ungehemmtem Ausleben aller Instinkte, ohne Grenzen und Tabus, andererseits. Wenn man die Gegenposition als unchristlich ausklammert, kann man das Christentum tatsächlich mit dem Schlagwort »2000 Jahre verbotene Lust« charakterisieren (Georg Denzler).

Im Gegensatz dazu ist es dem Islam gelungen, die Sexualität des Menschen ohne jede negative Besetzung des Begriffs als Normalität in das tägliche Leben des Muslims zu integrieren und die sexuellen Bedürfnisse von Mann und Frau in seinem Regelwerk zu berücksichtigen. So ist es beispielsweise gestattet, während der Nächte des Fastenmonats einander beizuwohnen. Im Islam gilt auch der (legitime) Geschlechtsakt als »Gottesdienst« und als gegenseitig gezeigte Barmherzigkeit. Hier werden weder Frau und Ehe abgewertet, noch wird die Ehe zu einem Sakrament überhöht. Als die Muslime sich jedoch wunderten, daß Sexualität in der Ehe im religiösen Sinne verdienstlich sein soll, erklärte der Prophet, daß außereheliche Sexualität doch eine Sünde sei; das eine sei die notwendige Kehrseite des anderen.

Diese nüchterne Einstellung des Islam zur Sexualität entspricht der Natur des Menschen (*fitra*) und erklärt, warum es weder muslimische Mönche noch muslimische Hexen gegeben hat. Wenn der Westen den extremen Pendelausschlägen auf diesem Gebiet, die für die Gesellschaft stets sehr kostspielig waren, endlich entkommen will, bietet sich der Islam, die Religion der Mitte, als Ausweg an.

9. In Sachen *Frauenemanzipation* hat im Westen Ernüchterung eingesetzt, nachdem manche Karrierefrau sich zu spät nach Mutterglück zu sehnen begonnen hatte, politische Arena und Arbeitswelt männlich dominiert blieben und die Ausbeutung der Frau für kommerzielle Zwecke immer neue Blüten trieb.

Vor diesem Hintergrund stellen immer mehr nachdenkliche Frauen fest, daß die Methodik des Islam zur Emanzipation der Frau wirksamer ist. Daher ergreifen so viele alleinstehende Frauen im Westen den (islamischen) Schleier und gewinnen so eine Würde zurück, die sie im Zeichen der öffentlichen Nacktheitskonkurrenz vermißt hatten.

10. Hinsichtlich *Homosexualität* steht es ähnlich wie hinsichtlich der Abtreibung: Es ist *in*, sich zu *out*en. Auch hier schlug das Pendel von der strafrechtlichen Verfolgung bis zur Akzeptanz einer homoerotischen »Option« aus. Von Kriminellen mutierten Homosexuelle zur schutzwürdigen Minderheit mit Anspruch auf Ehe.

Auch hierzu hat der Islam stets einen mittleren Kurs gesteuert: Homosexuelle und Lesben weder zu kriminalisieren noch zu idealisieren, Homoerotik also eher als Schicksal denn als Lebensstil zu betrachten. Es liegt auf der Hand, daß diese Einstellung konservativen Menschen einleuchtet, auch wenn man sie deswegen spießig nennt.

Daß die islamische Lebensweise einer weiteren Ausbreitung von Aids entgegenstünde, fällt in diesem Zusammenhang zusätzlich ins Gewicht.

11. Wenn Muslime den pharmazeutischen Markt mit seinen Mittelchen für die Reduzierung des Körpergewichts (*weight control*) und mit Schlankheitskuren wie »Fit ohne Fett« betrachten, können sie nur lächeln, obwohl Übergewicht und Zellulitis, wie bereits beschrieben, zu einem wunderlichen Phänomen der westlichen Überflußgesellschaft geworden sind. Das Lächeln hat seinen Grund in der Überzeugung, daß Diäten ohne geistige Erneuerung nichts nutzen und daß der als Gottesdienst ordnungsgemäß eingehaltene *Fasten*-Monat Ramadan dies und noch mehr bewirkt: geistige Belebung, Einübung von Disziplin *und* Verlust von Gewicht und Cholesterin. Viele Leute im Westen sind dem Islam als einer den gesamten Menschen erfassenden und umformenden Religion im Ramadan begegnet.

12. Der westliche Mensch spürt *Streß* nicht nur am Arbeitsplatz, auch im »Erlebnis«-Urlaub und als Sexualathlet im ehelichen oder unehelichen Bett. Sein Problem, auf das früher niemand einen Gedanken verschwendet hätte, ist es, »mit dem Leben zurechtzukommen«. Nicht was während des Lebens passiert, ist das Problem, sondern am Leben zu sein. Deshalb hat jeder normale Amerikaner seinen Psychiater (abfällig *shrink* genannt), es sei denn, daß ihm transzendentale Meditation (TM), Yoga, die japanische Teezeremonie oder okkulter Hokuspokus hilft »zurechtzukommen«. Wer dieser Existenznot nicht unterliegt, gilt als antennenlos und unsensibel. William Ophuls hat daher nicht ganz unrecht, wenn er Psychologie ausgerechnet für diejenige Krankheit hält, die sie zu heilen vorgibt.[7]

Manche arme Kreatur im Psychozirkus entdeckt, daß der Islam mit seiner ›Technik der Kontemplation‹ (nüchterner ›Gebet‹ genannt) und seiner konsequent praktizierten Hingabe an einen Größeren, jedoch Gütigen und Barmherzigen, Wunder der Selbstfindung bewirkt. Und viel Geld spart.

13. Franziska Augstein schrieb einmal, die real existierende liberale Marktwirtschaft werde neuerdings mit Hegels Hilfe vor den Pforten des Paradieses angesiedelt, nämlich in der besten aller Welten.[8] Nicht zu leugnen ist jedenfalls, daß sich dieses *Wirtschaftssystem* im Westen zu einer »wohlstandsverfetteten Zerstreuungs- und Vollkaskogesellschaft« (Andreas Püttmann) gemausert hat.[9] Das in der amerikanischen Wirtschaft eingesetzte Kapital gehört mehrheitlich reichen Witwen, also nicht wagemutigen Entrepreneuren, welche dem kapitalistischen System seine notwendige Vitalität verleihen. Nicht Risikokapital, sondern die festverzinsliche, sichere Anlage nimmt zu. Damit ist die Gefahr von Stagnation verbunden. Der Islam hingegen insistiert mit seinem Zinsverbot (2: 275–280; 3: 130; 4: 160; 30: 39) darauf, daß gewinnsuchendes Kapital nur in Form von Gewinn- und Ver-

lustbeteiligung bei einem Dritten eingesetzt werden darf. Dies wirkt einer systemgefährdenden Rentier-Mentalität entgegen. Gleichzeitig schiebt der Islam mit seinem Spekulationsverbot einer anderen Gefahr den Riegel vor: dem spielerischen Umgang mit Kapital, sei es in Form von Aktien, Derivaten oder anderen *futures*, der ganze Volkswirtschaften destabilisieren kann. Manch einer, der sein Heil weder in sozialistischer Planwirtschaft noch in einem entfesselten Kapitalismus sieht, entdeckt nach Lektüre der glänzenden Analysen von Umer Chapra, einem in den USA ausgebildeten Saudi pakistanischer Herkunft, den Islam auch als ökonomischen Mittelweg.

14. Nach Darstellung all dessen an Wesentlichem und weniger Wesentlichem, was der Islam dem Westen anzubieten hat (und was diese Religion im Westen attraktiv machen sollte), bin ich versucht, die vielfältigen Unterschiede zwischen Okzident und Orient auf einen einzigen Nenner zu bringen, auch wenn dieser Grad an Abstraktion die Wirklichkeit zwangsläufig vergröbert: Der Hauptunterschied zwischen beiden Welten läßt sich meines Erachtens mit den Kategorien ›Quantität‹ und ›Qualität‹ ausdrücken. Im Westen scheint nichts mehr Wert beanspruchen zu können, was sich nicht quantifizieren bzw. neuerdings digitalisieren, also auf 0 oder 1 zurückführen läßt. Rein geistige Werte sind kaum kommerzialisierbar und damit in Heller und Pfennig wertlos. In diesem Sinne geht es beim Leben des westlichen Menschen eher um das *Haben*; beim Leben des orientalischen Menschen geht es jedoch eher um das *Sein*.

Daß man nicht im Osten, sondern im Westen über ›Lebensqualität‹ diskutiert, bestätigt den Befund. Wenn man sich im muslimischen Orient aufhält, entdeckt man in der Tat eine vom Lebensstandard weitgehend unabhängige Qualität des Lebens, die mit nicht-kommerziellen, ja anti-kommerziellen Verhaltensweisen verbunden ist: die gelassene Einstellung zur Zeit, die alles andere überlagernde Gastfreund-

232

schaft, die nicht um Anerkennung buhlende Gelehrsamkeit, die Degradierung aller sogenannten Lebens-
notwendigkeiten zu Zweitrangigem, die Beschaulich-
keit als Lebensform. Es handelt sich dabei um das
»Licht«, das man schon immer, auch im übertragenen
Sinne, aus dem Osten hat kommen sehen (*ex oriente
lux*).

Daß der Islam die richtige Antwort auf viele Fragen und
Nöte des Westens wäre, sollte nun evident sein. Und
damit sollte auch klar sein, daß der Islam im Westen kein
Bittsteller, sondern ein bedeutender Zulieferer von Werten und Verhaltensweisen ist. Ob er vom Westen in dieser
Funktion erkannt und anerkannt wird, ist eine ganz
andere Frage. Jeder kennt Kranke und Süchtige, die ihre
Situation vor sich selbst verschleiern und keinen Arzt
aufsuchen, um die Wahrheit nicht erfahren zu müssen. So
steht es mit der westlichen Öffentlichkeit. Trotz brillanter
Analysen wie derjenigen von Daniel Bell und William
Ophuls nehmen die meisten Menschen die von ihnen
mitgelebte Krise ihrer Zivilisation nur bruchstückhaft
wahr. Die Gesamtstimmung im Westen ist trotz verein-
zelter Unkenrufe triumphalistisch. Daher wird man vor-
aussichtlich zu keinem Kurswechsel fähig sein, sondern
weiterwursteln wie bisher.

Richtige Diagnose und Medikation bleiben allerdings
auch wertlos, wenn der Patient die auf seinem Nachttisch
wartenden Pillen nicht (oder nicht rechtzeitig) schluckt.
Daß dies nicht zu erwarten ist, ist Teil des Problems: Der
Westen ist nur noch zur Einsicht, aber nicht mehr zum
Handeln fähig, wie das für eine dekadent werdende Zivilisation typisch ist. Der ehemalige deutsche Bundespräsident Roman Herzog formulierte es so: »Wir haben kein
Erkenntnisproblem, sondern ein Umsetzungsproblem.«[10]

Der Koran enthält zahlreiche Berichte über Völker,
welche die Zeichen an der Wand übersahen und die War-
nungen ihrer Propheten in den Wind schlugen, bis ihre
Zivilisation schließlich versank. Dem Westen droht ähnliches. Nach seinem Triumph über den Kommunismus

droht ihm die Selbstzerstörung, es sei denn, daß er die Vergötterung des Menschen überwindet und zur Einhaltung göttlicher Normen zurückfindet. – Dazu weist der Islam den Weg.

ANMERKUNGEN

1 Eine französische Fassung der spanischen Regelung erschien in *Le Conseil*, Nr. 2, Paris 1994, eine englische in *ENCOUNTERS*, Jg. 2, Nr. 2, Markfield, LE (UK) 1996, S. 155–167. Vgl. hierzu Murad Hofmann, »Islam in Spanien – Modell für Europa«, in: *Al-Islam*, München, 1996, Nr. 4, S. 4 f.
2 Koordinator ist Prof. Dr. Abdalla Boussouf, 2, Impasse du Mai, F-67000 Straßburg, Tel. (+33)-3-8822.1095.
3 ZMD, Vogelsanger Str. 290, D-50825 Köln, Tel. (+49)-221-244.34/222.9567. Vorsitzender: Dr. Nadim Elyas (Eschweiler).
4 Zitiert nach Ophuls, S. 57.
5 Safranski, »Der Wille zum Glauben«, in: *Frankfurter Allgemeine Zeitung*, Beilage, 24.12.1993.
6 Ophuls, S. 51.
7 Ophuls, S. 198.
8 Augstein, »Herr, Deine Helligkeit ist zu groß«, in: *Frankfurter Allgemeine Zeitung* vom 23.4.1998.
9 Zitiert nach *Frankfurter Allgemeine Zeitung* vom 27.1.1995, S. 38.
10 Herzog, »Berliner Rede«, in: *Welt am Sonntag* vom 27.4.1997, S. 11.

Islam made in USA

»We're risking our future and the future of our children.«

(Lloyd Kolbe, Atlanta, USA Today vom 5.10.1998)

»Ich glaube, daß der Islam heute für die Menschheit
die einleuchtendste Form der Religion ist.«

(Friedrich Dürrenmatt, Neue Zürcher Zeitung vom 6.4.1990)

I.

Unerwartet, aber logisch: Wenn der Islam in absehbarer
Zeit im Westen einen Durchbruch erzielen kann, dann in
den Vereinigten Staaten von Nordamerika. Dafür sprechen viele, dagegen nur wenige Gründe.

An erster Stelle ist der vorbildliche religiöse Pluralismus in den USA zu nennen. In keinem anderen Land der
Welt, außer möglicherweise in den Niederlanden, können
Religionen, Sekten und sektiererische Grüppchen sich so
wohl wie dort fühlen und so frei agieren. Das liegt nicht
an religiöser Lauheit der Amerikaner. Im Gegenteil: Es
gehört dort immer noch zum guten Ton und ist kein
Beweis von geistiger Begrenztheit, aktiv einer Kirche
anzugehören. Doch als Einwandererland religiös Verfolg-
ter von Anbeginn an weiß man, daß der innere Frieden
nur erhalten werden kann, wenn man jeden (in den Worten des Alten Fritz) nach seiner Façon selig werden läßt.
Der amerikanische religiöse Pluralismus beruht nicht auf
Agnostizismus, sondern auf Vernunft.

Amerika hat ja nicht als pluralistisches Land begonnen, sondern es hat sich seine Toleranz im eigenen Lande
schwer erkämpft. Kaum war die »Mayflower« 1620 ge-
landet und die Plymouth Colony von William Bradford
(1590–1657) gegründet, da stritt man sich bereits mit der

zweiten Kolonie in Massachusetts Bay über religiöse Themen, und das unter Puritanern, die soeben erst wegen
religiöser Verfolgung durch die Anglikaner aus Europa
geflüchtet waren. Nathanial Hawthornes Buch »The Scar-
let Letter« beschreibt, in welchen (aus unserer Sicht
faschistoiden) Zustand Neuengland damals geraten war.
Roger Williams (1603–1683) mußte um seiner toleranten-
ren Glaubensüberzeugungen willen sogar ein zweites
Mal flüchten und wurde so zum Gründer von Rhode
Island und seiner Hauptstadt Providence.

Auch um eine eigene Hexenhysterie kamen die amerikanischen Kolonisten nicht herum. Dafür sorgten schon
Fanatiker wie Increase Mather (1629–1723) und sein Sohn
Cotton Mather (1663–1728), wie dessen Schrift »Memora-
ble Providence, Relating to Witchcrafts and Possessions«
(1689) dokumentiert.[1] In Amerika wurden Hexen nicht
nur in Salem, Massachusetts, verbrannt; ›Hexenjagden‹ à
la Senator Joseph MacCarthy (1909–1957) flackern dort
immer wieder auf.

Wie vorbildlich pluralistisch die Vereinigten Staaten im
Vergleich mit Europa sind, empfand ich 1996 bei einem
Besuch im Pentagon. Dort besprach ich mit dem Leiter
der Militärseelsorge, dem Armed Forces Chaplains Board
(AFCB), den Einsatz muslimischer ›Kapläne‹ in Army,
Navy, Airforce und bei den Marines. Davon hatte man
vier bewilligt, nachdem 7 500 Soldaten während des Golf-
krieges zum Islam übergetreten waren, obwohl es in den
amerikanischen Streitkräften derzeit insgesamt nur
0,4 Prozent muslimische Soldaten und 0,1 Prozent muslimische Offiziere gibt. (Im übrigen sind auch mehrere
Militär-Rabbiner im Einsatz, obwohl auch nur 0,5 Prozent
bzw. 0,6 Prozent Juden in den amerikanischen Streitkräften anzutreffen sind.) Seit 1993 amtiert bei den Land-
streitkräften (Army) erstmals ein Imam: der afroamerikanische Hauptmann Abdul-Rasheed Mohammed, seit
1998 gefolgt vom ersten Imam der Marine (Navy), Leut-
nant zur See Malik Ibn Noel, Jr. Ihr Kennzeichen ist der
silberne Halbmond. Seither gibt es für die 725 muslimischen Matrosen eine Moschee auf der Marinebasis in

Norfolk (Virginia); freitags werden sie zum Mittagsgebet freigestellt.

Konteradmiral Muchow, dessen Sekretär sich als Muslim entpuppte, war zwar daran interessiert, daß seine Soldaten an *etwas* glauben, aber nicht *woran*. Ihm ging es um etwas anderes. Zum einen wollte er wissen, was man denn in den Gefechtskoffer (*combat kit*) eines Imam tun solle? Im Koffer der Katholiken befänden sich ein silbernes Kreuz, ein Neues Testament, eine Stola, Wein und Hostien sowie Öl für die »letzte Ölung«. Ich antwortete, daß die Muslime keinen Koffer bräuchten; den Koran hätten sie im Kopf, und beten könnten sie überall, wo es nicht schmutzig ist. Doch damit konnte sich der Admiral nicht zufriedengeben. Vorschrift ist bekanntlich Vorschrift, und ein Militärgeistlicher ohne Gefechtsfeldkoffer ist kein richtiger Militärgeistlicher. Zufrieden war mein Gesprächspartner erst, als ich meinte, man könne einen muslimischen Koffer ja mit einem Koran, einer Hadith-Sammlung, einem Gebetsteppich sowie Wasser des Zamzam-Brunnens aus der Großen Moschee von Mekka bestücken.

Zum anderen hatte der Admiral dafür gesorgt, daß die Kommandeure genau wüßten, wie ein Muslim gekleidet sein muß und was er nicht essen darf. Sein Stab hatte einen Loseblattordner mit Informationen über 261 (in Worten: zweihundertundeinundsechzig) in den Streitkräften vertretenen Religionen herausgegeben. (Da dort verzeichnet steht, daß eine Muslima ihr Haar zu bedecken hat, ist es amerikanischen muslimischen Soldatinnen grundsätzlich erlaubt, ein Kopftuch im Dienst zu tragen.)

Ein zweiter Vorteil für die Chancen des Islam in Amerika beruht darauf, daß der Islam im kollektiven Gedächtnis der Bevölkerung keine bedrohliche Rolle spielt. Nachdem die Engländer vertrieben worden sind, machen sich die Amerikaner vor allem darüber Sorgen, was sich in Mittel- und Südamerika abspielt. Die Monroe-Doktrin ist dafür historisches Indiz und die Kuba-Krise im Jahre 1962 vorläufig letzter Beweis. Seit Pearl Harbour wurde Amerikanern eine ›gelbe Gefahr‹ bewußt und seit dem Ersten Weltkrieg auch die Gefahr, in europäische Wirren hineingezogen zu werden. Der Islam aber trat für nicht-jüdische amerikanische Durchschnittsbürger erst mit dem Attentat auf das World Trade Center in Erscheinung.

Mindestens so wichtig ist drittens, daß die Muslime Amerikas nicht als eine kompakte ethnische Gruppe auftreten, sondern aus aller Herren Länder stammen. Das heißt nicht, daß es keine Moscheen mit indo-pakistanischem Gesicht, wie zum Beispiel diejenige in Flushing, und andere mit arabischem oder afroamerikanischem Vorzeichen gebe. Aber die islamische Szenerie als ganzes ist in den Staaten multi-ethnisch. Eine Ausnahme macht nur die Stadt Dearborn bei Detroit, wo man auf zwei Quadratmeilen fast nur libanesische Schiiten antrifft. Eine noch kleinere Ausnahme stellen mystische Zirkel da; die amerikanischen Sufi sind meist weiß und bleiben gerne unter sich.

Wenn es eine kompakte Gruppe von Muslimen gibt, dann sind es die Afroamerikaner; doch gerade sie sind ja keine Einwanderer, die man nach Hause schicken könnte. Viele der schwarzen Muslime vermuten, daß ihre versklavten Vorfahren Muslime gewesen waren. Auch sind sie davon überzeugt, daß sie auf Sklavenschiffen in jüdischem Besitz nach Amerika gebracht und hier erst ›Eigentum‹ christlicher Sklavenhalter geworden waren. Listen mit den Namen der Sklavenschiffe und ihrer jüdischen Eigner zirkulieren fleißig in schwarzen Kreisen. Wenn Afroamerikaner heute massenhaft zum Islam übertreten, verbirgt sich dahinter auch kulturpolitischer Protest und Nostalgie. Ihrem überzeugten Engagement für die Inhalte des Islam, vor allem in der Gefangenenmission, tut dies keinen Abbruch.

Und es erweist sich in der Rückschau auch nicht als Nachteil, daß viele der besten schwarzen Muslime dem Islam zunächst in einer höchst heterodoxen Form begegnet waren, nämlich über die »Nation of Islam« des autoritären Elijah Muhammad, der sich für einen Propheten hielt und einen anti-weißen, anti-jüdischen, rassistischen

›Islam‹ gepredigt hatte. Wichtige ›richtige‹ Muslime, wie Malcolm Little (Malcolm X) alias Malik El-Shabazz (1925–1965) und Cassius Clay alias Muhammad Ali[2], sind über Elijah Muhammad zum sunnitischen Islam gekommen. Es war eine Tat von kulturgeschichtlicher Bedeutung, als Elijahs Sohn, Warith Deen Muhammad[3], den größeren Teil der »Nation of Islam« nach dem Tod seines Vaters dazu brachte, jedem Rassismus abzuschwören, sich zu dezentralisieren und sich in die muslimische Umma der Vereinigten Staaten von Nordamerika einzubringen. Auf seiner historischen Pilgerfahrt nach Mekka hatte Malcolm X erkannt, daß ein weißer Mann, der die Einheit Gottes bejaht, auch die Einheit der Menschheit bejahe und daß Amerika den Islam brauche, weil nur dieser die dortige Gesellschaft von ihrem Rassismus befreien könne. Seither vertritt nur noch der neue Führer der »Nation of Islam«, Louis Farrakhan[4], unter schwarzen Amerikanern einen heterodoxen, weiterhin rassistischen Islam. Doch auch seine Anhänger dürften eines Tages in die Orthodoxie einmünden.

Einen vierten Vorteil zieht der amerikanische Islam daraus, daß die meisten muslimischen Einwanderer als Studenten in die USA kamen. Dementsprechend ist der Anteil an hochgebildeten Muslimen in der amerikanischen Umma besonders hoch. Muslim sein heißt in Amerika Akademiker sein. Dies befreit den Islam dort nicht nur von dem Verdacht, eine Religion für Analphabeten und schlichte Gemüter zu sein, sondern verleiht ihm Sozialprestige und Finanzkraft. Wenn sich Muslime zu einem *fund-raising*-Dinner zusammenfinden, kommen, wie bereits erwähnt, oft von wenigen Tischen 100 000 Dollar zusammen. Ich habe auch schon erlebt, daß eine halbe Million Dollar gespendet wurde.

So ist zum Beispiel der äußerst aktive Leiter des Islamic Information Service (IIS) in Los Angeles[5], Dr. Nazir Khaja, ein in Harvard ausgebildeter Nierenspezialist indischer Herkunft. Der Leiter der amerikanischen muslimischen Bürgerrechtsorganisation CAIR (Council on American Islamic Relations), Omar Ahmad[6], ist palästinensischer Herkunft und ein Spezialist für die Prüfung von Computerchips. In Santa Clara, im Herzen des Silicon Valley, wo »Intel« tatsächlich »inside« ist, gibt es 700 muslimische Computerspezialisten. Dort wie in Palo Alto (Apple) betreiben auch Muslime mit Erfolg eigene Software-Firmen, darunter AST und Focus Software International. Dem kommt die besondere mathematische Begabung indischer Menschen zugute.

Daß fast alle dortigen Muslime Staatsbürger der USA sind, ist ein weiterer Standortvorteil für sie, jedenfalls im Vergleich zur Bundesrepublik Deutschland. Es ist aber nicht nur die Staatsbürgerschaft, welche Muslime schnell in den USA verwurzeln läßt; das hat auch mit der großen geographischen Entfernung der Ursprungsländer zu tun. Häufigere Heimatbesuche in Indien oder Syrien sind einfach zu teuer, zumal wenn man eine größere Kinderschar hat.

Nach dem Vorbild der jüdischen Minderheit engagieren sich die amerikanischen Muslime in ihrer großen Mehrheit politisch. Nur kleine Gruppen, wie die Hizb at-Tahrir, lehnen dies ab. Auf oberster Ebene läßt sich der amerikanische Islam durch den »American Muslim Council«[7] bei der Regierung vertreten; sein Leiter, Dr. Abdurrahman Almoudi, ist ägyptischer Herkunft. Er sorgt eigenhändig dafür, daß an Weihnachten vor dem Weißen Haus nicht nur jüdische und christliche Symbole aufgestellt werden.

Eine andere Organisation, die »American Muslim Association«, kümmert sich in jedem Wahlkreis darum, daß bekannt wird, wie sich die beiden Wahlkandidaten zu islamischen Sorgen verhalten. Die Muslime geben keine allgemeine Wahlempfehlung für Demokraten oder Republikaner ab, sondern entscheiden für jeden Wahlkreis getrennt. Bei der letzten Präsidentschaftswahl ist es gelungen, eine weitere Million muslimischer Wähler zu den Wahlurnen zu bringen; die meisten davon hatten sich bis dahin der Wahl enthalten.

Besonders aktiv ist CAIR – nach jüdisch-zionistischem Vorbild, darunter die Jewish-American Anti-Defamation

League –, sowohl was die Medienarbeit als auch was den Schutz einzelner Muslime vor Diskriminierung anbelangt, zumal die Organisation mit Ibrahim Cooper auf einen Medienprofi zurückgreifen kann. Jeden Morgen prüft ein Mitarbeiter im Internet, ob es anti-islamische Vorfälle gegeben hat. In diesem Falle kann ein Medienalarm ausgelöst werden. Dann werden 25000 Muslime durch gleichzeitig versandte Fax-Mitteilungen zum Protest mittels Briefen, Anrufen, Fax- oder Telex-Botschaften sowie »Picketing« (d.h. plakatbewehrte Protestveranstaltungen vor dem Eingang der fraglichen Firma) aufgefordert. Dies führt möglicherweise dazu, daß es bei dem Bösewicht – sei es in den Medien, Wirtschaft oder Verwaltung – zu einer empfindlichen Blockade der üblichen Kommunikationsmittel kommt. Ein Arbeitgeber, der einer Arbeiterin wegen ihres Kopftuchs gekündigt hat, wird vor seiner Türe Plakate sowie flugblattverteilende Muslime finden.

Anfang 1999 setzte CAIR gegen die Flughafenverwaltung des Dulles Airport von Washington durch, daß sieben wegen ihres Kopftuchs entlassene Angestellte wieder eingestellt wurden: mit Lohnnachzahlung, einem Schmerzensgeld von 2500 Dollar, einer schriftlichen Entschuldigung und der Zusage, das Flughafenpersonal mit Kursen in religiöser Sensibilität auszubilden.

Dies war für CAIR nur ein Routinefall. Die Organisation hat schon mächtigere Gegner durch Boykott-Drohungen in die Knie gezwungen, darunter Mastercard (wegen eines schamlosen Werbespots in einer Moschee), NIKE (wegen eines Sohlenprofils, das sich auf arabisch als »Allah« lesen ließ) und Simon & Schuster (wegen eines blasphemischen, anti-islamischen Kapitels in einem Kinderbuch). Jedes Jahr veröffentlicht CAIR einen Bericht über den »Status der muslimischen Bürgerrechte in den Vereinigten Staaten«, in dem anti-islamische Vorfälle statistisch ausgewertet sind.

Besonders beeindruckend ist das jährliche zentrale Treffen amerikanischer Muslime, das von Dr. Sayyid Muhammad Sayyed, einem feurigen Kaschmiri, einberufen wird.

Wenn seine »Islamic Society of North America« (ISNA)[8] ruft – 1996 nach Columbus (Ohio), 1997 und 1999 nach Chicago, 1998 nach St. Louis (Missouri) –, strömen 12000 bis 17000 Muslime aus ganz Amerika zusammen; die meisten von ihnen sind jung, und die Mehrheit der jungen Teilnehmer sind Frauen. Diese Treffen sind mit einem Bazar verbunden, der die Größe eines Großstadtkaufhauses hat. Dabei werden alle Produkte verkauft, die Muslimen lieb sind, von Kleidung über Schmuck und orientalische Kosmetika bis zu islamischer Computer-Software (MacHadith; MacQur'an), Koranrezitationen auf Kassetten und Disketten, Büchern, Gebetsketten (*tasbih*), Gebetsteppichen und orientalischen Leckereien. Auch dies macht das Land der unbegrenzten Möglichkeiten möglich.

Die ISNA-Konferenzen werden von anderen muslimischen Organisationen zur Abhaltung ihrer Jahresversammlung genutzt, so von den Vereinigungen muslimischer Ärzte, Anwälte, Psychiater, Architekten, Lehrer oder Studenten. Auch dabei wird einem bewußt, wie akademisch ausgerichtet die dortige Umma ist.

Überhaupt zeichnen sich die amerikanischen Muslime durch ihre Dynamik, ihr Organisationstalent, ihre bürgerlichen Tugenden und ihre Professionalität als echte Amerikaner aus. Diese wird sich noch erhöhen, wenn aufgrund der Stipendiatenförderung von CAIR zusätzliche engagierte muslimische Rechtsanwälte und Journalisten verfügbar werden. In Amerika gibt es mit dem »American Journal of Islamic Social Studies« (AJISS)[9] die wissenschaftlichste unter alle muslimischen Zeitschriften auf sozialwissenschaftlichem Gebiet. Dort gibt es auch die erste im Westen staatlich anerkannte Hochschule für islamische Studien, die »School of Islamic and Social Studies« (SISS)[10] in Leesburg, Virginia. Hier lehren Dr. Taha Jabir al-'Alwani (Amerikaner irakischer Herkunft), Dr. Mona Abul-Fadl, Dr. Iqbal Unus und der amerikanische Arabist Yusuf Talal DeLorenzo.

Überdies gibt es eine Vielfalt islamischer Verlage (Amana; Kazi; American Educational Trust; Threshold Books), Zeitschriften[11], Forschungsinstitute – wie das

»Institute of Islamic and Arabic Sciences in America« (IIASA) in Fairfax, Virginia[12] – und ein Netz von rund 400 muslimischen Privatschulen, das vom »Council of Islamic Schools in North America« (CISNA) koordiniert wird. Besonders erfreulich ist es, daß ein Muslim, Prof. Khalid Yahya Blankenship, einen Lehrstuhl für Geschichte an der Temple Universität von Philadelphia innehat.

Einen islamischen Fernsehkanal gibt es in Amerika noch nicht, auch keinen vollständig islamischen Radiosender. Allerdings lanciert der I.I.S. muslimische Videos in das Privatfernsehen. Die Canadian Broadcasting Corporation räumt den Muslimen regelmäßig Sendezeit ein. Gleiches gilt von einer Reihe von Radiosendern.

Insgesamt läßt sich feststellen, daß sich die islamische intellektuelle Aktivität auf New York, Chicago, Washington und Los Angeles konzentriert. Letzterem kommt schon deshalb großes Gewicht zu, weil hier Dr. Fathi Osman wirkt.

Daß es im Lande viele Moscheen gibt – 1988 waren es bereits 3596 –, ist unter diesen Umständen zu erwarten, aber nicht, daß man allein im Einzugsbereich von Los Angeles 60 und in Cleveland 12 Moscheen findet. Man reibt sich die Augen, wenn man mitten in der Wüstenlandschaft von Arizona, in Phoenix, eine (wenig verkleinerte) Nachbildung des Felsendoms von Jerusalem entdeckt, die unter anderem auch zum Islam bekehrten Hopi-Indianern als Moschee dient.

Der älteste amerikanische Konvertit, Prof. T.B. Irving (al-Hajj Ta'lim 'Ali), der die erste sunnitische Moschee des Landes in seiner Heimatstaat Cedar Rapids (Iowa) errichten ließ und den Korans erstmals ins »Amerikanische« übersetzt hat[13], hätte es sich wohl nie träumen lassen, daß sich zu seinen Lebzeiten eine so umfangreiche islamische Infrastruktur in den USA aufbauen würde, sogar an der Harvard Law School.[14] Hätte er von sechs bis acht Millionen Geschwistern träumen können?

II.

Wegen der intellektuellen Dichte unter den Muslimen Nordamerikas und der idealen dortigen Forschungsbedingungen, darunter der Abwesenheit von Zensur, schaut die ganze islamische Welt mit großen Hoffnungen auf ihre Brüder und Schwestern in den USA. Könnte es nicht sein, daß der Islam seine wichtigsten Impulse für eine Runderneuerung – für das Gewinnen seiner Relevanz für das dritte Millennium – aus Amerika erhalten wird?

Allerdings fließen auch in Amerika für die Muslime nicht nur Milch und Honig. Es gibt sogar einen besonderen Standortnachteil für sie: die immer wieder verblüffende Durchschlagskraft zionistisch beeinflußter Medien, Lobbyisten und Organisationen. Manche von ihnen, so hat man den Eindruck, halten es für eine gute Tat für Israel, wenn sie dem Image des Islam Schaden zufügen. In dieser Hinsicht geht es den Muslimen in Europa – trotz der Tabuisierung des Themas ›Israel‹ – bei weitem besser.

Jedenfalls hat sich in jüngerer Zeit auch in den USA das Klima für die Muslime verschlechtert. Ein Alarmzeichen dafür war die amerika-weite sofortige Reaktion auf den schlimmen Bombenanschlag in Oklahoma City am 19. April 1995. Ohne jeden Beweis wurde der Anschlag sofort Muslimen als ein für sie typischer Akt in die Schuhe geschoben. Ein barttragender arabischer Flugpassagier, Abraham Ahmad, wurde dingfest gemacht, nur weil er einen Flug nach England gebucht hatte. Innerhalb weniger Tage kam es zu 201 Übergriffen und Anschlägen auf islamische Einrichtungen und einzelne muslimische Personen, darunter Beschuß mit Kleinkalibergewehr, Verprügelung, Fenstereinwürfe, Bomben- und Todesdrohungen per Telefon. Muslimische Kinder stellten plötzlich fest, daß in der Schule niemand mehr mit ihnen sprach. (Auch nach Verhaftung und Verurteilung der weißen, nicht-muslimischen Täter warten die amerikanischen Muslime noch immer auf eine Entschuldigung.)

Ebenso alarmierend war die Verhaftung des ehemaligen »Black Panther« Rap Brown (nach dem die Rap-Musik benannt worden ist). 1971 war er in einem New Yorker Gefängnis zum Islam übergetreten, hatte Arabisch gelernt und war ein jeder Gewalt abholder, frommer Imam mit Namen Jamil Abdullah al-Amin geworden. Heute ist er als Leiter der Community Moschee von Atlanta (Georgia) einer der einflußreichsten Muslime Nordamerikas.[15] Trotzdem wurde er vom F.B.I. des Mordes beschuldigt. Brown wurde freigesprochen, nachdem der Kronzeuge im Gerichtssaal zugegeben hatte, von der Polizei zur Falschaussage gezwungen worden zu sein, und noch im Gerichtssaal öffentlich zum Islam übergetreten war.

Für die amerikanische Umma ist auch bedrückend, daß der Vertreter des algerischen F.I.S. in den USA, Anwar N. Haddam, der jahrelang in Washington inoffiziell tätig war, bei seiner Ausreise nach Schweden verhaftet und ohne Anklage und Einsichtsmöglichkeit in die Akten der Einwanderungspolizei einfach »sicherheitsverwahrt« wurde.

Es wunderte daher niemand, daß 1998 der Film »The Siege« (Die Belagerung) auf den Markt kam, in dem die amerikanischen Muslime auf raffinierte Weise als eine terroristische Gefahr für die Vereinigten Staaten dargestellt wurden. (Dreimal darf man raten, welcher religiösen Gruppe die Hersteller des Films verpflichtet sind.)

Trotz allem: Wenn ich das Gefühl habe, mich geistig-moralisch erneuern zu müssen, denke ich nicht nur an eine weitere kleine Pilgerfahrt nach Mekka (Umma), sondern auch an eine weitere Reise zu den Muslimen in den USA.

ANMERKUNGEN

1 Die religiösen Auseinandersetzungen unter den frühen amerikanischen Siedlern ist gut dokumentiert in Joe Lee Davies u.a., *American Literature, An Anthology and Critical Survey*, Band 1 (*From the Beginning to 1860*), Charles Scribner's: Chicago 1948. Die Hexenpapiere sind auf S. 104 ff. abgedruckt.

2 Für ein Interview mit dem rührend für den Islam tätigen Ali siehe Barboza, S. 223 ff. Auch seine Tochter May May Ali ist eine muslimische Aktivistin.

3 Für ein Interview mit Warith Deen Muhammad siehe Barboza, S. 99.

4 Für Farrakhan siehe Gardell.

5 P.O.B. 6220, Altadenna, CA-91003, Tel. (+1)-626-791.9818; Fax: dito 793. 0710.

6 Suite 490, 1050, 17th St., Washington, D.C.-20036, Tel. (+1)-202-659.2247; Fax: dito 659.2254.

7 Suite 4000, 1212 New York Ave., Washington, D.C.-20005, Tel. (+1)-202-789. 2262; Fax: dito 789. 2550.

8 267, Old State Road, Plainfield, IN-46168; Tel. (+1)-317-839.8157; Fax: dito 839.1840. Die konkurrierende Dachorganisation heißt »Islamic Circle of North America« (ICNA). Ihre Anschrift ist 166-26, 89th Ave., Jamaica, NY-11432. Tel. (+1)-718-658.1199; Fax: dito 658.1255.

9 P.O.Box 669, 555 Grove St., Herndon, VA-22070, Tel. (+1)703-471.1133; Fax: dito 471.39222.

10 750-A, Miller Drive, S.E., Leesburg, VA-20176, Tel. (+1)-703-779.7477; Fax: dito 779.7999.

11 Darunter: *Middle East Affairs Journal; The American Journal of Islamic Finance; Islamic Law Journal; Journal of the Islamic Medical Association of North America; The Washington Report on Middle East Affairs; The Minaret; Horizons; Iqra.*

12 8500 Hilltop Road, Fairfax, VA-22031, Tel. (+1)-703-641.4890; Fax: dito 641.4899.

13 Seine Koranübersetzung ist m.E. weniger ›amerikanisch‹ als von banalem, einer Heiligen Schrift unangemessenem Stil. Vgl. Irving, *The Qur'-an, The First American Version*, Amana Books: Brattleboro, Vt. 1985 (Amana ist seither nach Beltsville, MD, außerhalb von Washington D.C. umgezogen).

14 Inzwischen ist auch die Harvard Law School auf den Zug aufgesprungen und hat ein Harvard Islamic Legal Studies Center eingerichtet, das verspricht, innerhalb kurzer Zeit die umfangreichste Bibliothek des islamischen Rechts einzurichten. (Die vollständigste Bibliothek des deutschen Rechts besaß die H.L.S. schon lange.) Adresse: Pound Hall 501, Harvard Law School, Cambridge, MA-02138, Tel. (+1)617-496.3941; Fax: dito 496.2707.

15 Zu Rap Brown siehe Barboza, S. 48 ff.

WAS, WENN SIE KOMMEN?

»Die dritte Möglichkeit ist, daß der Islam uns überrennt.«

(Der Fuldaer Bischof Dyba im SPIEGEL vom 22.12.1997)

I.

Nach menschlichem Ermessen steht, selbst in Nordamerika, noch kein ›Durchbruch‹ des Islam unmittelbar bevor, wie er in der 110. Sure (an-Nasr) angekündigt wurde: »Wenn Gottes Hilfe kommt und der Sieg und du die Menschen in Scharen in Gottes Religion eintreten siehst, dann lobpreise deinen Herrn und bitte Ihn um Verzeihung […].«

Doch an-Nasr könnte womöglich gar keine Zukunftsschau, sondern die Ankündigung eines Ereignisses sein, das schon stattgefunden hat: der Tod des Propheten oder auch die friedliche Einnahme von Mekka am 11. Januar 630, die tatsächlich von massenhaften Übertritten der ›Wendehälse‹ zum Islam begleitet war. Für diese Auslegung spricht, daß Muhammad nach zwei unabhängigen Überlieferungen – von Jabir ibn 'Abd Allah und Abu Hurayra – damals gesagt hatte: »Gewiß, die Menschen sind in Scharen in Gottes Religion eingetreten – zu gegebener Zeit werden sie sie in Scharen wieder verlassen.«

Lassen wir die Zukunft Zukunft sein. Was hier und heute zählt, sind folgende gegenwärtig faßbare Ängste: Viele Menschen im Westen fragen sich bereits allen Ernstes, was mit ihnen und ihrer Lebensweise geschehen würde, wenn Muslime hier die Mehrheit erlangen sollten. Es ist eine zwar diffuse, aber doch reale Befürchtung, die von Autoren wie Wilhelm Dietl (»Heiliger Krieg für Allah«), Gerhard Konzelmann (»Die islamische Herausforderung«), Peter Scholl-Latour, Rolf Stolz (»Mullahs am

Rhein«, »Kommt der Islam?«) und Bassam Tibi (»Wie Feuer und Wasser«) in kaum verantwortbarer Weise thematisiert und geschürt wird.[1]

Mit Erörterung dieser – *deswegen* nicht nur theoretischen – Frage soll dieses Buch ausklingen. Dabei geht es um die Auswirkung von *Zukunfts*ängsten auf die *Gegenwart*. Die folgende Darstellung des Schutzes religiöser Minderheiten nach islamischem Recht soll erweisen, daß das islamische Statut für Minderheiten das liberalste ist, das die Welt je gekannt hat. Damit soll gleichzeitig nachgewiesen werden, daß die Muslime im Westen vom Staat weniger fordern, als sie selbst zu geben bereit sind.

II.

Die Diskussion darüber, ob der Islam gegenüber anderen Religionen im Prinzip tolerant ist oder nicht, geht vor allem auf zwei mißverstandene Koran-Stellen zurück: AL Imran 3: 19 und at-Tauba 9: 33. Die erste davon – *inna addin 'ind' Allah al-Islam* – wird häufig übersetzt: »Die Religion vor [oder: bei] Gott ist gewiß der Islam.« Diese exklusivisch klingende Übersetzung ist indessen anfechtbar, weil das Substantiv *al-Islam* hier – wie häufig im Koran – in seiner Urbedeutung zu verstehen ist, so wie Gefährten des Propheten das Wort »Islam« ursprünglich verstehen mußten: als »Hingabe an Gott«, und nicht als die sich historisch entwickelte Religion »Islam«.[2] Der fragliche Satz lautete dann, richtig verstanden: »Die [wahre] Religion vor [oder: bei] Gott ist die Hingabe an Ihn.«[3]

Gleiches gilt z.B. für die Feststellung in AL Imran 3: 85, die triumphalistisch klingt, wenn übersetzt wird: »Wer eine andere Religion als den Islam begehrt: Nimmer soll sie von ihm angenommen werden.« Auch hier ist zu lesen: »Wer unter Religion anderes als Hingabe an Gott versteht, [...].«

Ähnlich unökumenisch, ja exklusivisch klingt die Aussage in at-Tauba 9: 33, wenn übersetzt wird: »Er ist es, der Seinen Gesandten mit der Führung und der wahren

Religion geschickt hat, auf daß er sie über alle Religionen siegen [bzw. die Oberhand gewinnen] lasse.« Auch hier erlaubt das maßgebliche arabische Verb (*zahara*), den fraglichen Vers wie folgt zu verstehen: »Er ist es, der Seinen Gesandten mit der Führung und der Religion der Wahrheit gesandt hat, damit sie [die Wahrheit] alle Religionen überstrahle« – so wie stärkeres Licht nun einmal andere Lichtquellen überstrahlt.

Kann man also eine fundamentale Intoleranz des Islam verneinen, so läßt sich sogar eine prinzipielle Toleranz gegenüber anderen Religionen nachweisen. Ich habe bereits darauf aufmerksam gemacht, daß der Koran in der 5. Sure (al-Ma'ida): 48 ein grandioses Manifest des religiösen Pluralismus enthält. Es soll wegen seiner zentralen Bedeutung wie schon auf Seite 67 erneut wörtlich zitiert werden: »Jedem von euch gaben Wir ein Gesetz und einen Weg. Wenn Allah gewollt hätte, hätte Er euch zu einer einzigen Gemeinde gemacht. Doch Er will euch in dem prüfen, was Er euch gegeben hat. Wetteifert darum im Guten. Zu Allah ist euere Rückkehr allzumal. Und Er wird euch dann darüber aufklären, worüber ihr uneins seid.«

Es gibt zahlreiche koranische Aussagen gleicher Liberalität:

- »Kein Zwang im Glauben!« (2. Sure [al-Baqara]: 256). Dies wird sowohl als Verbot der Zwangsausübung verstanden wie als Hinweis auf die Untauglichkeit von Zwang in Gewissensangelegenheiten (*forum internum*).
- »Euch [sei] euer Glaube und mir mein Glaube!« (109. Sure [al-Kafirun]: 6).
- »Und sprich: ›Die Wahrheit ist von euerem Herrn. Wer nun will, der glaube, und wer will, der glaube nicht‹« (18. Sure [al-Kahf]: 29).
- »Einem jeden Volk gaben Wir einen Ritus, den sie beachten. Darum laß sie nicht mir dir darüber streiten, sondern rufe sie zu deinem Herrn. [...] Streiten sie jedoch mit dir, dann sprich: ›Gott weiß am besten, was ihr tut. Gott wird am Tage der Auferstehung zwischen euch über das richten, worüber ihr uneins seid‹« (22. Sure [al-Hadsch]: 67–69).

- »O ihr Menschen! Wir erschufen euch aus einem Mann und einer Frau und machten euch zu Völkern und Stämmen, damit ihr einander kennenlernt. Doch der vor Gott am meisten Geehrte von euch ist der Gottesfürchtigste unter euch« (49. Sure [al-Hudschurat]: 13).

Diese Verse mögen zum Nachweis dafür genügen, daß aus islamischer Sicht
- religiöser wie ethnischer Pluralismus gottgewollte Normalität sind;
- Glaube eine jedem Zwang entzogene Angelegenheit bleiben muß;
- dogmatische Dispute letztlich fruchtlos sind.

Diese Grundhaltung wäre dann schon bemerkenswert, wenn sie alleine auf friedliche Koexistenz hinausliefe; dem Islam geht es jedoch um Einheit *und* Vielfalt als Werte an sich.

Die *Einheit* aller Menschen ist aus islamischer Sicht im besten Sinne doppelbödig. Das erste Fundament dafür beruht auf der seins- und wesensmäßigen, also *ontologischen* Einheit der gesamten Schöpfung und ihrer gemeinsamen Bestimmung, Gott zu preisen. Der Koran formuliert das treffend so:
- »Siehst du denn nicht, daß Gott lobpreist, wer [alles] in den Himmeln und auf Erden ist, so auch die Vögel, ihre Schwingen breitend. Jedes [Geschöpf] kennt sein Gebet und seine Lobpreisung« (24. Sure [an-Nur]: 41).
- »Haben sie denn nicht gesehen, daß alles, was Gott erschaffen hat, seinen Schatten einmal nach rechts und einmal nach links erstreckt und sich so vor Gott niederwirft und demütigt? Und vor Gott wirft sich nieder, was in den Himmeln und auf Erden ist, körperliche Lebewesen ebenso wie Engel […]« (16. Sure [an-Nahl]: 48 f.).
- »Siehst du denn nicht, daß alles, was in den Himmeln und auf Erden ist, sich vor Gott niederwirft, die Sonne, der Mond, die Sterne, die Berge, die Bäume und die Tiere? Auch viele Menschen […]« (22. Sure [al-Hadsch]: 18).

Angesichts dieser *kosmischen* Einheit alles geschaffenen Seins gibt es keine Unterschiede zwischen Sunniten und Schiiten, Katholiken und Protestanten, Christen und Juden, Buddhisten und Hindus. Sie teilen sämtlich die gleiche Natur (*fitra*). Darauf bezieht sich das, was Gott in der 21. Sure (al-Anbiya): 92 über die Einheit der Menschen sagt: »Diese euere Gemeinschaft ist fürwahr eine einzige Gemeinschaft und ich bin [euer aller] Herr; darum dienet Mir.« Gemeint ist hier die Umma aller Gottergebenen, also die Weltökumene.

Das zweite Fundament der Einheit besteht aus dem *abrahamischen* Verbund aller Monotheisten untereinander, wie er in der 42. Sure (ash-Shura): 14 eindeutig zum Ausdruck kommt: »Er hat euch als Religion anbefohlen, was Er Noah vorschrieb und was Wir dir offenbarten und Abraham und Moses und Jesus auftrugen: am Glauben festzuhalten und ihn nicht zu spalten.« Diese Rolle Abrahams ist so wichtig, daß die 14. Sure des Korans nach ihm »Ibrahim« benannt ist.

Leider wird nicht nur die seins- und wesensmäßige Einheit, sondern auch der abrahamische Verbund von Christen häufig als eine inklusivische Falle mißverstanden. Doch niemand soll vereinnahmt werden. Einheit ist trotz Vielfalt möglich. Der abrahamische Verbund ist die natürliche Basis für jeden islamisch-christlichen Dialog und jeden jüdisch-christlich-islamischen Trialog. Wenn jedermann ökumenische Gespräche in *diesem* Geist anginge, könnten Paul Schwarzenau, John Hick und Hans Küng sich endlich zur Ruhe setzen.

Am Ende dieses weltumspannenden Trialogs sollte aus islamischer Sicht kein agnostischer Relativismus stehen. Der von Muhammad gezeigte Weg zu Gott wird muhammad-spezifisch, und die Wahrheit des *tauhid*, des Bekenntnisses zum einen und einzigen Gott, Der nicht zeugt und nicht gezeugt ist, wird nicht-negotiabel bleiben. Wie schon gesagt: 24-karätiges Gold kann man nicht weiter läutern und auch nicht verbessern.

III.

Auf der geschilderten breiten und soliden theologischen Basis entwickelte die muslimische Jurisprudenz schon früh einen detaillierten Kodex zum Schutz religiöser Minderheiten (*al-siyar*), Rechtsnormen, die 1400 Jahre später noch modern wirken.[4]

Schon das von Gastfreundschaft geprägte alte arabische Gewohnheitsrecht erlaubte es jedem einzelnen Stammesmitglied, auch Frauen, fremden Gästen mit bindender Wirkung gegenüber der gesamten Gemeinschaft Asyl zu gewähren (*al-aman al-ma'ruf*).[5] Daraus entwickelte sich das vertragliche Schutzverhältnis zwischen dem islamischen Staat und seinen fremdreligiösen Schutzbefohlenen (*dhimmi*), den vom Koran so genannten *AL al-kitab*, d.h. Leuten der »Buchreligionen«.[6]

Dank dieses Status genossen die religiösen Minderheiten autonome Selbstverwaltung in religiösen Angelegenheiten, wozu Familien-, Erb- und Strafrecht zählten. Insoweit waren die Schutzbefohlenen nicht dem rechtlichen Monopol des Staates innerhalb seines Territoriums unterworfen, waren also partiell exterritorial. Dies erlaubte z.B. Christen, Schweine zu halten und mit Wein zu handeln; Juden konnten Kapital gegen Zinsen verleihen.[7] Gleichzeitig genossen die Schutzbefohlenen staatlichen Schutz für Leib und Leben, Eigentum, öffentliche Glaubensausübung, Kirchen oder Synagogen – ohne Unterschied zu den Rechten der Muslime, so wie Muhammad es im Jahre 631 einer Abordnung der Christen von Nadschran versprochen hatte, als er einen seiner besten Männer, Abu Ubayda, zu ihnen entsandte.[8] Einen Christen zu töten wurde ebenso geahndet wie der Mord an einem Muslim.[9] Muhammad soll sogar gesagt haben: »Wer einem Schutzbefohlenen weh tut, tut mir weh, und wer mir weh tut, tut Allah weh.«

Die Schutzbefohlenen sollten nur in dreierlei Hinsicht abweichend behandelt werden:

• Sie unterlagen nicht der Wehrpflicht.[10]

- Zum Ausgleich dafür zahlten sie eine Wehrersatzsteuer (*jizya*) in Form einer Kopfsteuer, die nicht notwendig höher ausfiel als die allgemeine Steuer (*zakat*), der die Muslime unterlagen.[11] Wenn der islamische Staat militärisch zu schwach war, das Gemeinwesen vor einem Aggressor zu schützen, war – seit dem Kalifen 'Umar – die Kopfsteuer den Schutzbefohlenen zurückzuerstatten. Beispielsweise vollzog dies sein Befehlshaber in Syrien, Abu Ubayda, als sich abzeichnete, daß er die Bevölkerung von Damaskus nicht vor den anrückenden Byzantinern schützen konnte.
- Zwar durften die Schutzbefohlenen an der öffentlichen Verwaltung und Beschlußfassung mitwirken – z.B. bei Gründung des föderativen muslimisch-jüdischen Stadtstaates von Medina im Jahre 622[12] –, doch das oberste Amt im Staat war einem Muslim vorbehalten. Nichtmuslimische Kabinettsminister gab es im gesamten Verlauf der islamischen Geschichte. Noch heute amtieren Christen oder Juden als Minister in Ägypten, Marokko und dem Irak.

Dieser Minoritätenstatus ist so großzügig angelegt, daß er der islamischen Mehrheit im 19. Jahrhundert Schaden zufügte. Das Osmanische Reich bereitete seinen eigenen Untergang vor, indem es gegenüber den ethnischen Gruppen auf dem Balkan – Griechen, Serben, Bulgaren – am liberalen islamischen Minoritätenstatus festhielt und ihnen so half, ihr Nationalgefühl zu entwickeln. Zur nationalstaatlichen Organisation brauchte man sich lediglich der bereits existierenden *dhimmi*-Strukturen zu bedienen.

Trotzdem fürchten manche, auch in Deutschland, daß sich der islamische Minderheitenschutz in Europa gegebenenfalls nicht auf Atheisten bzw. Agnostiker erstrecken würde, da diese keine »Leute des Buches« (AL al-kitab) im koranischen Sinne seien. Tatsächlich galten zunächst nur Christentum und Judentum als Buchreligionen, dann aber auch die Religionen der Sabier bzw. Zoroastrier (in Bahrain); schließlich wurden sogar Hindus unter AL al-kitab subsummiert.[13] Man kann daher sagen, daß die Definition der »Leute des Buches« unscharfe Ränder hat. Deshalb glaubte Ahmed El-Borai 1995 vorschlagen zu dürfen, als »Leute des Buches« alle Menschen zu betrachten, »welche eine religiöse Schrift haben oder etwas, was Buchform hätte annehmen können, sofern sie keine Polytheisten sind«[14].

Dabei wurde wohl der 6. Vers in der 9. Sure (al-Tauba) übersehen, der meines Erachtens das Problem löst: »Und wenn einer der *Götzendiener* bei dir Zuflucht sucht, dann gewähre ihm Zuflucht, damit er Gottes Wort vernimmt. Dann laß ihn den Ort erreichen, an dem er sich sicher fühlt. Dies, weil sie ein unwissendes Volk sind.« Daß Atheisten Götzendiener (*mushrikun*) in diesem Sinne sein können, ist heute islamischerseits unbestritten, zumal jede Form von Suchtabhängigkeit als eine Form von Polytheismus (*shirk*) betrachtet wird. Daraus ist zu schließen, daß Atheisten – wie Mitglieder einer religiösen Minorität – keinen Zwangsmaßnahmen ausgesetzt werden dürften. Immer mehr islamische Autoritäten legen sich denn auch auf den Schutz von Atheisten in einem islamischen Staatswesen fest. In der Tat: Wie könnte man ihnen diesen Schutz verweigern, ohne das Gebot »Kein Zwang in religiösen Angelegenheiten« zu verletzen?

Soweit die hehre Theorie. Wie aber steht es mit der Praxis? Glücklicherweise stand diese im geschichtlichen Verlauf überwiegend im Einklang mit der Lehre, jedoch kam es regional unter dem Eindruck beiderseitig erbarmungsloser Kriegsführung zu Ausnahmen: zu erniedrigenden Kleiderordnungen, zum Reitverbot für Nicht-Muslime (außer auf Eseln) oder zum Verbot, Kirchenglocken zu läuten und in neuangelegten Städten Kirchen zu bauen.[15] Manches Mal wurde Christen auch der Verzehr von Schweinefleisch und Alkohol untersagt.[16]

Solche Geist und Buchstaben des Islam widersprechende Verhaltensweisen wurden im Mittelalter mit einem Halbsatz in Vers 29 der Sure at-Tauba gerechtfertigt. Dort heißt es angeblich: »Bekämpft jene Schriftbesitzer, die nicht an Gott und den Jüngsten Tag glauben […], bis sie in williger Unterwerfung die Kopfsteuer zahlen und gedemütigt werden.«[17] Der arabische Text erlaubt jedoch eine kontextuell stimmigere Übersetzung, nämlich: »Bekämpft die Schriftbesitzer […], bis sie schließlich kapitulieren und die Kopfsteuer nach ihrem Vermögen [bzw. freiwillig] entrichten.« Von »Demütigung« und »Unterwerfung« ist dann nicht die Rede.[18]

Es gibt schlichtweg keine koranische Rechtfertigung dafür, zu Nicht-Muslimen unhöflich zu sein.

Insgesamt aber spielten Christen und Juden dank des islamischen Minderheitenrechts eine bedeutende, positive Rolle in der muslimischen Gesellschaft. Schließlich hatte nicht erst der 5. Kalif, Muawiyya, eine christliche Frau, sondern auch schon Muhammad: die Koptin Maria.

IV.

Damit komme ich zur Gegenwart, insbesondere in Deutschland. Hier sollte die entscheidende Frage weniger die sein, wie sich die Muslime verhalten würden, wenn sie eines Tages in der Mehrheit wären. Im Vordergrund sollte vielmehr stehen, wie die heutige Majorität sich gegenüber den minoritären Muslimen zu verhalten gedenkt: Ob der Westen willens ist, sich gegenüber Muslimen ähnlich liberal zu verhalten, wie dies Muslimen gegenüber Christen vorgeschrieben ist?

Die Muslime erkennen dankbar an, daß sich die mittelalterliche strukturelle Intoleranz gegen alles Islamische im Okzident seit dem späten 18. Jahrhundert stark abgemildert hat. Maßgeblich dafür war, daß die Vereinigten Staaten von Nordamerika, wie geschildert, sich nach anfänglichem Stolpern doch zu einem Asyl für religiös Verfolgte und damit auf einen vorbildlichen religiösen Pluralismus hin entwickelt haben. Als ähnlich wichtig erwiesen sich die Migrationswellen aus dem Maghreb, dem indischen Subkontinent und der Türkei nach Europa, weil sie die mono-religiöse Landschaft Europas pluralisiert haben.

Vor diesem Hintergrund sind die von den Vereinten Nationen und dem Europa-Rat entwickelten Vertragswerke zum Schutz der Menschenrechte im allgemeinen und der religiösen Freiheiten im besonderen zu sehen. Einschlägig sind die Universelle Erklärung der Menschenrechte vom 10.12.1949[19], die Europäische Menschenrechts-Konvention vom 4.11.1950[20] und der Internationale Pakt über bürgerliche und politische Rechte vom 19.12.1966.[21] Art. 27 dieses Paktes verfügt: »In Staaten mit ethnischen, religiösen oder sprachlichen Minderheiten darf Mitgliedern solcher Minderheiten nicht das Recht vorenthalten werden, im Zusammenwirken mit anderen Mitgliedern ihrer Gruppe ihr kulturelles Leben zu pflegen, ihre Religion zu bekennen und auszuüben und sich ihrer eigenen Sprache zu bedienen.«

Die heutige westliche Welt ist von diesen Entwicklungen positiv geprägt. Wie wäre es sonst auch nur denkbar, daß es heute ausgerechnet im andalusischen Granada wieder ein rein muslimisches Stadtviertel der Communidad Islámica en España gibt, in dem sogar nur mit Gold-Dinar und Silber-Dinar bezahlt wird.[22] Und doch bleibt der moderne westliche Minoritätenschutz weit hinter der Autonomie zurück, welche das islamische Recht religiösen Minderheiten schon seit 1400 Jahren gewährte. – Wer muß sich also vor wem fürchten?

Die Muslime sind keine Träumer. Sie erwarten nicht, daß ein moderner Staat westlichen Zuschnitts auf das Territorialprinzip verzichtet, wonach auf seinem Gebiet gleiches Recht für alle gilt. (Allerdings hatte man in Form des Adelsrechts ein solches Sonderrecht in Deutschland noch bis 1919 geduldet.) Doch läßt sich nicht verschweigen, daß sich mit Hilfe der exterritorialen Elemente des islamischen Autonomiestatus Konflikte lösen ließen, die sich einer nationalstaatlichen oder monoreligiösen Regelung beharrlich entziehen: Man denke an Nordirland, das Baskenland, an Katalonien, Korsika, Bosnien-Herzegowina und den Kosovo.

Die Muslime sind weder Träumer noch Rebellen. Sie sind grundsätzlich bereit, die Rechtsordnung der Staaten zu befolgen, in denen sie als Minderheit leben. Mit dem Fall, daß Muslime zu minoritären Schutzbefohlenen im nicht-muslimischen Ausland werden – sozusagen zu *dhimmi* der Christen –, befaßte sich die islamische Jurisprudenz seit dem 15. Jahrhundert intensiver, weil immer mehr andalusische Muslime unter katholische Herrschaft gerieten, ohne sämtlich nach Nordafrika auszuwandern.[23] Schon damals war als vorteilhaft für den Islam erkannt worden, daß es Muslime in der christlichen Welt gibt, sofern wenigstens die Befolgung der Hauptpflichten des Islam gestattet blieb. Nur wenn dies nicht der Fall war, galt ein absolutes Emigrationsgebot. Damals schon hielt man Diaspora-Muslime für verpflichtet, die lokale Gesetzgebung grundsätzlich zu beachten. In diesem Falle entband die hanefitische Rechtsschule Auslands-Muslime sogar von Vorschriften wie dem Zinsverbot. – Wer muß sich also vor wem fürchten?

Damit ist bereits umrissen, was die Muslime im Westen vom Staat erwarten: nicht unbedingt Gewährung des liberalen islamischen Minderheitenstatus, aber Rechtsstaatlichkeit, d.h. kein Messen mit doppeltem Maß.

Leider liegt insofern vieles im argen. Dies zeigt sich prototypisch beim Moscheenbau. Dieser wird meist erst nach Jahren gebilligt, dann aber in unattraktiver Lage – auf einem Grundstück beim Schlachthof oder hinter der Eisenbahn. Um jeden Meter Höhe des Minaretts muß gefeilscht werden, als gäbe es eine baurechtliche Vorschrift, wonach ein Minarett nicht höher als der nächste Kirchturm sein darf. (In Darmstadt wurde die vorgesehene Kuppel einer Moschee nicht genehmigt, weil sie – obwohl nach klassischen Harmonieverhältnissen geplant – um 50 Zentimeter [sic!] zu hoch gewesen wäre.) Ist die Moschee dann einmal gebaut, wird die Nutzung des Minaretts für den Gebetsruf häufig untersagt, mit fadenscheiniger Begründung, ohne daß es eine Rechtsgrundlage dafür gäbe. All dies geschieht, obwohl der Beauftragte der Bundesregierung für die Belange der Ausländer 1997 in einem von Martin Völker angefertigten Rechtsgutachten dargelegt hatte, daß der von Lautsprecheranlagen unterstützte Gebetsruf dem Grundrechtsschutz unterliegt, daher grundsätzlich nicht genehmigungsbedürftig ist und in der Regel auch keine schädliche Immission für Umwelt, Gesundheit und Verkehr darstellt.[24]

Schlimm daran ist, daß manchmal jeder einzelne Schritt auf dem Weg zum Moscheenbau vor Gericht erstritten werden muß. Auch wenn die Rechtslage kein Nein zuzulassen scheint, werden Genehmigungen von (haftpflichtversicherten) Beamten oft zunächst einmal versagt; in Frankreich ist es nicht anders.[25] Gegen den passiven Widerstand der Verwaltungen kann keine Demokratie funktionieren.

Das zweite Paradebeispiel ist das Kopftuch, dieses ganze Republiken erschütternde Stück Textil. Wenn es unlautere Produktwerbung für den Islam wäre, warum wird dann das Tragen von Kreuzen[26] und das Läuten von Glocken[27] nicht untersagt? Wenn es eine Unterdrückung der Frau darstellt, warum befragt man dann nicht die Trägerin des Kopftuchs? Wenn es gegen die Berufskleidungsverordnung verstöße, warum ändert man dann nicht die Regeln? Auf der einen Seite freut es die Muslime, zu sehen, daß die meisten westlichen Staaten nur scheinbar laizistisch sind, weil sie viel Religion in den Staat integriert haben. Gerade vor diesem Hintergrund wirkt es aber scheinheilig, einer Muslima das Recht auf Selbstbestimmung zu bestreiten.

Fassungslos macht es Muslime, wenn nicht-muslimische Autoritäten beginnen, den Koran für sie auszulegen – vom Präsidenten des Bundesamtes für Verfassungsschutz über den Präsidenten der Evangelischen Kirche in Hessen und Nassau und die Kultusministerin von Baden-Württemberg bis hin zu Verwaltungsgerichten. Sie lernen von solchen ›Experten‹, daß sie eigentlich doch jede Art Fleisch essen und in gemischter Gesellschaft Bikini tragen dürften und daß auch das Kopfhaar einer Muslima gar nicht bedeckt sein müßte. Solche Chuzpe wirkt auf die muslimische Gesellschaft – so hart es klingt – wie kultureller, eurozentrischer Imperialismus. Jüdischen Mitbürgern Thora, Mischna und Talmud auszulegen, würde man sich unter keinen Umständen mehr erlauben.

Als zynisch wird von den Muslimen auch der doppelte Maßstab im Falle von *halal* – dem Schlachten – empfunden. Dieses ist bekanntlich mit Schächten identisch. Schächten ist jüdischen Mitbürgern erlaubt. Bei einem muslimischen Metzger hingegen gilt dasselbe Verfahren als Verstoß gegen den Tierschutz. Damit nicht genug: Ein Verwaltungsgericht hat den Muslimen mit folgender Argumentation nachzuweisen versucht, daß sie auf *halal*-Schlachten verzichten können: Der Koran erlaube doch, im Notfall auch Verbotenes zu essen. Durch das staatliche Verbot der halal-Schlachtung trete für die hiesigen Muslime genau dieser Notfall ein …

Die Richter übersahen lediglich, daß ein Notfall (*durura*) nach muslimischer Auslegung nur dann vorliegt, wenn es um Verhungern geht. (Zutreffend ist allerdings, daß Muslime, wenn sie bei Christen *zu Gast* sind, nichtgeschächtetes Fleisch grundsätzlich essen dürfen, sofern es nicht vom Schwein stammt.)

Ähnlich verfahren manche deutschen Länder mit islamischem Religionsunterricht. Daher könnte es für die Muslime einen Pyrrhussieg bedeuten, wenn man ihn endlich einführen würde. Denn wenn das fragliche Kultusministerium seinen eigenen, mit den Muslimen nicht abgestimmten Lehrplan vorschriebe, lernten die Kinder womöglich (natürlich von nicht-muslimischen Lehrern), daß das Fasten im Ramadan in einer Industriegesellschaft nicht praktikabel sei, und ähnliches mehr. Als Innensenator Berlins hatte Jörg Schönbohm 1998 um der »Homogenität« willen jeden islamischen Religionsunterricht an den staatlichen Schulen des Stadtstaates verwerfen wollen; denn dieser liefe auf »Fremdkörperbildung« hinaus. Er konnte sich dabei auf Leserbriefe stützen, die vor einem langfristigen »Austausch des deutschen Staatsvolkes« warnten.[28] Der FAZ-Leser Konrad Schuller unterstellte dem Innensenator daraufhin, er erkenne wohl sein Vaterland nicht mehr, »wo die Bulette dem Döner Kebab gegenüber in die Defensive gerät«, und fragte ihn ironisch, »ob er den Muslimen der Hauptstadt eher den Glauben an die Dreifaltigkeit nahelegen wolle oder den Verzehr von Eisbein mit Sauerkraut«?[29]

Den Muslimen, nicht nur in Berlin, war weniger zum Scherzen; denn sie kennen den Hintergrund der Debatte: 1997 hatte eine Umfrage in Deutschland ergeben, daß 48 Prozent den Islam für eine »Bedrohung der westlichen Kultur« halten gegenüber nur 37 Prozent, die dagegen votierten, und 15 Prozent, die unentschieden waren.[30] – Wer muß sich also vor wem fürchten?

Die Anerkennung als Religionskörperschaft des öffentlichen Rechts, wie von der Weimarer Verfassung in Verbindung mit dem Grundgesetz vorgesehen[31], hat übrigens für manche deutsche Muslime derzeit keine Priorität. Sie möchten keine Kirchenstruktur übergestülpt bekommen, lieben keinen Zentralismus und sehnen sich nicht nach den Problemen einer Verteilung der Kirchensteuer. Doch mit der angepeilten Masseneinbürgerung von Türken mag auch das bald anders gewichtet werden.

So steht es denn im großen und ganzen mit dem Westen und seinen Muslimen zu Beginn des 3. Millenniums und eines neuen Jahrhunderts, das spannend zu werden verspricht. Der Islam wird dabei auf jeden Fall eine Rolle spielen. Warum sollte man ihn keine positive Rolle spielen lassen?

Ich schließe das Buch mit der 103. Sure (al-'Asr), welche mit einer Beschwörung der Zeit beginnt, dieses unfaßbaren Phänomens, das uns zu Beginn des Millenniums wieder einmal erschauern ließ:

(1) Bei der Zeit!
(2) Der Mensch kommt bestimmt ins Verderben,
(3) Außer denen, welche glauben und Gutes tun und
   sich gegenseitig zur Wahrheit anhalten und sich
   gegenseitig anhalten zur Geduld.

1 Unter diesem Titel behauptete Bassam Tibi im SPIEGEL 37/1994 auf S. 170 unter anderem, daß der traditionelle Islam für individuelle Menschenrechte »keinen Platz« lasse; selbst das Recht auf freie Meinung sei mit dem Islam unvereinbar. Er folgerte: »Die Scharia trennt die Moslems von den Zivilisationen, die sich zu den Menschenrechten bekennen« (S. 172).

2 So zum Beispiel die Koran-Übersetzungen von Muhammad Hamidullah (Brattleboro 1989), Denise Masson (Paris 1967),T.B. Irving (Brattleboro 1985), Rashif Said Kassab (Amman 1987), Marmaduke Pickthall (London 1930) und die offizielle saudische Übersetzung ins Englische (Medina 1992).

3 Es gibt Fälle, wo ›Islam‹ wirklich ›Islam‹ bedeutet, so z.B. in 5: 3.

4 *as-siyar* ist der Plural von *as-sira*, hier mit der Bedeutung ›Verhalten‹ in bezug auf Völkerrecht oder internationales Privatrecht.

5 Vgl. Doi, S. 426–437; Kruse, S. 74–154.

6 Vgl. Ramadan, S. 106–155.

7 Vgl. Turabi (1992), S. 33–35.

8 Vgl. Salem, S. 153. Hinsichtlich der Absprache mit den Christen von Nadschran zitiert er aus Abu Yusuf, *Kitab al-Kharaj*, Kairo 1933, S. 72 f. Siehe dafür auch Abu Dawud, *Sunan*, Hadith Nr. 3035. Abu Ubayda war einer der zehn Männer, denen Muhammad den Eintritt ins Paradies vorhersagte.

9 al-Bukhari, Bd. 9, Nr. 49; Abu Dawud, *Sunan*, Nr. 2635; al-Misri, w 52.1 (382).

10 Dies entband die Schutzbefohlenen nicht von finanziellen oder anderen Leistungen zugunsten ihrer eigenen Verteidigungsanstrengungen.

11 Im Mittelalter betrug die Kopfsteuer pro Person und Jahr zwischen 12 Dirham und 1 Dinar. Siehe an-Nawawi (1914), S. 467.

12 Die jüdischen Stämme hatten an der Gründung der Föderation gleichberechtigt mitgewirkt. Schon der 1. islamische Staat war kein rein muslimischer Staat.

13 Vgl. al-Misri, Kap. 11.1, S. 607.

14 *La condition des minorités en Islam*, Studie für die 7. Generalversammlung des ägyptischen Hohen Islamrats in Kairo, Juli 1995, S. 19.

15 So an-Nawawi (1994), S. 467–469.

16 Salem, S. 155–158.

17 Dies ist die Sichtweise von an-Nawawi.

18 Vgl. Muhammad Asad (*The Message*, 1980), zu 9: 29.

19 Einschlägig sind Art. 2 (Nichtdiskriminierung), 14 (Asylrecht) und 18 (Religionsfreiheit).

20 Einschlägig sind Art. 9 (Religionsfreiheit) und 14 (Nichtdiskriminierung).

21 Einschlägig ist Art. 18 (Religionsfreiheit).

22 Anschrift P.O. Box 674, E-18080 Granada, Tel. (+34)-958-207.519 oder 220.760; Fax dito 207.639 oder 221.368.

23 Vgl. El-Fadls sehr detaillierte Studie.

24 Veröffentlicht vom Beauftragten der Bundesregierung für Belange der Ausländer, Postf. 14 02 80, 53107 Bonn.

25 Der Jurist Dior Diop sagte es elegant in seinem Artikel »Construire une mosquée – est-ce si difficile?« (in: *La Medina*, Paris, Nr. 1, 1999, S. 56). Das Problem liege nicht am Gesetzestext *stricto sensu*, sondern an seiner »Lektüre« gegenüber Muslimen.

26 Vgl. Winfried Brugger und Stefan Hustler (Hrsg.), *Der Streit ums Kreuz in der Schule*, Baden-Baden 1998.

27 Das Verwaltungsgericht Würzburg erlaubte einer Kirche in Aschaffenburg das Läuten sogar mit einer Lautstärke von 86,3 Dezibel; vgl. *Frankfurter Allgemeine Zeitung* vom 12.12.1998.

28 Leserbrief von Björn Clemens in der *Frankfurter Allgemeinen Zeitung* vom 31.1.1999. Er hielte bundesweiten islamischen Religionsunterricht für eine »Ungeheuerlichkeit«.

29 Vgl. Konrad Schuller, »Wo die Bulette verliert, wittert Schönbohm das Ghetto«, in der *Frankfurter Allgemeinen Zeitung* vom 15.6.1998.

30 Vgl. Reinhard Hesse, »Feindbild Islam«, in: *Die Woche* vom 23.4.1997.

31 Durch Art. 140 GG wurden die Religionsartikel 136–141 der Weimarer Verfassung in das Grundgesetz übernommen.

LITERATUR

—: *Conferences of Riyad* on *Moslem Doctrine and Human Rights in Islam*. Beirut: Dar al-Kitab al-Lubnani (o.J.).

—: *Der Koran*, Übers. Max Henning, überarbeitet und herausgegeben von Murad Wilfried Hofmann. München: Diederichs 1999.

—: *Die Bedeutung des Korans*, 5 Bde., Übers. Fatima Grimm u.a. München: SKD Bavaria Verlag 1998, 2. Aufl.

Abd el-Wahab, Ahmad: *Dialogue Transtextuel entre le Christianisme et l'Islam*. Paris: Centre Abaad 1987.

Abdou, Mohammed: *Rissalat al-Tawhid, Exposé de la Religion Musulmane*. Paris: Geuthner 1984.

Affendi, Abdel Wahab El-: *Turabi's Revolution*. London: Grey Seal Books 1991.

—: *Who Needs an Islamic State*? London: Grey Seal Books 1991.

Afifi, Zeinab: »Die Stellung der Frau im Islam«, in: *Gesichter des Islam*. Berlin: Haus der Kulturen der Welt 1992, S. 119 ff.

Afkhami, Mahnaz: *Faith & Freedom – Women's Human Rights in the Muslim World*. London: Tauris 1995.

Ahmad, Kurshid (Hrsg.): *Elimination of Riba from the Economy*. Islamabad: Institute of Policy Studies 1994.

—: »Man and the Future of Civilization: An Islamic Perspective«, in: *Encounters*, Jg. 1, Nr. 1, 1995, S. 103.

Ahmad, Mumtaz: »Islam and Democracy: The Emerging Consensus«, in: *Middle East Affairs Journal*, Jg. 2, Nr. 4, 1996, S. 29 ff.

Ahmed, Akbar: *Post Modernism and Islam*. London: Routledge 1992.

Ahmed, Akbar S./Hastings, Donna: *Islam, Globalization, and Postmodernism*. London: Routledge 1994.

Ahsan, Manazir/Kidwai, A.R.: *The Satanic Saga – Muslim Perspectives on the Satanic Verses Affair*. Markfield, LE: The Islamic Foundation 1991.

Ahsan, Manazir: »Arrival, Expulsion and Return: Muslim Experience in Europe«, in: *Al-Mizan*, Jg. 2, Nr. 1, 1996, S. 23 ff.

Ali, Ausaf: »An Essay on Public Theology«, in: *Islamic Studies*, Jg. 34, Nr. 1, 1995.

Alwani, Taha Jabir al-: *Ijtihad*. Herndon, VA: I.I.I.T. 1993.

Amin, Hussein: *Le livre du musulman désemparé*. Paris: La Découverte 1992.

Amin, Qasim: *Die Befreiung der Frau* (1889). Würzburg: Echter 1992.

Antes, Peter: *Der Islam als politischer Faktor*. Hannover: Niedersächsische Landeszentrale für Politische Bildung 1991, 2. Aufl.

Arkoun, Mohammed: *Pour une critique de la raison islamique*. Paris: Maisonneuve 1984.

—: *Ouvertures sur l'Islam*. Paris: Jacques Grancher 1989.

Armstrong, Karen: *Holy War – The Crusades and their Impact on Today's World*. New York: Papermac 1992.

—: *Nah ist und schwer zu fassen der Gott* (A History of God). München: Droemer-Knaur 1993.

Asad, Muhammad: *Islam at the Crossroads*. Lahore: Ashraf Press 1934.

—: *The Message of the Qur'an* (Koran-Übersetzung mit Kommentar). Gibraltar: Dar al-Andalus 1980.

—: *The Principles of State and Government in Islam* (1961). Gibraltar: Dar al-Andalus 1980.

—: *This Law of Ours and other Essays*. Gibraltar: Dar al-Andalus 1997.

—: *Vom Geist des Islam* (1979), Übers. Hasan Ndayisenga. Köln: Islam. Wiss. Akademie 1984.

—: »Muhammad Asad und die Reise nach Mekka«, Interview von Karl Günter Simon, in: *Frankfurter Allgemeine Zeitung* vom 18.11.1988.

Asad, Talal: *Genealogies of Religion: Discipline and Reason of Power in Christianity and Islam*. Baltimore: John Hopkins Univ. Press 1993.

Aschmawy, Muhammad Said: *L'Islamisme contre l'Islam (al-Islam al-siyasi)*. Paris: Ed. la découverte 1989.

Atlan, Henri: *A tort et à raison – Intercritique de la science et du mythe*. Paris: Seuil 1986.

Attas, Syed Muhammad Naquib: *Islam and Secularism*. Kuala Lumpur: ABIM 1978.

—: (Hrsg).: *Islam and the Challenge of Modernity*. Kuala Lumpur: I.I.I.T. 1996.

Ayoub, Mahmoud: »Islam and Pluralism«, in: *Encounters*, Jg. 3, Nr. 2, 1997, S. 103.

Azmeh, Aziz al-: *Islam and Modernities*. London/New York: Verso 1993, 2. Aufl.

Azzi, Abderrahmane: »Islam in Cyberspace«, in: *Islamic Studies*, Jg. 38, Nr. 1, 1999, S. 103 ff.

Bachelard, Gaston: *Le Nouvel Esprit Scientifique*. Paris: Presses Universitaires de France 1968, 10. Aufl.

Badri, Malik: *The Dilemma of Muslim Psychiatrists*. London: MWH 1979.

—: *the aids crisis: an islamic socio-cultural perspective*. Kuala Lumpur: ISTAC 1997.

Bahnassawi, Sali El-: *Die Stellung der Frau zwischen Islam und weltlicher Gesetzgebung*. München: SKD-Bavaria Verlag 1993.

Balic, Smail: »Die islamische Überlieferung in der Postmoderne«, in: *Gottes ist der Orient, Gottes ist der Okzident*. Köln: Böhlau 1991, S. 108 ff.

Banna, Hasan al-: *Five Tracts of Hasan al-Banna* (1906–1949), Übers. Charles Wendell. Berkeley: Univ. of California Press 1975.

Barboza, Steven: *American Jihad – Islam after Malcolm X*. New York: Doubleday 1994.

Barrett, Swaantje: *Islam, Blasphemie und freie Meinungsäußerung – Was hat Salman Rushdie getan?* Hildesheim: Internat. Kulturwerk 1994.

Baumann, Zygmunt: *Modernity and the Holocaust*. Oxford: Polity Press 1991.

—: *Modernity and Ambivalence*. Oxford: Polity Press 1993.

Behrens, Michael/Rimscha, Robert von: *»Politische Korrektheit« in Deutschland. Eine Gefahr für die Demokratie*. Bonn: Bouvier 1995.

Bell, Daniel: *The Cultural Contradictions of Capitalism*. London: Heinemann 1976.

Benchekroun, Mohamed: *L'Islam et les obligations fondamentales*. Rabat: Arrissalat 1988.

Benjamin, David: *Muhammad in der Bibel*. München: SKD Bavaria Verlag 1987.

Berque, Jaques et al.: *aspects de la foi de l'Islam*. Brüssel: Facultés universitaires Saint Louis 1985.

Bielefeldt, Heiner: *»›Schwächlicher Werterelativismus‹? Zur Notwendigkeit des interkulturellen Dialogs über Menschenrechte«*, in: Kai Hafez, *Der Islam und der Westen*. Frankfurt: Fischer 1997, S. 56.

Boisard, Marcel: *Der Humanismus des Islam*. Kaltbrunn: Verlag zum Hecht 1982.

Borrmans, Maurice: *Wege zum christlich-islamischen Dialog*. Frankfurt: Cibedo 1985.

Brown, Daniel: *Rethinking tradition in modern Islamic thought*. Cambridge: Cambridge University Press 1996.

Buaben, Jabal Muhammad: *Image of the Prophet Muhammad in the West*. Markfield, LE: Islamic Foundation 1996.

Bürgel, Johann C.: *Allmacht und Mächtigkeit, Religion und Welt im Islam*. München: C.H. Beck 1991.

Bukhari, al-: *Sahih al-Bukhari*, 9 Bde., Übers. Muh. Muhsin Khan. Chicago: Kazi Publications 1976–1979.

Bukharyy, al-: *Auszüge aus Sahih al-Bukharyy*, Übers. Muh. Ahmad Rassoul. Köln: IB Verlag 1989.

Blumenberg, Hans: *The Legitimacy of the Modern Age*. Cambridge, MA: MIT Press 1984.

Bucaille, Maurice: *Bibel, Koran und Wissenschaft – Die Heiligen Schriften im Licht moderner Erkenntnisse*. München: SKD Bavaria Verlag 1984.

Bunt, Gary: *»Islam in Cyberspace«*, in: *The muslim world book review*, Jg. 18, Nr. 1, 1997, S. 3 ff.

Buti, Muhammad Sa'id al-: *Jihad in Islam – How to understand & practice it*, Übers. Munzer Adel Absi. Damaskus: Dar al-Fiqr 1995.

Cahen, Claude: *Orient et Occident au temps des croisades*. Paris: Aubier 1983.

Chapra, M. Umer: *Islam and the Economic Challenge*. Herndon, VA: I.I.I.T. 1992.

—: *Towards a Just Monetary System*. Leicester: The Islamic Foundation 1995.

Chejne, A.G.: *Ibn Hazm*. Chicago: Kazi Publ. 1982.

Cherfils, Christian: *Napoleon and Islam, From French and Arab Documents*. Kuala Lumpur: Utusan Publ. 1999.

Chimelli, Rudolph: *Islamismus*. Zürich: Vontobel Holding 1993.

Choudhury, Masudul Alam: *Reforming the Muslim World*. London/New York: Kegan Paul 1998.

Cohn-Sherbok, Dan (Hrsg.): *Islam in a World of Diverse Faiths*. London: Macmillan 1991.

Cooper, John/Nettler, Ronald/Mahmoud, Mohamed (Hrsg): *Islam and Modernity*. London: Tauris 1998.

Coury, Ralph: »Neo-Modernization Theory and its Search for Enemies: The Role of the Arabs and Islam«, in: *Islamic Studies*, Jg. 35, Nr. 4, 1996.

Cragg, Kenneth: *The Christ and the Faiths: Theology in Cross-Reference*. London: SPCK 1986.

Daniel, Norman: *Islam and the West – The Making of an Image*. Oxford: One World Publ. 1993, 2. Aufl.

Davutoglu, Ahmet: *Alternative Paradigms: The Impact of Islamic and Western Weltanschauungs on Political Theory*. London: Univ. of America Press 1994.

—: *Civilizational Transformation and the Muslim World*. Kuala Lumpur: Mahir Publications 1994.

—: »The Clash of Interests: An Explanation of World [Dis]order«, in: *International Discussion*, Jg. 2, Nr. 2, 1994, S. 107 ff.

Daweke, Klaus (Hrsg.): »Der rechte Weg – Versuche einer Annäherung an den Islam«, in: *Zeitschrift für Kulturaustausch*, Jg. 42, Nr. 4, 1992.

Denffer, Ahmad von: *Der Islam und Jesus*. München: IZM 1991.

Deschner, Karlheinz: *Der gefälschte Glaube*. München: Knesebeck & Schuler 1988.

Diamond, Larry: »The Globalsation of Democracy«, in: Robert Slater/Barry Schutz/Stephen Dorr, *Global Transformation and the Third World*. Boulder, CO: Lynne Rienner 1993, S. 31 ff.

Doi, Abdur Rahman: *Shari'ah, The Islamic Law*. London: Ta Ha Publishers 1984.

Dürr, Hans-Peter (Hrsg.): *Physik und Transzendenz*. München: Scherz 1989.

Dunn, Michael: »Islamic Movements at the End of the 20th Century«, in: *Middle East Affairs Journal*, Jg. 2, Nr. 4, 1996, S. 3 ff.

Duran, Khalid: »Demographic Characteristics of the American Muslim Community«, in: *Islamic Studies*, Jg. 36, Nr. 1, 1997, S. 57 ff.

Eaton, Charles de Gai: *Der Islam und die Bestimmung des Menschen* (Islam and the Destiny of Man). München: Diederichs 2000, 3. Aufl.

Eisenmann, Robert/Wise, Michael: *Jesus und die Urchristen*. München: Bertelsmann 1992, 2. Aufl.

Elmessiri, Abdelwahab: »Feature of the New Islamic Thought«, in: *Encounters*, Jg. 3, Nr. 1, 1996, S. 45 ff.

—: »Towards a More Comprehensive and Explanatory Paradigm of Secularism«, in: *Encounters*, Jg. 2, Nr. 2, 1997, S. 137 ff.

Engineer, Asghar: *The Rights of Women in Islam*. London: Sterling Publ. 1992.

—: *Rethinking Issues in Islam*. London: Sangam Books 1998.

Esack, Farid: *On Being a Muslim – Finding a religious Path in the World today.* Oxford: Oneworld Publ. 1999.

Esposito, John: *Voices of Resurgent Islam.* Oxford: Oxford Univ. Press 1983.

—: *The Islamic Threat: Myth or Reality?* Oxford/New York: Oxford Univ. Press 1992.

Fadl, Khaled Abu el-: »Islamic Law and Muslim Minorities«, in: *Islamic Law and Society*, Jg. 1, Nr. 2, 1994.

—: *The Authoritative and Authoritarian in Islamic Discourses.* Los Angeles: MIV 1997.

Falaturi, Abdoljavad (Hrsg.): *Islam: Raum-Geschichte-Religion, Der Islamische Orient.* Köln: Islam. Wiss. Akademie 1990.

Falk, Richard: »False Universalism and the Geopolitics of Exclusion: the Case of Islam«, in: *Third World Quarterly*, Jg. 18, Nr. 1, 1997, S. 7 ff.

Faruqi, Ismail Raji (Hrsg.): *Trialogue of the Abrahamic Faiths.* Herndon, VA: I.I.I.T. 1991.

Feindt-Riggers, Nils/Steinbach, Udo: *Islamische Organisationen in Deutschland.* Hamburg: Deutsches Orient-Inst. 1997.

Fox, Matthew: *Vision vom kosmischen Christus. Aufbruch ins Dritte Jahrtausend.* Stuttgart: Kreuz 1991.

French, Hal: *Adversary Identity: A Study of Religious Fanaticism and Responses to it.* Lampeter, Wales: Edwin Mellen Press 1990.

Fricke, Wedding: »*Standrechtlich gekreuzigt*«. *Person und Prozeß des Jesus aus Galiläa.* Buchschlag: Mai Verlag 1986.

Fukuyama, Francis: »The End of History?«, in: *The National Interest*, Frühjahr 1990.

—: *The End of History and the Last Man.* New York: Penguin 1992.

Fulton, John/Gee, Peter: *Religion in Contemporary Europe.* Lampeter, Wales: Edwin Mellen 1994.

Garaudy, Roger: *Pour un Islam du XXe siècle* (Charte de Seville). Paris: Tougui 1985.

—: *Verheißung Islam.* München: SKD Bavaria Verlag 1988.

Gardell, Matthias: *Countdown to Armaggedon – Louis Farrakhan and the Nation of Islam.* London: C. Hurst 1996.

Gardet, Louis: *Les Hommes de l'Islam.* Paris: Hachette 1977.

Gellner, Ernest: *Relativism and the Social Sciences.* Cambridge: Cambridge Univ. Press 1985.

—: *Postmodernism, Reason and Religion.* London: Routledge 1992.

Ghannouchi, Rachid al-: »Towards Inclusive Strategies for Human Rights Enforcement in the Arabs World« – a Response, in: *Encounters*, Jg. 2, Nr. 2, 1996, S. 190 ff.

Ghaussy, Ghanie: *Das Wirtschaftsdenken im Islam.* Bern: Haupt 1986.

Ghazali, Abu Hamid al-: *Ihya Ulum-id-Din*, 4 Bde., Übers. Fazul-ul-Karim. Lahore: Sind Sagar Academy (o.J.).

Gibb, H./Kramers, J.: *Shorter Encyclopaedia of Islam.* Leiden: Brill 1974.

Gleave, Robert: »Elements of Religious Discrimination in Europe: the Position of Muslim Minorities«, in: *Encounters*, Jg. 4, Nr. 2, 1998, S. 169 ff.

Goethe, Johann Wolfgang von: *Werke*. Frankfurt: Insel 1993.

Guazzone, Laura (Hrsg.): *The Islamist Dilemma*. Reading: Garnet 1995.

Habermas, Jürgen: *Faktizität und Geltung*. Frankfurt: Suhrkamp 1992.

Haddad, Yvonne/Smith, Jane (Hrsg.): *Muslim Communities in North America*. Albany: SUNY 1994.

Hafez, Kai (Hrsg.): *Der Islam und der Westen*. Frankfurt: Fischer 1997.

Haikal, Muhammad Hussein: *Das Leben Muhammads*. Siegen: Tackenberg Verlag 1987.

Hamidullah, Muhammad: *The First Written Constitution in the World*. Lahore: Sh. Muhammad Ashraf 1975, 3. Aufl.

—: *The Emergence of Islam*, Übers. Afzal Iqbal. Islamabad: Islamic Research Institute 1993.

Harrington, Michael: *The Politics at God's Funeral: The Spiritual Crisis of Western Civilization*. New York: Holt, Reinhart & Winston 1983.

Hart, Michael: *The 100. A Ranking of the Most Influential Persons in History*. New York 1978, S. 33.

Hasenfratz, Hans-Peter: *Das Christentum – Eine kleine »Problemgeschichte«*. Zürich: Theologischer Verlag 1992.

Hashemi, Nader: »*How dangerous are the Islamists?*«, in: Middle East Affairs Journal, Jg. 2, Nr. 4, 1996, S. 12.

Hathout, Hassan: *Reading the Muslim Mind*. Plainfield, IN: American Trust 1995.

Heine, Peter: *Halbmond über deutschen Dächern*. München: List 1997.

Herman, Edward: »Free Expression in the West: Myth and Reality«, in: *Encounters*, Jg. 2, Nr. 1, 1996, S. 23 ff.

Hesse, Reinhard: »Feindbild Islam«, in: *Die Woche* vom 23.04.1997.

Hibri, Aziza al-: »Islamic Constitutionalism and the Concept of Democracy«, in: *24 Case Western Reserve Journal of International Law*, Nr. 1, 1992.

Hick, John: *The Myth of God Incarnate*. London: SCM Press 1977.

—: *God an the Universe of Faiths*. London: Macmillan 1988.

—: *An Interpretation of Religion*. Basingstoke, Hampshire: Macmillan 1989; deutsche Ausgabe: *Religion – Die menschlichen Antworten auf die Frage nach Leben und Tod*. München: Diederichs 1996.

—: *The Metaphor of God Incarnate*. London: SCM Press 1993.

—: »Religiöser Pluralismus und Absolutheitsansprüche«, in: Kirste, 1994, S. 128–149.

—: »Wahrheit und Erlösung im Christentum und in anderen Religionen«, in: Kirste, 1994, S. 113–127.

—: *The Rainbow of Faiths*. London: SCM Press 1995.

Hick, John/Meltzer, Edmund (Hrsg.): *Three Faiths – One God; A Jewish Christian, Muslim Encounter*. London: Macmillan 1989.

Hicks, Neil: »Islam and Human Rights«, in: Muslim Politics Report, Nr. 12. New York: Council on Foreign Relations 1997.

Hilal, Iyad: *Studies in Usul ul-Fiqh*. Walnut, CA: Islamic Cultural Workshop (o.J.), 2. Aufl.

Hilf, Rudolf: *Weltmacht Islam*. München: Bayr. Landeszentrale für pol. Bildung 1988.

Hodgson, Marshall: *The Venture of Islam,* 3 Bde. Chicago: Univ. of Chicago Press 1974.

Hoffmann, Christian (Abdul Hadi): *Zwischen allen Stühlen – Ein Deutscher wird Muslim.* Bonn: Bouvier 1995.

Hofmann, Murad Wilfried: *Der Islam als Alternative.* München: Diederichs 1995, 3. Aufl.

—: *Islam 2000.* Beltsville, MD: amana 1996, 2. Aufl.

—: *Reise nach Mekka.* München: Diederichs 1996.

—: »The European Mentality and Islam«, in: *Islamic Studies,* Jg. 35, Nr. 1, 1996, S. 87 ff.

—: *L'Islam que cherche-t-il en Europe?* Casablanca: Ministère des Habous 1997.

—: »The Protection of Religious Minorities in Islam«, in: *Encounters,* Jg. 4, Nr. 2, 1998, S. 137 ff.

Holt, Maria: »Palestinian Women and the Contemporary Islamist Movement«, in: *Encounters,* Jg. 3, Nr. 1, 1997, S. 64.

Houellebecq, Michel: *Die Welt als Supermarkt.* Köln: DuMont 1999, 2. Aufl.

Hughes, Thomas Patrick: *Dictionary of Islam* (1886). Chicago: Kazi 1994.

Hunke, Sigrid: *Allah ist ganz anders – Enthüllungen von 1001 Vorurteilen über die Araber.* Bad König: Horizonte 1990.

Huntington, Samuel: »The Clash of Civilizations«, in: *Foreign Affairs,* Jg. 72, Nr. 3, 1993, S. 17–33.

—: *The Clash of Civilizations and the Making of a New World Order.* New York: Simon & Schuster 1996.

—: »The West: Unique, Not Universal«, in: *Foreign Affairs,* Jg. 75, Nr. 6, 1996, S. 28–46.

Ihsanoglu, Ekmeleddin: »Europe and Islam, New Challenges, New Horizons«, in: *The West and Islam.* Istanbul: IRCICA 1999, S. 3.

Imam, Ahmad 'Ali al-: *Variant Readings of the Qur'an.* Herndon, VA: I.I.I.T. 1998.

Iqbal, Muhammad: *The Reconstruction of Religious Thought in Islam.* (1928/29). Lahore: Sh. Muhammad Ashraf 1986.

Izetbegovic, 'Alija 'Ali: *Islamic Declaration* (1979). Anonymer Samisdat-Druck.

—: *Islam between East and West.* Indianapolis, IN: American Trust 1989, 2. Aufl.

Jamil, Javed: *Islamic Model for Control of AIDS.* Saharanpur (Indien): Mission Publications 1996.

Jaweed, Najma: »Human Rights in Islam«, in: Al-Mizan, Jg. 2, Nr. 1, 1996, S. 65 ff.

Jayyusi, Salma Khadra (Hrsg.): *The Legacy of Muslim Spain, HdO.* Leiden: Brill 1992.

Kabbai, Shaykh Muhammad/Bakhtiar, Lalah: *Encyclopedia of Muhammad's Women Companions and the Traditions they related.* Chicago: ABC International/Kazi Publ. 1998.

Kant, Immanuel: *Kritik der reinen Vernunft* (1781), Bd. 1 und 2. Frankfurt: Suhrkamp 1996.

—: *Kritik der praktischen Vernunft* (1788). Frankfurt: Suhrkamp 1996.

Karic, Enes: »In Europe there are no ›indigenous‹ and ›imported‹ religions«, in: *Islamic Studies*, Jg. 37, Nr. 1, 1998.

Kathir, Ibn: *Tafsir Ibn Kathir*. London: Al-Firdous – erscheint fortlaufend seit 1996.

—: *The Life of the Prophet Muhammad – al-Sira al-Nabawiyya –*, 4 Bde. Reading: Garnet – seit 1998.

Kausar, Zeenath: »Sexuality and Reproductive Rights in ›Platform for Action‹ and Islam«, in: *Encounters*, Jg. 3, Nr. 2, 1997, S. 149.

Kepel, Gilles/Yann, Richard (Hrsg.): *Intellectuels et militants de l'islam contemporain*. Paris: Seuil 1990.

—: *Die Rache Gottes. Radikale Moslems, Christen und Juden auf dem Vormarsch*. München: Piper 1991.

Khaldun, Ibn: *The Muqaddimah. An Introduction to History*, Übers. Franz Rosenthal. Princeton: Bolligen Series, Princeton Univ. Press 1967.

Khaleel, Shawki Abu: *Islam on Trial*. Beirut: Dar el-Fikr el Mouaser 1991.

Khan, Mujeeb R.: »Bosnia-Hercegovina and the Politics of Religion and Genocide in the ›New World Order‹«, in: Islamic Studies, Sonderausgabe Islam in the Balkans, Jg. 36, Nr. 2 und 3, 1997, S. 287 ff.

Khir, Bustami Muhammad: »Concept of Sovereignty in the Contemporary Islamic Movements«, in: *Encounters*, Jg. 1, Nr. 1, 1995, S. 5 ff.

Kierkegaard, Søren: *Die Krankheit zum Tode*. Köln: Jakob Hegner 1956.

Kirchhoff, Jochen: *Räume, Dimensionen, Weltmodelle. Impulse für eine andere Naturwissenschaft*. München: Diederichs 1999.

Kirste, Reinhard: »Entwicklungslinien der Bibelauslegung – Chancen für ein sachgemäßes Koranverständnis?«, in: Gottes ist der Orient, Gottes ist der Okzident. Köln: Böhlau 1991, S. 362–395.

Kirste, Reinhard et al. (Hrsg.): *Interreligiöser Dialog zwischen Tradition und Moderne. Religionen im Gespräch (RIG)*, Bd. 3. Balve: Zimmermann 1994.

Köse, Ali: *Conversion to Islam*. London: Kegan Paul 1996.

Krämer, Gudrun: »Der ›Gottesstaat‹ als Republik«, in: Kai Hafez, *Der Islam und der Westen*. Frankfurt: Fischer 1997, S. 44.

Kramer, Martin: *Arab Awakening & Islamic Revival*. New Brunswick, NJ: Transaction Publ. 1996.

Kreeft, Peter: *Ecumenical Jihad*. San Francisco: Ignatius Press 1996.

Kremer, Alfred von: *Geschichte der herrschenden Ideen des Islam* (1868). Hildesheim: Georg Olms 1961.

Kruse, Hans: *Islamische Völkerrechtslehre*. Bochum: Brockmeyer 1979, 2. Aufl.

Küng, Hans/Ess, J. van: *»Islam«, Christentum und Weltreligionen*, Bd. 1. Gütersloh: Mohn 1987.

Küng, Hans/Kuschel, Karl-Josef (Hrsg.): *A Global Ethic: The Declaration of the Parliament of World's Religions*. London: SCM Press 1993.

Küng, Hans: *Pourquoi suis-je toujours chrétien?* Paris: Centurion 1988.

—: *Projekt Weltethos*. München: Piper 1990.

—: Vorwort, in: Karl-Josef Kuschel/Hermann Häring (Hrsg.), *New Horizons for Faith and Thought*. London: SCM Press 1993.

Kuschel, Karl-Josef: *Abraham – a Symbol of Hope for Jews, Christians and Muslims*. London: SCM Press 1995.

—: *Vom Streit zum Wettstreit der Religionen – Lessing und die Herausforderung des Islam*. Düsseldorf: Patmos 1998.

Lang, Jeffrey: *Struggling to Surrender*. Beltsville, MD: amana 1995, 2. Aufl.

—: *Even Angels Ask*. Beltsville, MD: amana 1997.

Laoust, Henri: *la profession de foi d'Ibn Taymiyya – La Wasitiyya*. Paris: Geuthner 1986.

Lawrence, Bruce B.: *Shattering the Myth – Islam beyond Violence*. Princeton: Princeton University Press 1998.

Lee, Robert: *Overcoming Tradition and Modernity: The Search for Islamic Authenticity*. Boulder, CO: Westview Press 1997.

Lelong, Michel: *Si Dieu l'avait voulu ...* Paris: Tougui 1986

Lemu, Aisha/Heeren, Fatima: *Women in Islam*. Leicester: Islamic Council of Europe 1978.

Lerch, Wolfgang Günter: *Muhammads Erben – Die unbekannte Vielfalt des Islam*. Düsseldorf: Patmos 1999.

Lincoln, C. Eric: *The Black Muslims in America*. Grand Rapids, MI: Wm. B. Eerdmans Publ. 1994.

Little, David/Kelsay, John/Sachedina, Abdulaziz: *Human Rights and the Conflicts of Culture: Western and Islamic Perspectives on Religious Liberty*. Univ. of South Carolina Press 1989.

Lüdemann, Gerd: *Die Auferstehung Jesu*. Göttingen: Vandenhoeck & Ruprecht 1994.

—: *Ketzer – Die andere Seite des frühen Christentums*. Stuttgart: Radius 1995.

Lyotard, Jean-François: *The Postmodern Condition: A Report on Knowledge*. Manchester: Manchester Univ. Press 1986.

Maalouf, Amin: *Les croisades vues par les Arabes*. Paris: Edition J'ai lu 1991.

Mack, Burton: *The Last Gospel – The Book of Q and Christian Origins*. Element Books 1993.

Malik b. Anas, Imam: *Al-Muwatta*, Übers. 'Aisha 'Abdarahman und Yaqub Johnson. Norwich: Diwan Press 1982.

Malley, Robert: *The Call from Algeria*. Berkley: Univ. of California Press 1996.

Mantran, Robert: *les grandes dates de l'Islam*. Paris: Larousse 1990.

Manzoor, Parvez: »An Epistemology of Questions: The Crisis of Intellect and Reason in the West«, in: *The Muslim World Book Review*, Jg. 7, Nr. 2, 1987.

—: »Human Rights: Secular Transcendence or Cultural Imperialism«, in: The Muslim World Book Review, Jg. 8, Nr. 3, 1994, S. 3 ff.

—: »Hubris and Humility: Christian Perplexity at the Plurality of Faith«, in: The Muslim World Book Review, Jg. 15, Nr. 4, 1995, S. 3 ff.

—: »Desacralizing Secularism«, in: *The American Journal of Islamic and Social Sciences*, Jg. 12, Nr. 4, 1995, S. 545 ff.

—: »Against the Absolutism of Science and Society«, in: The Muslim World Book Review, Jg. 18, Nr. 2, 1998, S. 3 ff.

—: »Freedom as Transcendence? Contemporary Islam and the Puzzle of Modernity«, in: The Muslim World Book Review, Jg. 19, Nr. 2, 1999, S. 3 ff.

Martinez, Florentino Garcia: *The Dead Sea Scrolls*. Leiden: Brill 1994.

Marty, Martin/Appleby, Scott (Hrsg.): *The Fundamentalism Project*, 4 Bde. Chicago: Univ. of Chicago Press 1993, 1994.

Maududi, Abu 'Ala: *Islam in the Face of Contemporary Challenges*. Kuwait: Dar al-Arqam 1971.

Mayer, Ann Elizabeth: *Islam and Human Rights*. Boulder, CO: Westview 1995, 2. Aufl.

Mazrui, Ali: »Islam and the End of History«, in: The American Journal of Islamic Social Studies, Jg. 10, Nr. 4, 1993, S. 512–535.

—: »North American Muslims: Rising to the Challenge of Dual Identity«, in: Islamic Studies, Jg. 34, Nr. 4, 1995, S. 451 ff.

—: »Human Rights between Rwanda and Reparations: Global Power and the Racial Experience«, in: *Encounters*, Jg. 2, Nr. 1, 1996, S. 3 ff.

—: »Islamic and Western Values«, in: *IQRA*, Jg. 18, Nr. 1, 1998, S. 13 ff. (1997 in *Foreign Affairs*).

Meier, Andreas: *Der Politische Auftrag des Islam*. Wuppertal: Peter Hammer 1994.

Mernissi, Fatima: *Sultanes Oubliées, femmes chefs d'état en islam*. Casablanca: Le Fennec 1992.

—: *Der politische Harem. Mohamed und die Frauen*. Frankfurt: Dagyeli 1989.

—: *Die Angst vor der Moderne*. Hamburg: Luchterhand 1992.

Miles, Jack: *Gott – Eine Biographie –*. München: Hanser 1996.

Misri, Ahmad ibn Naqib al-: *The Reliance of the Traveller*, Übers. Noah Ha Mim Keller. Dubai: Modern Printing Press 1991.

Monshipouri, Mahmood: *Islamism, Secularism, and Human Rights in the Middle East*. Boulder, CO: Lynne Rienner 1998.

Moore, Kathleen: *Al-Mughtaribun: American Law and the Transformation of Muslim Life in the United States*. Albany, NY: State Univ. Press 1995.

Moten, Abdul Rashid: *Political Science: An Islamic Perspective*. Basingstoke, Hampshire: Macmillan 1996.

—: »Democratic and Shura-based Systems«, in: *Encounters*, 3. Jg., Nr. 1, 1997, S. 3 ff.

Mousalli, Ahmad: *Radical Islamic Fundamentalism: The Ideological and Political Discourse of Sayyid Qutb*. Beirut: American Univ. of Beirut Press 1992.

Munoz, Gema Martinez (Hrsg.): *Islam, Modernism and the West*. London: Tauris 1999.

Murad, Khurram: »Islam and Terrorism«, in: *Encounters*, Jg. 4, Nr. 1, 1997, S. 103 ff.

Murray, Stephen O./Roscoe, Will: *Islamic Homosexualities*. New York: New York University Press 1997.

Muslim: *Sahih Muslim*, 4 Bde., Übers. Abdul Hamid Siddiqi. Lahore: 'Sh. Muhammad Ashraf 1976.

Muzaffar, Chandra: *Human Rights and the New World Order*. Penang (Malaysia): JUST 1994.

Nadvi, Syed: *Habib ul-Haque*. Durban (Südafrika): Academia 1995.

Nagel, Tilman: *Staat und Glaubensgemeinschaft im Islam*, 2 Bde. Zürich/München: Artemis 1981.

—: *Geschichte der islamischen Theologie*. München: C.H. Beck 1994.

Na'im, Abdullah A. an-: *Human Rights in Cross-Cultural Perspectives*. Philadelphia: Pennsylvania Press 1992.

Nasr, Seyyed Hossein: *Ideal and Realities of Islam*. Kairo: American Univ. in Cairo Press 1989.

—: *Ideal und Wirklichkeit des Islam*. München: Diederichs 1993.

Nawawi, an-: *Minhaj-et-Talibin. A Manual of Muhammadan Law*. Lahore: Law Publishing Co. (1914) 1977.

—: *Vierzig Hadite*, Übers. Ahmad von Denffer. Leicester: The Islamic Foundation 1979.

—: *Riyad us-Salihin, Gärten der Tugendhaften*, Bd. 1. Garching: Dar-us-Salam 1996.

Nielsen, Jørgen S.: »Muslims in Europe or European Muslims: the Western Experience«, in: *Encounters*, Jg. 4, Nr. 2, 1998, S. 205 ff.

Nietzsche, Friedrich: *Werke in zwei Bänden*. München: Hanser 1967.

Nu'man, Fareed: *The Muslim Population in the United States*. Washington: American Muslim Council 1992.

Nyazee, Imran Ahsan Khan: *Theories of Islamic Law, The Methodology of Ijtihad*. Islamabad: I.I.I.T. 1994.

O'Ballance, Edgar: *Islamic Fundamentalist Terrorism 1779–1995*. Basingstoke, Hampshire: Macmillan 1997.

Ophuls, William: *Requiem for Modern Politics – The Tragedy of the Enlightenment and the Challenge of the New Millenium*. Boulder, CO: Westview Press 1997.

Osman, Fathi: *Jihad – a Legitimate Struggle for Human Rights*. Los Angeles: Minaret 1991.

—: *Sharia in Contemporary Society – The Dynamics of Change in the Islamic Law*. Los Angeles: Multimedia Vera International 1994.

—: *The Children of Adam – An Islamic Perspective on Pluralism*. Washington: Georgetown Univ. Press 1996.

—: *Human Rights on the Eve of the 21st Century – Problems for Muslims and Others*. London: Islam & Modernity 1996.

—: *Concepts of the Quran – A Topical Reading*. Los Angeles: Multimedia Vera International 1997.

Otaibi, Moneer al-/Rashid, Hakim: »The Role of Schools in Islamic Society«, in: *The American Journal of Islamic Social Sciences*, Jg. 14, Nr. 4, 1997, S. 1 ff.

Ott, Claudie: »Das Feindbild in den westlichen Medien«, in: *Cibedo*, Jg. 7, Nr. 3, 1993, S. 76.

Otto, Rudolf: *Das Heilige – Über das Irrationale in der Idee des Göttlichen und sein Verhältnis zum Rationalen*. München: C.H. Beck 1997.

Packard, Vance: *Pyramid Climbers*. Harmondsworth: Pelican 1962.

—: *The Sexual Wilderness*. New York: David McKay 1968.

Parrinder, Geoffrey: *Mysticism in the Worlds Religions*. Oxford: One World 1995.

Pasquier, Roger du: *Unveiling Islam*. Cambridge: The Islamic Texts Society 1992.

Pearl, David: »Conflicts and Tensions in the Proposal for a System of Personal Law for Muslims in the UK«, in: *Encounters*, Jg. 4, Nr. 1, 1998, S. 3 ff.

Phipps, William: *Muhammad and Jesus*. London: SCM Press 1996.

Piscatori, James: *Islam in a Word of Nation States*. Cambridge: Cambridge Univ. Press 1986.

Popper, Karl R./Eccles, John C.: *The Self and its Brain*. Heidelberg: Springer 1977.

Pryce-Jones: *At War with Modernity: Islam's Challenge to the West*. London: Institute for European Defence and Strategic Studies 1992.

Qaradawi, Jusuf al-: *Islamic Awakening between Rejection and Extremism*. Herndon, VA: I.I.I.T. 1987.

—: *Erlaubtes und Verbotenes im Islam.* München: SKD Bavaria Verlag 1989.

Qutb, Muhammad: *Einwände gegen den Islam*. München: SKD Bavaria Verlag 1994.

Qutb, Sayyid: *Milestones* (Ma'alim fi-l-Tariq). Indianapolis: American Trust Publ. 1990.

Rahim, Muddathir 'Abd al-: *The Development of Fiqh in the Modern Muslim World*. Kuala Lumpur: IKIM 1996.

Rahim, Muhammad 'Ata ur-: *Jesus – A Prophet of Islam*. London: MWH Publishers 1977.

Rahman, Fazlur: *Islam*. New York: Holt, Rinehart and Winston 1966.

—: *Islamic Methodology in History* (1964). Islamabad: Islamic Research Institute 1995, 3. Aufl.

Rahman, Mohibur: »Clash of Civilizations or Clash of Ideas?«, in: *Al-Mizan*, Jg. 2, Nr. 1, 1996, S. 38.

Ramadan, Said: *Das islamische Recht*. Wiesbaden: Harrassowitz 1980.

Rehs, Michael: »Die Welt des Islam zwischen Tradition und Fortschritt«, I/II, in: *Zeitschrift für Kulturaustausch*, Jg. 35, Nr. 3 und 4, 1985.

Reich, Charles A.: *The Greening of America*. New York: Random 1970.

Riesmann, David et al.: *Die einsame Masse*. Reinbek: Rowohlt 1958.

Riße, Günter: »Der Islam, eine politische Religion?«, in: *Cibedo*, Jg. 7, Nr. 2, 1993, S. 33.

Robinson, Neal: *Discovering the Qur'an – A Contemporary Approach to a Veiled Text*. London: SCM Press 1996.

Rodinson, Maxime: *Die Faszination des Islam* (1980). München: C.H. Beck 1985.

Runnymede, Trust: »›Islamophobia‹ in Britain«, in: *The Muslim Politics Report*, Jg. 15, 1997, S. 2 f.

Rushd, Ibn (Averroës): *The Distinguished Jurist's Primer* (Bidayat al-Mujtahid), 2 Bde. Reading: Garnet 1994, 1995.

Safi, Louay: »Islam and the Global Challenge: Dealing with Distortions of the Image of Islam by Global Media«, in: *Islamic Studies*, Jg. 35, Nr. 2, 1996, S. 191.

Said, Edward: *Orientalism*. New York: Random House 1978.

—: *Covering Islam*. New York: Pantheon 1981.

—: *Culture and Imperialism*. London: Chatto & Windus 1993.

Salem, Isam Kamel: *Islam und Völkerrecht*. Berlin: Express 1984.

Salvatore, Armando: *Islam and the Political Discourse of Modernity*. Reading: Garnet 1997.

Sardar, Ziauddin: *Postmodernism and the Other: The New Imperialism of Western Culture*. London: Pluto Press 1997.

Sardar, Ziauddin/Nandy, Ashish/ Davies, Merryl Wyn: *Barbaric Others: A Manifesto of Western Racism*. London: Pluto Press 1993.

Sartori, Ralf/Steidl, Petra: *Tango. Die einende Kraft des tanzenden Eros*. München/Kreuzlingen: Atlantis 1999.

Schacht, Joseph: *An Introduction to Islamic Law*. Oxford: Clarendon 1964.

Schimmel, Annemarie: *Mystische Dimensionen des Islam. Die Geschichte des Sufismus*. München: Diederichs 1985.

Schlatter, Adolf: *Die Geschichte der ersten Christenheit* (1926). Darmstadt: Wiss. Buchgesellschaft 1971, 5. Aufl.

Schmidt, Helmut (Hrsg.): Allgemeine Erklärung der Menschenpflichten. München: Piper 1997.

Schönig, Hannelore: »Die rechtliche Stellung der Frau im Islam«, in: *Die Welt des Islam zwischen Tradition und Fortschritt*, II. Stuttgart: Inst. für Auslandsbeziehungen 1985, S. 439 ff.

Schulze, Reinhard: »Gibt es eine islamische Moderne?«, in: Kai Hafez, *Der Islam und der Westen*. Frankfurt: Fischer 1997, S. 31 ff.

Schuon, Frithjof: *Den Islam verstehen*. Bern: O.W. Barth Verlag 1988.

Schwarzenau, Paul: *Korankunde für Christen*. Stuttgart: Kreuz Verlag 1982.

—: »Biblische und koranische Grundlagen für den christlich-islamischen Dialog«, in: *Gottes ist der Orient, Gottes ist der Okzident*. Köln: Böhlau 1991, S. 499–508.

—: *Das nachchristliche Zeitalter*. Stuttgart: Kreuz Verlag 1993.

Shafi'i, al-: *Risala. Treatise on the Foundation of Islamic Jurisprudence*, Übers. Majid Khadduri. Cambridge: Islamic Texts Society 1991.

Shahrour, Mohammad: »The Divine Text and Pluralism in Muslim Societies«, in: *Muslim Politics Report*, Nr. 12, 1997, S. 3–9.

Sharif, M.M. (Hrsg.): *A History of Muslim Philosophy*, 2 Bde. Wiesbaden: Harrassowitz 1963, 1966.

Siddiqi, Muhammad Nejatullah: »Towards Regeneration: Shifting Priorities in Islamic Movements«, in: *Encounters*, Jg. 1, Nr. 2, 1995, S. 3 ff.

—: »Christian-Muslim Dialogue: Problems and Challenges«, in: *Encounters*, Jg. 2, Nr. 2, 1998, S. 123 ff.

—: »Future of the Islamic Movement«, in: *Encounters*, Jg. 4, Nr. 1, 1998, S. 91 ff.

Siddiqui, Jawed ul-Haq: *21st Century & the Birth of United States of Islam*. Karachi: USI Publ. 1997.

Sigler, John: »Understanding the Resurgence of Islam: the Case of Political Islam«, in: *Middle East Affairs Journal*, Jg. 2, Nr. 4, 1996, S. 79 ff.

Smith, Wilfred Cantwell: *What is Scripture?* London: SCM Press 1993.

Spuler-Stegemann, Ursula: *Muslime in Deutschland*. Freiburg: Herder 1998.

Stolz, Rolf: *Mullahs in Deutschland – Der Sprengstoff von morgen*. Frankfurt/München: Ullstein 1996, 2. Aufl.

—: *Kommt der Islam? Die Fundamentalisten vor den Toren Europas*. München: Herbig 1997.

Swinburn, Richard: *The Existence of God*. Oxford: Clarendon Press 1979.

Tahtawi, Rifa'a al-: *Ein Muslim entdeckt Europa*. München: C.H. Beck 1989.

Talbi, Mohamed/Bucaille, Maurice: *Réflexions sur le Coran*. Paris: Seghers 1989.

Talbi, Mohamed: »Is cultural and religious co-existence possible? Harmony and the right to be different«, in: *Encounters*, Jg. 1, Nr. 2, 1995, S. 74 ff.

Tamimi, Azzam: »›Fundamentalist‹ Islam and the Media«, in: *Al-Mizan*, Jg. 2, Nr. 1, 1996.

—: »Democracy in Islamic Political Thought«, in: *Encounters*, Jg. 3, Nr. 1, 1997, S. 21 ff.

—: »Democracy: The Religious and the Political in Contemporary Islamic Debate«, in: *Encounters*, Jg. 4, Nr. 1, 1998, S. 35 ff.

Tibi, Bassam: *Die Krise des modernen Islam*. Frankfurt: Suhrkamp 1991.

—: »Wie Feuer und Wasser«, in: *Der Spiegel*, Nr. 3, Jan. 1994, S. 170–172.

—: *Der wahre Imam. Der Islam von Mohammed bis zur Gegenwart*. München: Piper 1996.

Troll, Christian: »Witness meets Witness: the Church's Mission in the Context of the Worldwide Encounter of Christian and Muslim Believers Today«, in: *Encounters*, Jg. 4, Nr. 1, 1998, S. 15 ff.

Turabi, Hasan al-: *Women, Islam and Muslim Society*. London: Milestones 1991.

—: *Islam, Democracy, the State and the West*, in: Arthur Lowrie (Hrsg.), *A Round Table with Dr. Hasan Turabi*. Tampa, FL: The World and Islam Studies Enterprise 1993.

Turner, Bryan S.: *Orientalism, Postmodernism and Globalization*. New York: Routledge 1994.

Tworuschka, Udo (Hrsg.): *Gottes ist der Orient – Gottes ist der Okzident* (Festschrift für Abdoljavad Falaturi). Köln: Böhlau 1991.

Wagner, Peter: *Soziologie der Moderne*. Frankfurt: Campus 1995.

Walker, Dennis: »The Revived Nation of Islam and America's Western System in the 1990s: Ambiguous Protest of a new Black Elite«, in: *Islamic Studies*, Jg. 37, Nr. 4, 1998, S. 445 ff.

Watt, William Montgomery: *Religious Truth for Our Time*. Oxford: Oneworld Publ. 1995.

Wehr, Hans: *Arabisch-Deutsches Wörterbuch*. Wiesbaden: Harrassowitz 1985, 5. Aufl.

Westerlund, David/Hallencreutz, Carl (Hrsg.): *Questioning the Secular State: The worldwide Resurgence of Religion in Politics*. London: Hurts & Co. 1996.

Woods, John: »Imagining and Stereotyping Islam«, in: *Muslims in America – Opportunities and Challenges*. Chicago: Intern. Strategy and Policy Inst. 1996, S. 45–77.

Zakzouk, Mahmoud et al.: *Gesichter des Islam*. Berlin: Haus der Kulturen der Welt 1992.

Zaman, Muhammad Qasim: *The Making of a religious Discourse – an Essay in the History and Historiography of the Abbasid Revolution*. Islamabad: I.I.I.T. 1995.

PERSONEN- UND SACHREGISTER

Personenregister

Sachregister

ZUM AUTOR

Murad Wilfried Hofmann, geboren 1931, promovierter Volljurist, arbeitete 33 Jahre im diplomatischen Dienst, zuletzt als deutscher Botschafter in Algerien und Marokko. Er konvertierte 1980 zum Islam, vollzog mehrfach die Pilgerfahrt nach Mekka und veröffentlichte seither zahlreiche Aufsätze und Bücher über interkulturelle und -religiöse Themen. Im Diederichs Verlag erschien 1992 sein aufsehenerregendes Buch »Der Islam als Alternative« (4. Auflage 1999), das auch in der islamischen Welt großen Anklang fand und in einer englischen, amerikanischen, serbo-kroatischen und mehreren arabischen Ausgaben vorliegt. Dem folgte 1996 seine ebenfalls in mehrere Sprachen übersetzte »Reise nach Mekka«. Für den Diederichs Verlag überarbeitete er in einem mehrjährigen Prozeß die deutsche Übersetzung des Korans von Max Henning und versah sie mit einer Einleitung, einem Kurzkommentar und einem umfangreichen Index (1999).

Dr. Hofmann lebt heute in Istanbul und Aschaffenburg. Er arbeitet als Literaturkritiker für den »Muslim World Book Review« und bereist als vielgefragter Vortragsredner vor allem Westeuropa, die Vereinigten Staaten und die islamische Welt.

Bücher
von
Murad Wilfried Hofmann
bei
Diederichs

Murad Wilfried Hofmann

Reise nach Mekka

Ein Deutscher lebt den Islam

Diederichs Gelbe Reihe Band 123, 224 Seiten, Paperback

Warum wird jemand Muslim? Murad Wilfried Hofmann trat
vor 20 Jahren zum Islam über und zeichnet hier den Weg seiner
Konversion nach. Daraus entsteht ein Bild des Islam in seinem
Alltagsgewand: Gebete, Fasten, Nüchternheit, soziale Fürsorge,
Speisen, Kleidung, Geld, die Rolle der Frau – und der Hadsch,
die obligatorische Pilgerfahrt nach Mekka.
Murad Hofmann zeigt aber auch, daß hinter dem einheitlichen
Erscheinungsbild der Muslime eine Vielfalt von Lebensformen
möglich ist, die sich Außenstehenden kaum von alleine erschließt.
Und er schildert, was es in Deutschland bedeutet, wenn man sich für
einen ›anderen‹ Glauben entscheidet. Seinen persönlichen Weg hin
zum Islam und die Schilderung der Anfeindungen, aber auch der
Sympathiebekundungen nach seinem Übertritt verknüpft er mit einer
Analyse über die Ursachen, aus denen der Islam in Deutschland
immer noch zum Feindbild abgestempelt wird.
Das Buch legt Fakten offen, zeigt die Hintergründe und interpretiert
den Islam als eine entschieden soziale und humane Religion.

Diederichs

Murad Wilfried Hofmann

Der Islam als Alternative

Mit einem Vorwort von Annemarie Schimmel
216 Seiten, Paperback

Ein spannendes Plädoyer für den Islam als alternative Lebensweise –
auch und gerade für den Westen. Zugleich ein wichtiges Buch, um die
wahre Dimension einer Religion zu erfassen, die uns so nah und doch so
fern ist und die das Leben einer Milliarde Menschen bestimmt.

*»Das Buch lohnt sich für alle, die einen intelligenten und kenntnisreichen tour
d'horizon durch Geist, Geschichte und Traditionen des Islams einerseits und eine
entschiedene … Auseinandersetzung mit der westlichen Welt andererseits suchen.«*

*»Knapp und bisweilen erfrischend sarkastisch räumt Hofmann, philosophisch
und theologisch umfassend gebildet, mit allfälligen westlichen Vorurteilen über
den Islam auf, die … offenbar nicht auszurotten sind.«*

Frankfurter Allgemeine Zeitung

*»Was ›der Islam‹ sei, glauben die meisten zu wissen; nur wenige bemühen sich
darum, dieses Wissen einigermaßen verständlich darzustellen. Deshalb trägt ein
Buch wie jenes den deutschen Muslims und Botschafters Murad Hofmann …
mehr zur Entwirrung der Islam-Diskussion bei als viele historische oder
politische Betrachtungen, Polemiken und Theorien.«*

Neue Zürcher Zeitung

Diederichs

القرآن الكريم

DER KORAN

DIEDERICHS

Der Koran

Übersetzt von Max Henning

Überarbeitet, eingeleitet und herausgegeben von
Murad Wilfried Hofmann
520 Seiten, gebunden mit Schutzumschlag

Der Koran, das heilige Buch des Islam, ist eines der wichtigsten
Bücher der Menschheit. Was den Christen die Bibel ist,
ist den Muslimen in aller Welt der Koran.
Murad Wilfried Hofmann hat den Boden dafür bereitet,
daß die deutschen Leser eine möglichst authentische Übertragung
des arabischen Urtextes erfahren können. In mehrjähriger Arbeit
hat er den Text von Max Henning, der seit langem als beste
Übertragung ins Deutsche gilt, verbessert und modernisiert.
Hier kann jeder für sich nachvollziehen, welche göttliche Botschaft
Allah an Muhammad gegeben hat, was der Koran also wirklich
sagt. Die grundlegende Schrift einer Weltreligion und eine wichtige
Quelle der Weisheit für die ganze Menschheit.

Diederichs